纵横山海

中国沿海高铁创新发展
与温福高铁宁德段建设方案
多维探究

林作雷 著

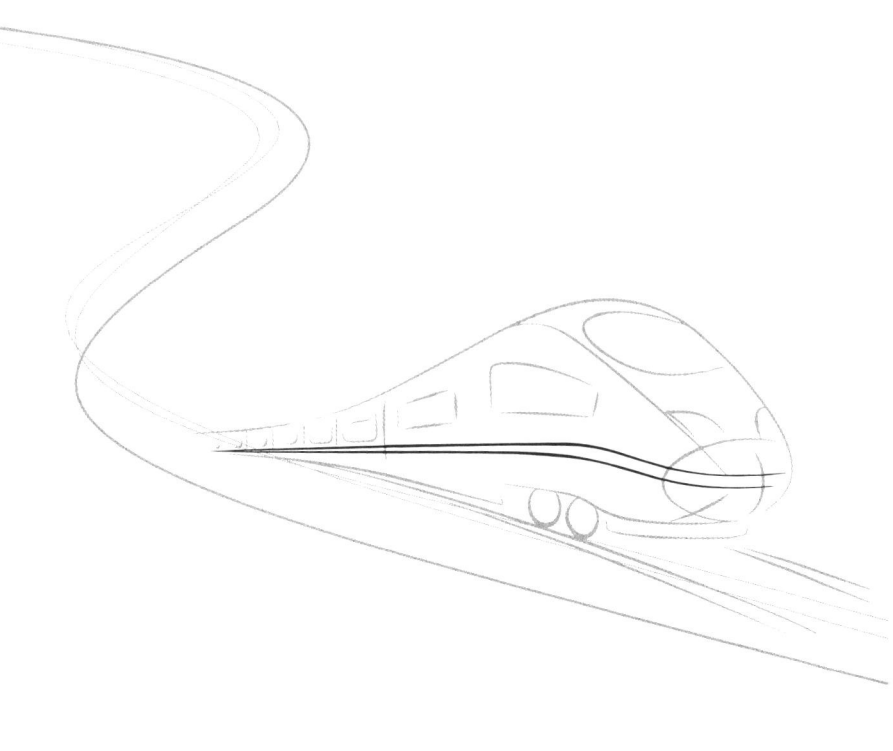

企业管理出版社
ENTERPRISE MANAGEMENT PUBLISHING HOUSE

图书在版编目(CIP)数据

纵横山海：中国沿海高铁创新发展与温福高铁宁德段建设方案多维探究 / 林作雷著 . -- 北京：企业管理出版社，2025.6. --ISBN 978-7-5164-3317-1

Ⅰ.U238

中国国家版本馆 CIP 数据核字第 2025KL9475 号

书　　名：	纵横山海：中国沿海高铁创新发展与温福高铁宁德段建设方案多维探究
书　　号：	ISBN 978-7-5164-3317-1
作　　者：	林作雷
策　　划：	张　丽
责任编辑：	张　丽
出版发行：	企业管理出版社
经　　销：	新华书店
地　　址：	北京市海淀区紫竹院南路 17 号　　邮　编：100048
网　　址：	http://www.emph.cn　　电子信箱：lilizhj@163.com
电　　话：	编辑部 18610212422　　发行部（010）68417763　68414644
印　　刷：	北京亿友数字印刷有限公司
版　　次：	2025 年 6 月第 1 版
印　　次：	2025 年 6 月第 1 次印刷
开　　本：	710mm×1000mm　　1/16
印　　张：	23
字　　数：	320 千字
定　　价：	89.00 元

版权所有　翻印必究　·　印装有误　负责调换

自　序

　　回首往昔，七十余载悠悠而过，我几乎将大半生都毫无保留地奉献给了祖国的铁路、公路工程建设事业。从最初作为一名热血沸腾的中国人民解放军铁道兵战士投身国防工程——襄渝铁路建设的火热战场；到后来铁道兵部队兵改工并入铁道部的工作；再到于宁德、福州深耕技术工作，铁路早已融入我的血脉，成为我生命中不可分割的一部分。多年来，我见证了我国铁路事业的蓬勃发展，也深切感受到其对国家发展和国防安全的重大意义。为了将自己多年的工程技术实践经验、深入研究成果，以及对铁路事业的独特见解分享出来，我耗费大量心血，精心撰写了这本关于温福高铁宁德段建设方案的书。

　　目前，上海至深圳的东南沿海铁路建设稳步推进。福州至漳州、杭州至宁波、广州至汕尾高铁已通车；漳州至汕头、汕头至汕尾、汕尾至深圳、广州至湛江、南通经苏州嘉兴至宁波高铁正在建设；宁波经台州至温州、温州经宁德至福州高铁也有望在后续规划期内加快前期筹备及建设工作，持续推动东南沿海铁路通道的完善与升级。沿海高铁选线与车站选址，需综合考虑重要交通走廊、地形地质、区域平衡、经济发展、军事战略、载客量、输送能力、舒适性、便捷性、人口客流、安全环保等因素。其中，国防安全和客流量是核心问题，必须在决策中置于首要位置。特别是在战争状态下，铁路是争取战争主动权、赢得战争胜利的重要保障。战略投送能力作为现代化军队的核心军事能力之一，关乎国家安全利益和发展利益，是掌握和保持军队行动自主权的重要基础。

中国沿海高铁大通道所经之地，覆盖众多东流入海的江河下游，沿线需通过大桥跨越宽阔的江河湖海，其中福厦高铁是我国首条设计时速350公里的跨海高铁，其开通标志着中国高铁正式迈入跨海时代。沿海高铁极大地促进了区域间的经济交流和社会发展，缩短了沿海经济发达城市群间的时空距离，聚集了更多的人流、物流、信息流和资金流。因此，沿海高铁大通道是"八纵八横"高速铁路网主通道之一。

根据规划，到2025年，中国铁路营业里程将达到16.5万公里左右，其中高铁约5万公里。铁路网将覆盖99.5%的城区人口20万以上城市，高铁网将覆盖97.2%的城区人口50万以上城市。现代基础设施体系将更加完善，战略骨干通道持续加强，高铁主通道基本贯通，货运能力稳步提升，城际铁路网显著优化，铁路领域新型基础设施建设将取得重要进展，安全可靠、便捷顺畅、经济高效、智能绿色的现代基础设施体系将基本建成，整体水平将领先世界。

展望2035年，中国将基本建成便捷顺畅、经济高效、绿色集约、智能先进、安全可靠的现代化高质量国家综合立体交通网，实现国际国内互联互通、全国主要城市立体畅达、县级节点有效覆盖。有力支撑"全国123出行交通圈"，即都市区1小时通勤、城市群2小时通达、全国主要城市3小时覆盖；有力支撑"全球123快货物流圈"，即国内

1天送达、周边国家2天送达、全球主要城市3天送达。未来，铁路网将更加密集，高铁风驰电掣。一个流动的中国正朝着"人悦其行、物优其流"的愿景稳步迈进，交通强国将为全面建设社会主义现代化国家当好先行，充分满足人民日益增长的美好生活需要，有力保障国防安全和基本实现社会主义现代化的需求。

在长达五十多年的职业生涯中，我积累了丰富的经验。出于对铁路事业的深厚情怀，秉持"爱我闽东、建我闽东"的初心，自2018年起，我潜心研究沿海高铁大通道，以温州至福州沿海高铁为切入点，选取温福高铁宁德段作为研究课题。研究过程中，我严格依据国家有关法规、规章、技术规范、标准及政策性文件等，围绕路线走向、车站选址等深入开展技术研究，积累了大量翔实数据，取得了丰硕成果。在此基础上，我提出温福高铁宁德段"1+3"建设方案，即新建福安赛岐镇泥湾村高铁站1座，福鼎、霞浦、宁德利用既有温福快速铁路并站设高速场。我研究推荐的宁德沿海高铁福鼎、霞浦、福安赛岐镇、宁德建设方案，具备线路顺直短捷、线形良好、纵坡小、技术可行、行车舒适、安全环保、投资较省、环境影响小、运营风险低、军事投送迅速、抢险救灾高效等优点，可供相关决策部门参考，也可为专业人士的研究提供借鉴。

在研究过程中，我先后编写了《新建温福高铁宁德段线路走向方案研究概论》《新建350km/h温福高铁宁德市境内线站位方案研究概论》《论新建温福高速铁路宁德段线站位选址方案技术研究》《关于宁德温福高速铁路站点选址若干问题之再探研》等技术论文，累计30多万字。本书《纵横山海——中国沿海高铁创新发展与温福高铁宁德段建设方案多维探究》共六章十九节，主要阐述了我国高铁建设发展概况，福建省铁路建设发展概况，宁德沿海高铁建设必要性、线站位建设方案设计、建设方案评析等涉及技术、经济、社会、国防、安全、发展等多方面相关内容。

研究和编写过程中，我参考了铁路设计规范、国家和地方文件、相关文献资料、相关研究成果以及官网公开信息。在此，向相关单位和作者致谢，向不知名同仁致敬！特别感谢著名作家、北京语言大学国际写作中心会长赵晏彪先生的鼓励与指导。

本书凝聚了我半个世纪以来在铁路、公路、地铁、市政等工程的施工、设计、科研、监理、监督工作中的经验体会。由于高铁新技术发展迅速，研究内容丰富，虽经反复修改，书中仍难免存在不足之处，恳请专家、同仁和读者批评指正。

2024 年 10 月于福州

目 录

第一章 我国高铁建设发展概况 ... 1

第一节 我国高铁发展规划 ... 2
一、《中长期铁路网规划》相关内容 ... 2
二、"十四五"规划和2035年远景目标纲要相关内容 ... 6

第二节 我国铁路技术等级分类和高铁技术发展 ... 8
一、我国轮轨接触型铁路运营速度的技术等级分类 ... 8
二、我国磁悬浮型铁路运营速度的技术等级分类 ... 10
三、我国高铁技术发展概况 ... 16

第三节 我国高铁建设发展成就 ... 21
一、我国高速铁路网的建设成就 ... 21
二、我国"十四五"期间开工建设的高速铁路 ... 33

第四节 我国沿海高铁建设发展概况 ... 38
一、环渤海高铁 ... 38
二、东部沿海高铁 ... 45
三、东南沿海高铁 ... 50

四、两广沿海高铁 59

第二章　福建省铁路建设发展概况 63

第一节　福建省铁路建设发展历程和成就 63

一、路网建设方面 64

二、技术装备方面 65

第二节　福建省中长期铁路网规划 66

一、上位规划中与福建省有关的铁路项目 66

二、福建省中长期铁路网规划的主要内容 67

第三节　福建省沿海高铁建设发展概况 72

一、福厦高铁：开启350公里时速运营新时代 72

二、漳汕高铁：在建的沿海交通新动脉 77

三、温福高铁：规划中的东南交通新引擎 84

第三章　宁德市铁路建设发展概况 93

第一节　宁德市铁路交通发展历程 93

一、早期的蹒跚起步 93

二、温福铁路：开启快速铁路时代 93

三、合福高铁：为古田带来新机遇 94

四、衢宁铁路：填补空白，拓展通道 94

第二节　宁德市铁路发展概况和规划 95

一、铁路运营概况 96

二、在建或规划铁路 99

第四章　温福高铁建设宁德境内设站诉求及必要性分析 103

第一节　温福高铁建设宁德境内设站诉求分析 103
一、福安境内设站诉求分析 104
二、柘荣境内设站诉求分析 104
三、霞浦境内设站诉求分析 105

第二节　温福高铁建设宁德境内设站必要性分析 111
一、贯彻国家综合立体交通发展战略的需要 111
二、实现交通强国战略发展的需要 116
三、促进福州都市圈经济社会发展的需要 119
四、满足沿海高铁运营客运量的需要 124
五、打造沿海路衍经济圈的需要 129
六、国防安全战略发展的需要 139

第五章　温福高铁宁德段线站位设计方案分析 147

第一节　高铁线路总体设计 148
一、高铁选线设计基本特征 149
二、高铁选线设计总体要求 152
三、高铁选线设计技术标准 165

第二节　温福高铁宁德段线路方案设计 170
一、温福高铁宁德段沿线主要经济节点的分布特征 171

二、温福高铁宁德段路线平、纵面方案设计 183

　　三、工程数量、投资估算和经济指标 191

　　四、线路方案设计技术分析 202

　　五、经柘荣、福安溪北洋F7线延伸方案建议 219

第三节　高铁站选址总体设计 220

　　一、高铁客运站 221

　　二、高铁站选址基本原则 228

　　三、新建漳汕沿海高铁站分布规划与案例剖析 237

第四节　温福高铁宁德段选址方案设计 246

　　一、不同线路高铁站选址方案分析 247

　　二、温福高铁宁德段高铁站客流量测算 252

　　三、高铁站选址设计方案技术要求 257

第六章　建设方案评析 271

第一节　沿海高铁站建设方案评析 272

　　一、福鼎并站设高速场建设方案评析 273

　　二、霞浦并站设高速场建设方案评析 275

　　三、福安新建高铁站建设方案评析 283

第二节　山区高铁站建设方案综合评析 289

　　一、从执行现行铁路设计规范方面评析 290

　　二、从高铁站客流与区位条件方面评析 308

三、从贯彻国家相关工程建设政策方面评析 321

第三节　技术经济比较综合评析 324

　　一、从执行设计规范方面评析 325

　　二、从施工运营安全风险方面评析 328

　　三、从建设工程规模方面评析 330

　　四、从站址条件、吸引客流方面评析 335

　　五、从带动经济增长点方面评析 337

　　六、从城市规划方面评析 339

　　七、从环水保方面评析 341

第四节　铁路覆盖重叠评析 342

　　一、铁路覆盖范围评析 343

　　二、铁路覆盖重叠情况评析 348

跋　沿海高铁：国防战略的钢铁脊梁 351

第一章　我国高铁建设发展概况

　　交通是兴国之器，更是强国之基。高速铁路修到哪里，哪里的经济就会腾飞。一条条新线路的开通，为铁路运输能力注入了新的生机与活力，有效缓解了运输能力紧张的状况。同时，这些新线路对沿线地区的经济快速发展和民生改善，发挥着积极而深远的影响。持续完善交通路网建设意义重大，既能为人民群众的出行和日常生活带来极大便利，又能有力促进经济社会的繁荣发展。未来路网密集，高铁疾驶，一个流动的中国正在向着"人悦其行、物优其流"的愿景行进。

　　根据中国国家铁路集团有限公司发布的最新统计数据显示，截至2024年底，我国铁路营业里程达16.2万公里，其中高铁4.8万公里，高铁运营里程再创新高。2024年我国铁路建设高效推进，宜昌至涪陵高铁重庆段等17个项目开工建设，杭温高铁等42个项目开通运营；2025年全年计划投产新线目标为2600公里。同时，技术攻关成效显著，"复兴号高速列车"获国家科学技术进步奖特等奖，CR450动车组下线且指标国际领先。

第一节　我国高铁发展规划

一、《中长期铁路网规划》相关内容

2016年7月，国家发展改革委、交通运输部、原中国铁路总公司联合发布了《中长期铁路网规划》（以下简称《规划》），勾画了"八纵八横"高速铁路网蓝图。根据规划目标，到2025年，铁路网规模达到17.5万公里左右，其中高速铁路3.8万公里左右，网络覆盖进一步扩大，路网结构更加优化，骨干作用更加显著，更好发挥铁路对经济社会发展的保障作用。展望到2030年，基本实现内外互联互通、区际多路畅通、省会高铁连通、地市快速通达、县域基本覆盖。

规划方案包括高速铁路网、普速铁路网、综合交通枢纽三个部分。高速铁路网部分，《规划》指出，在原规划"四纵四横"主骨架基础上，增加客流支撑、标准适宜、发展需要的高速铁路，同时充分利用既有铁路，形成以"八纵八横"主通道为骨架、区域连接线衔接、城际铁路补充的高速铁路网。同时，明确划分了高速铁路网建设标准：高速铁路主通道规划新增项目原则采用时速250公里及以上标准（地形地质及气候条件复杂困难地区可以适当降低），其中沿线人口稠密、经济比较发达、贯通特大城市的铁路可采用时速350公里标准；区域铁路连接线原则采用时速250公里及以下标准；城际铁路原则采用时速200公里及以下标准。

高速铁路网具体规划方案如下。

一是构建"八纵八横"高速铁路主通道。"八纵"通道为：沿海通道、京沪通道、京港（台）通道、京哈—京港澳通道、呼南通道、京昆通道、包（银）海通道、兰（西）广通道；"八横"通道为：绥满通道、京兰通道、青银通道、陆桥通道、沿江通道、沪昆通道、厦渝通道、广昆通道。

二是拓展区域铁路连接线。在"八纵八横"主通道的基础上，规划布局高速铁路区域连接线，目的是进一步完善路网，扩大高速铁路覆盖。

三是发展城际客运铁路。在优先利用高速铁路、普速铁路开行城际列车服务城际功能的同时，规划建设支撑和引领新型城镇化发展、有效连接大中城市与中心城镇、服务通勤功能的城市群城际客运铁路。

"八纵八横"高速铁路主通道

一、"八纵"通道

1. 沿海通道。大连（丹东）—秦皇岛—天津—东营—潍坊—青岛（烟台）—连云港—盐城—南通—上海—宁波—福州—厦门—深圳—湛江—北海（防城港）高速铁路（其中青岛至盐城段利用青连、连盐铁路，南通至上海段利用沪通铁路），连接东部沿海地区，贯通京津冀、辽中南、山东半岛、东陇海、长三角、海峡西岸、珠三角、北部湾等城市群。

2. 京沪通道。北京—天津—济南—南京—上海（杭州）高速铁路，包括南京—杭州、蚌埠—合肥—杭州高速铁路，同时通过北京—天津—东营—潍坊—临沂—淮安—扬州—南通—上海高速铁路，连接华北、华东地区，贯通京津冀、长三角等城市群。

3. 京港（台）通道。北京—衡水—菏泽—商丘—阜阳—合肥（黄冈）—九江—南昌—赣州—深圳—香港（九龙）高速铁路；另一支线为合肥—福州—台北高速铁路，包括南昌—福州（莆田）铁路。连接华北、华中、华东、华南地区，贯通京津冀、长江中游、海峡西岸、珠三角等城市群。

4. 京哈—京港澳通道。哈尔滨—长春—沈阳—北京—石家庄—郑州—武汉—长沙—广州—深圳—香港高速铁路，包括广州—珠海—澳门高速铁路。连接东北、华北、华中、华南、港澳地区，贯通哈长、辽中南、京津冀、中原、长江中游、珠三角等城市群。

5. 呼南通道。呼和浩特—大同—太原—郑州—襄阳—常德—益阳—邵阳—永州—桂林—南宁高速铁路。连接华北、中原、华中、华南地区，贯通呼包鄂榆、山西中部、中原、长江中游、北部湾等城市群。

6. 京昆通道。北京—石家庄—太原—西安—成都（重庆）—昆明高速铁路，包括北京—张家口—大同—太原高速铁路。连接华北、西北、西南地区，贯通京津冀、太原、关中平原、成渝、滇中等城市群。

7. 包（银）海通道。包头—延安—西安—重庆—贵阳—南宁—湛江—海口（三亚）高速铁路，包括银川—西安以及海南环岛高速铁路。连接西北、西南、华南地区，贯通呼包鄂、宁夏沿黄、关中平原、成渝、黔中、北部湾等城市群。

8. 兰（西）广通道。兰州（西宁）—成都（重庆）—贵阳—广州高速铁路。连接西北、西南、华南地区，贯通兰西、成渝、黔中、珠三角等城市群。

二、"八横"通道

1. 绥满通道。绥芬河—牡丹江—哈尔滨—齐齐哈尔—海拉尔—

满洲里高速铁路。连接黑龙江及蒙东地区。

2. 京兰通道。北京—呼和浩特—银川—兰州高速铁路。连接华北、西北地区，贯通京津冀、呼包鄂、宁夏沿黄、兰西等城市群。

3. 青银通道。青岛—济南—石家庄—太原—银川高速铁路（其中绥德至银川段利用太中银铁路）。连接华东、华北、西北地区，贯通山东半岛、京津冀、太原、宁夏沿黄等城市群。

4. 陆桥通道。连云港—徐州—郑州—西安—兰州—西宁—乌鲁木齐高速铁路。连接华东、华中、西北地区，贯通东陇海、中原、关中平原、兰西、天山北坡等城市群。

5. 沿江通道。上海—南京—合肥—武汉—重庆—成都高速铁路，包括南京—安庆—九江—武汉—宜昌—重庆、万州—达州—遂宁—成都高速铁路（其中成都至遂宁段利用达成铁路），连接华东、华中、西南地区，贯通长三角、长江中游、成渝等城市群。

6. 沪昆通道。上海—杭州—南昌—长沙—贵阳—昆明高速铁路。连接华东、华中、西南地区，贯通长三角、长江中游、黔中、滇中等城市群。

7. 厦渝通道。厦门—龙岩—赣州—长沙—常德—张家界—黔江—重庆高速铁路（其中厦门至赣州段利用龙厦铁路、赣龙铁路，常德至黔江段利用黔张常铁路）。连接海峡西岸、中南、西南地区，贯通海峡西岸、长江中游、成渝等城市群。

8. 广昆通道。广州—南宁—昆明高速铁路。连接华南、西南地区，贯通珠三角、北部湾、滇中等城市群。

资料来源：关于印发《中长期铁路网规划》的通知（发改基础〔2016〕1536号），国家发展改革委网站，https://zfxxgk.ndrc.gov.cn/web/iteminfo.jsp?id=366。

二、"十四五"规划和 2035 年远景目标纲要相关内容

《中华人民共和国国民经济和社会发展第十四个五年规划和 2035 年远景目标纲要》（以下简称"十四五"规划和 2035 年远景目标纲要）共十九篇、六十五章，其中多次提及铁路，为铁路的未来发展指明了方向。以下为"十四五"规划和 2035 年远景目标纲要中"铁路"关键词的部分节选。

第十一章　建设现代化基础设施体系

第二节　加快建设交通强国

建设现代化综合交通运输体系，推进各种运输方式一体化融合发展，提高网络效应和运营效率。完善综合运输大通道，加强出疆入藏、中西部地区、沿江沿海沿边战略骨干通道建设，有序推进能力紧张通道升级扩容，加强与周边国家互联互通。构建快速网，基本贯通"八纵八横"高速铁路，提升国家高速公路网络质量，加快建设世界级港口群和机场群。完善干线网，加快普速铁路建设和既有铁路电气化改造，优化铁路客货布局，推进普通国省道瓶颈路段贯通升级，推动内河高等级航道扩能升级，稳步建设支线机场、通用机场和货运机场，积极发展通用航空。加强邮政设施建设，实施快递"进村进厂出海"工程。推进城市群都市圈交通一体化，加快城际铁路、市域（郊）铁路建设，构建高速公路环线系统，有序推进城市轨道交通发展。提高交通通达深度，推动区域性铁路建设，加快沿边抵边公路建设，继续推进"四好农村路"建设，完善道

安全设施。构建多层级、一体化综合交通枢纽体系，优化枢纽场站布局、促进集约综合开发，完善集疏运系统，发展旅客联程运输和货物多式联运，推广全程"一站式""一单制"服务。推进中欧班列集结中心建设。深入推进铁路企业改革，全面深化空管体制改革，推动公路收费制度和养护体制改革。

专栏5 交通强国建设工程	
01	战略骨干通道 建设川藏铁路雅安至林芝段和伊宁至阿克苏、酒泉至额济纳、若羌至罗布泊等铁路，推进日喀则至吉隆、和田至日喀则铁路前期工作，打通沿边公路G219和G331线，提质改造川藏公路G318线。
02	高速铁路 建设成都重庆至上海沿江高铁、上海经宁波至合浦沿海高铁、京沪高铁辅助通道天津至新沂段和北京经雄安新区至商丘、西安至重庆、长沙至赣州、包头至银川等高铁。
03	普速铁路 建设西部陆海新通道黄桶至百色、黔桂增建二线铁路和瑞金至梅州、中卫经平凉至庆阳、柳州至广州铁路，推进玉溪至憨山、大理至瑞丽等与周边互联互通铁路建设。提升铁路集装箱运输能力，推进中欧班列运输通道和口岸扩能改造，建设大型工矿企业、物流园区和重点港口铁路专用线，全面实现长江干线主要港口铁路进港。
04	城市群和都市圈轨道交通 新增城际铁路和市域（郊）铁路运营里程3000公里，基本建成京津、长三角、粤港澳大湾区轨道交通网。新增城市轨道交通运营里程3000公里。

注：在"十四五"规划和2035年远景目标纲要中，交通强国建设工程共有8项，其他4项为高速公路、港航设施、现代化机场、综合交通和物流枢纽。

在"十四五"规划和2035年远景目标纲要中，"交通强国"的图景振奋人心。根据中国国家铁路集团有限公司估算，"十四五"期间，铁路建设任务仍十分繁重，在建、已批项目规模达3.19万亿元。到2025年，全国铁路营业里程将达到16.5万公里左右，其中高铁约5万公里，铁路网基本覆盖城区人口20万以上城市，高铁网覆盖97.2%城区人口50万以上城市。

第二节　我国铁路技术等级分类和高铁技术发展

一、我国轮轨接触型铁路运营速度的技术等级分类

轮轨接触型铁路是指由机动车借助轮轨之间的黏着作用产生牵引力，牵引装有凸缘车轮的客货车辆，在起承重和导向作用的两根平行钢轨上行驶的陆上运输系统。轮轨接触型铁路在全球范围内广泛应用，是陆地交通运输的重要组成部分，承担着大量的旅客运输和货物运输任务。从普通铁路到高速铁路，轮轨接触型铁路都发挥着重要作用，如我国的"复兴号""和谐号"等高速列车，就是轮轨接触型铁路在高速铁路领域的典型代表。

我国轮轨接触型铁路运营速度的技术等级主要分为以下4类。

1. 普速铁路

普速铁路也称低速铁路，是指设计速度低、只能行驶普通列车的铁路，通常运行速度在160公里/小时以下。铁路技术等级为Ⅲ级。

适用场景：主要承担中短途客货运输任务，服务于沿线的中小城镇和乡村，满足当地居民的出行和货物运输需求。也为一些旅游线路提供基础支撑，让游客能够欣赏沿途的风景。

2. 快速铁路

快速铁路也称中速铁路，是指设计速度为160～250公里/小时的铁路，是普速铁路和高速铁路之间的过渡类型。铁路技术等级为Ⅱ级。

适用场景：适用于城市之间距离适中、客流量较大的线路，能够在一定程度上提高运输效率，缓解普速铁路的运输压力，同时又不像高速铁路那样建设成本高昂，对线路条件和车辆要求相对较低。

3. 高速铁路

高速铁路是指设计速度达到250公里/小时及以上的铁路，铁路技术等级为Ⅰ级；既有铁路经技术改造后，列车运行速度达到200公里/小时的客运专线，也称为高速铁路。

适用场景：主要用于大城市之间、经济发达地区之间的快速客运，能够大大缩短城市之间的时空距离，提高人们的出行效率，促进区域间的经济、文化、人才等方面的交流与合作。

4. 超高速铁路

超高速铁路一般指设计速度超过400公里/小时的轮轨接触型铁路，目前还处于研究和试验阶段。

适用场景：未来可能用于连接超远距离的特大城市或城市群，进一步缩短时空距离，对国家的交通战略和经济发展具有重要意义。

一般情况下，人们将普速（低速）、快速（中速）铁路统称为中低速铁路，这类铁路大都采用客货共线运输方式。例如，沿海温州至福州客货共线铁路预留开行速度为250公里/小时，实际运营速度200公里/小时。

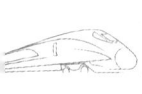

需要指出的是，我们日常用语中所使用的高速铁路的简称"高铁"，在专业语境下更准确的说法是"高速铁路系统"，这是一个包含铁路线路、车辆、信号系统、供电系统等诸多要素的复杂运输系统。高铁一般采用客运专线的运输方式，以实现高速、高效的旅客运输服务；在技术类型上主要有轮轨接触和磁悬浮两种，我国已建成并投入运营的高铁大部分采用的是轮轨接触技术。

二、我国磁悬浮型铁路运营速度的技术等级分类

磁悬浮列车是一种利用电磁力原理，使列车与轨道之间不直接接触，而是通过磁力实现悬浮、导向和驱动，从而在轨道上高速行驶的新型轨道交通工具。由于其轨道的磁力使之悬浮在空中，减少了摩擦力，行进时不同于其他列车需要接触地面，只受来自空气的阻力，因此，高速磁悬浮列车的速度可达 1000 公里/小时。

磁悬浮技术根据其采用的磁体特性及工作原理，可分为超导型磁悬浮和常导型磁悬浮两种。在磁悬浮技术的应用与发展方面，日本主要侧重于超导型磁悬浮技术的研究与实践，其研发的超导型磁悬浮列车运行速度可达 500 公里/小时至 600 公里/小时。德国则在常导型磁悬浮技术领域有着深入的探索与应用，常导型磁悬浮列车速度一般在 400 公里/小时至 500 公里/小时。

我国磁悬浮型铁路运营速度的技术等级大致有以下分类。

中低速磁悬浮：时速通常在 80 公里至 120 公里，适用于城市内、近距离城市间及旅游景区的交通连接，如长沙磁悬浮快线设计最高运行时速 100 公里，北京 S1 线列车运行最高时速可达 120 公里。

中速磁悬浮：一般认为时速在 160 公里至 250 公里，适用于市域及郊区客运，目前我国在这个速度等级商业化运营的线路相对较少，更多处于技术研发和试验阶段。

高速磁悬浮：时速在 400 公里至 600 公里及以上，适用于长距离、大客流量的高速客运，比如上海磁悬浮示范运营线最高运营速度可达 430 公里 / 小时。2019 年 5 月，我国时速 600 公里的高速磁悬浮试验样车已下线。

超高速磁悬浮：时速超过 1000 公里，目前处于前沿研究和试验阶段，如高速飞车大同（阳高）试验线工程目标是实现 1000 公里 / 小时以上的"近地飞行"。

磁悬浮列车作为陆地上最快的交通运输方式，对于陆地面积较大的中国尤为适用。高速轮轨和高速磁悬浮是两种不同的高新轨道交通技术，在中国都有一定的基础，都有发展的空间。因为轮轨技术的局限性，轮轨系统运行时速通常为 300 公里左右，如提速至 350 公里 / 小时以上，能耗、运维成本将大幅增加。高速磁悬浮系统则是一种极有发展前景的轨道交通技术，在 400 公里 / 小时以上时具有明显优势，代表着科技发展的前沿与方向。它具有适应地形能力强、选线灵活、乘坐舒适安全，以及对沿线周边或景区环境影响小等优势。

我国磁悬浮列车发展情况

磁悬浮列车具有无机械磨损运行的特点，具有爬坡能力强、曲线通过半径小、加减速性能好等优点，适合于山岭地区具有长大纵坡的高速铁路线路。截至 2025 年 3 月，我国已投入运营或试运营的磁悬浮线路共有5条，分别为上海磁悬浮线、长沙磁悬浮快线、北京磁悬浮S1线、凤凰磁悬浮观光快线、广东清远磁悬浮旅游专线，在建和规划建设的有10多条。全部建成后，我国磁悬浮线路总里程将超过1300公里，届时磁悬浮交通将在我国交通运输体系中占据更为重要的地位，为人们的出行提供更多便利，推动区域经济协同发展。

一、已投入运营或试运营的磁悬浮线路

上海磁悬浮线：2002年12月31日建成通车，是中国首条磁悬浮线路。线路西起上海浦东新区的地铁枢纽龙阳路车站，东至浦东国际机场，专线全长29.863公里，采用德国技术，最高运行速度430公里/小时。

长沙磁悬浮快线：2016年5月6日建成通车，是我国国内第一条自主设计、自主制造、自主施工、自主管理的中低速磁悬浮线路。连接长沙南站和黄花国际机场，线路全长18.55公里，最高运行速度140公里/小时。

北京磁悬浮S1线：2017年12月30日建成通车，是北京首条中低速磁悬浮线路，中国第二条中低速磁悬浮线路，采用两列式电磁悬浮结构，最高运行速度120公里/小时，方便了门头沟区等区域与中心城区的交通联系。

凤凰磁悬浮观光快线：2022年5月1日开通运营，是服务于湖南省湘西土家族苗族自治州凤凰县的一条城市轨道交通线路，线路全长9.121公里，设计速度为100公里/小时。

广东清远磁悬浮旅游专线：属于中低速磁悬浮轨道项目，设计最高速度为120公里/小时，于2024年2月4日开通试运营一期工程

（磁悬浮银盏站至磁悬浮长隆站），为清远地区的交通提供了新的选择。

二、在建的磁悬浮线路

成都市中低速磁悬浮综合试验线：线路全长 3.6 公里，最高调试速度为 160 公里/小时，预留达到 200 公里/小时的条件，2018 年 12 月开工建设。

高速飞车大同（阳高）试验线工程：总规划预留线路 60 公里，2021 年 5 月 24 日开工建设，是我国首条超高速低真空管道磁悬浮交通系统全尺寸试验线，也是目前全球在建距离最长、规模最大的全尺寸超高速低真空管道磁悬浮交通系统试验线之一。低真空管道磁悬浮高速飞车（简称"高速飞车"）是利用超导磁悬浮技术与地面脱离接触消除摩擦阻力，利用内部接近真空的管道线路大幅减少空气阻力，从而实现 1000 公里/小时以上的"近地飞行"，具有更快速、更便捷、更舒适、更安全和经济可控的特点。

湖南长沙至浏阳磁悬浮快线：2024 年 11 月 11 日一期工程正式开工建设，线路全长 48.73 公里，设计速度为 160 公里/小时。

三、规划建设的磁悬浮线路

《交通强国建设纲要》提出，合理统筹安排时速 600 公里级高速磁悬浮系统、时速 400 公里级高速轮轨（含可变轨距）客运列车系统、低真空管（隧）道高速列车等技术储备研发。我国规划建设的主要磁悬浮线路工程如下。

沪杭磁悬浮交通项目：连接上海和杭州的计划修筑的陆上交通干线，于 2006 年 3 月获国务院批准项目建议书后开展工程可行性研究工作，后一度搁置。2019年12月2日，《长江三角洲区域一体化发展规划纲要》发布，提出长三角将积极审慎地开展沪杭等磁悬浮项目的规划研究。

京港澳高速磁悬浮通道：根据《广州市综合立体交通网规划（2023—2035年）》，该通道从广州经长沙、武汉、郑州、石家庄至北京，设计时速至少600公里。

沪（深）广高速磁悬浮通道：根据《广州市综合立体交通网规划（2023—2035年）》，该通道从广州经深圳、福州、宁波至上海，设计时速至少600公里。

广深港高速磁悬浮通道：根据《广州市综合立体交通网规划（2023—2035年）》，该通道从广州经东莞、深圳至香港，设计时速650公里。若建成，将极大缩短广深港之间的时空距离，推动粤港澳大湾区的经济一体化，促进各城市间的深度合作和协同发展。

京沪磁悬浮高速铁路工程：2021年3月，交通运输部发布《关于下达2021年交通运输战略规划政策项目计划的通知》，提出"计划开展京沪磁悬浮高速铁路工程研究"。这条线路连接中国两大重要城市北京和上海，对于加强京津冀和长三角两大城市群的联系具有重要意义。

2016年，科技部将"磁悬浮交通系统关键技术"重点专项定向委托给中国中车股份有限公司组织实施，该任务旨在攻克高速磁悬浮交通系统在悬浮、牵引与控制方面的核心技术，构建具有我国自主知识产权且在国际上具有普遍适应性的新一代高速磁悬浮交通系统核心技术体系，以及配套的标准规范体系。通过这一专项实施，我国将具备高速磁悬浮交通系统和装备的完全自主化研发与产业化生产能力，推动磁悬浮交通领域的技术进步与产业发展。依托该项目研制的设计时速600公里的高速磁悬浮试验样车，已于2019年5月下线。

2017年8月，中国航天科工集团正式开展一项极具前瞻性与突破性的科研项目——设计时速高达1000公里的"高速飞行列车"研究，其中高速飞行列车全尺寸试验线（一期）项目于2022年4月在山西省大同市阳高县正式开工建设。据报道，2023年该项目试验团队已在非真空条件下完成了超高速磁悬浮与电磁推进试验，速度达到了每小时623公里。

2018年，西南交通大学着手搭建世界上速度最快的真空高温超导磁悬浮直道试验线，并计划在成都搭建1条1.5公里长的动模试验线，进行设计时速1000公里以上的真空管道高温超导磁悬浮列车应用关键技术和工程示范研究。当年已完成管道真空气密性测试等关键步骤，整体建设稳步推进。

越来越多的专家指出，随着高速磁悬浮交通系统核心技术的不断突破，以及真空管道高温超导磁悬浮列车成套技术的逐步成熟与应用，在可预见的未来，设计时速达600~1000公里的超高速铁路，极有可能取代当下时速350~400公里的轮轨接触型高速铁路。这种速度上的飞跃，将极大地缩短城市间的时空距离，重塑区域交通格局，推动经济社会发展迈向新的阶段。

三、我国高铁技术发展概况

1. 我国高铁技术发展历程

在我国，高铁线路统一运营的是构造速度达到 250 公里 / 小时及以上的电力动车组列车。其车次分为以"G""D""C"字母开头的三种类型，"G"字头列车通常指高速动车组列车；"D"字头列车为动车组列车；"C"字头列车是城际动车组列车。运营的车辆则分为 CRH 和 CR 系列车型，CRH 系列即中国铁路高速动车组，是我国引进国外技术并消化吸收再创新的成果；CR 系列是在此基础上进一步自主研发、具有完全自主知识产权的中国标准动车组系列。我国高铁技术发展历程丰富且成果显著，以下是对其发展阶段及主要成就的介绍。

（1）起步阶段（20世纪90年代—2007年）。1994年，广深铁路完成准高速改造，列车最高运行速度达到 160 公里 / 小时，拉开了中国铁路提速的序幕。2003 年，秦沈客运专线建成通车，这是中国第一条客运专线，设计时速 250 公里，为后来的高铁建设积累了宝贵经验。2007 年，中国铁路实施第六次大提速，"和谐号"动车组开始大规模投入使用，标志着中国铁路进入高速时代，动车组的运行速度最高达到 250 公里 / 小时。

（2）快速发展阶段（2008—2012 年）。2008 年，京津城际铁路开通运营，这是中国第一条设计时速 350 公里的高速铁路，使北京和天津之间的交通时间大幅缩短，开启了中国高铁的新时代。2010 年，沪宁城际铁路开通，进一步展示了中国高铁在复杂地质条件和高密度人口区域建设的能力。2011 年，京沪高速铁路开通运营，这是当时世界上一次建成线路里程最长、技术标准最高的高速铁路，全长 1318 公里，连接了中国最繁华的两个经济区，对中国经济发展起到了重要的推动作用。

（3）完善与创新阶段（2013—2019 年）。2013 年以来，中国高铁进入全面建设和快速发展的时期，"四纵四横"高铁网全面建成，高铁覆盖范围不断扩大，基本覆盖了全国主要城市。2017 年，具有完全自主知识产权的"复兴号"动车组投入运营。"复兴号"在技术上实现了多项创新，列车的安全性、舒适性、智能化水平等都有了显著提升，标志着中国高铁技术达到了世界先进水平。2019 年，京张高铁开通运营，这是中国首条采用自主研发的北斗卫星导航系统、设计时速 350 公里的智能化高速铁路，并首次采用了时速 350 公里的自动驾驶技术，成为中国高铁智能化的新标杆。

（4）拓展与突破阶段（2020 年至今）。2020 年，中国高铁营业里程超过 3.8 万公里，稳居世界第一。"八纵八横"高铁网建设加快推进，高铁对城市发展的带动作用更加明显，促进了区域协同发展和城市化进程。中国高铁技术不断向更高速度、更智能化方向发展，时速 600 公里高速磁悬浮试验样车成功试跑，标志着中国在高速磁悬浮技术领域取得了重大突破。中国高铁积极拓展海外市场，参与了多个国际高铁项目的建设，如雅万高铁等，为推动全球铁路发展贡献了中国智慧和中国方案。

2. 我国高铁技术特色与创新

我国高速铁路网在诸多方面呈现出区别于欧洲和日本高速铁路的显著特征。①从规模与覆盖范围来看，我国高铁网络规模庞大，广泛覆盖辽阔地域，贯穿东西南北。②在地理环境方面，所经之处地理、地质、气候条件复杂多样，从高山峻岭到平原湿地，从严寒地区到高温多雨地带，包括了各种复杂自然条件。③在社会经济层面，不同区域社会经济发展水平差异显著，极不平衡，这要求高铁网络要满足客运需求的丰富性，既有商务出行的需求，也有普通民众的日常出行需求，还有旅游出行等多样化需求。④在铁路类型与运营上，既有线路提速和跨区域高速、区域快速以及城际快速铁路等不同速度级别的客运专线，各自具备完全不同的运营条件和需求特点，相应地就需要与之适配的不同运营模式以及列车装备配套。

2008年2月，科技部与原铁道部启动了《中国高速列车自主创新联合行动计划》。依托该计划，我国成功构建起科学高效的科技创新模式。该模式以政策为指引方向，紧密围绕市场需求，以企业作为创新主体，大力推进产学研用深度融合。其中，高速列车设计制造企业发挥龙头引领作用，联合国内25所重点高校、11所科研院所、51家国家级实验室和工程技术研究中心，以及众多高速列车零部件配套企业，充分整合各方优势科技资源与产业资源，进行明确分工、协同合作。各方聚焦高速列车关键技术展开科研攻关，成功构建起高效的高速列车技术创新机制，有力推动我国高速铁路技术发展创新跃入全新阶段。在新一代高速列车的设计、制造和试验进程中，上述高校、科研院所及实验室等积极开展广泛的技术合作与交流，迅速攻克一系列关键技术难题，为新一代高速列车的成功研制提供了坚实保障。

2010年12月3日，具有自主知识产权的CRH380AL新一代高速列车在京沪线先导段创造了486.1公里/小时的世界高速铁路最高运营试验速度，列车各项性能指标完全满足设计要求，标志着我国高速列车技术已跻身世界高速列车技术先进行列。

2024年12月29日，CR450动车组样车在北京正式发布。此次发布的CR450动车组包括CR450AF和CR450BF两列样车，由中国中车旗下四方股份公司与长客股份公司生产。样车试验时速450公里，运营时速400公里，采用8节编组，4动4拖。作为更高速、更安全、更节能、更舒适、更智能的新一代高速列车，CR450动车组样车发布标志着国家"十四五"规划确定的重大科研项目——"CR450科技创新工程"取得重大突破。

3. 我国高铁重大技术需求与发展关键

实现不同速度、不同运营条件、不同运营模式下的高速列车谱系化，不仅是世界高速铁路技术的发展方向，更是我国高速铁路和高速列车装备的重大需求。我国已拥有规模居世界前列的高速铁路网，从整体上确保高速铁路的系统安全性和可持续性是我国高速铁路面临的重大挑战。高速列车的安全平稳运行，取决于施于列车上的各种力的产生、相互作用与控制，因而高速运行条件下的列车力学行为、特性及其作用规律等构成了高速列车最重要的基础科学问题。研究并形成相应的理论和方法体系，对构造合理安全的流固、轮轨和弓网关系，以及在高速条件下使上述关系得以稳定保持的牵引、制动、材料、结构和控制技术，具有重要的基础性和全局性意义，是我国高速列车技术得以持续发展并保持领先地位的根本保障。

高速铁路作为一个由复杂技术装备组成、在复杂环境中运行、完成具有复杂时空分布特征的位移服务的整体，是一个复杂的网络化系统。其在不同尺度下安全行为的决定要素众多、耦合复杂、涌现丰富。因此，高速铁路安全相关要素辨识、要素间关联影响机理、涌现规律、异常行为预测及基于预警的主动安全控制，已成为高速铁路整体安全行为理解、系统安全保障及各尺度下安全保障策略形成的重大科学问题。研究并形成我国高速铁路系统安全理论和安全保障方法体系，对我国高速铁路体系化安全保障技术的形成，以及高速铁路整体安全水平保持与提高具有重要的基础性和战略性意义，也是我国高速铁路在保障安全前提下可持续发展的根本保障。

高速列车是高速铁路技术体系的核心，是国家相关高技术发展水平、相关制造能力、自主创新能力以及国家核心竞争力的综合体现。继续提高列车速度和实现高速列车谱系化、智能化是世界高速铁路技术的发展方向，也是我国高速铁路装备发展的战略需求。研究并形成作为高速列车安全可靠运行的承载和支撑的基础设施建设、养护及服役状态检测技术体系，是大规模高速铁路网能力形成、运营安全、能力保持和高效运营的全局性保障，是我国高速铁路网能力形成与保持的战略需求。研究并形成符合我国国情的高速铁路减振降噪技术是高速列车环境友好性的保障，是我国高速铁路和谐健康和可持续发展的战略需求，是在我国大规模高速铁路网建设和运营条件下构建和谐社会的重要技术保障。

综上，我国高速铁路重大技术需求主要为：高速铁路体系化安全保障技术，高速列车装备谱系化技术，高速铁路能力保持技术，高速铁路可持续性技术。这些都需要在高速铁路设计、施工、营运等不同阶段的技术研究、技术总结、技术发展中不断提高。

第三节　我国高铁建设发展成就

一、我国高速铁路网的建设成就

2012年至2022年，我国全面推进高速铁路的规划与建设工作。在这10年间，全国铁路营业里程实现了大幅增长，从9.8万公里攀升至15.5万公里，增长率达到58.6%；其中，高速铁路的发展成果尤为显著，里程从0.9万公里增加到4.2万公里，增长率高达351.4%。

全国130多个县结束了不通铁路的历史，建成世界上规模最大的铁路互联网"12306"售票系统，持续扩大复兴号运行覆盖面，全面提升客运服务质量。铁路完成旅客发送量259.1亿人次，较上一个10年增长86.8%；铁路完成货物发送量324亿吨，较上一个10年增长21.7%。2022年国家铁路投产新线4100公里，其中高铁2082公里；2023年高质量推进川藏铁路等国家重点工程，投产新线3000公里以上，其中高铁2500公里。

截至2024年底，全国铁路营业里程达到16.2万公里，其中高铁4.8万公里，占全球高速铁路总里程的2/3以上，稳居世界第一。我国铁路网规划到2025年，铁路营业里程将达16.5万公里左右，其中高速铁路（含部分城际铁路）5万公里左右、覆盖95%以上的50万人口以上城市，基本形成"全国123高铁出行圈"，更好满足人们美好出行的需要。

高速铁路具有新颖、快速、经济、舒适、优质的运输服务等特点，展现了一个国家的发展水平和经济实力，已成为一个国家的"名片"。据1985年联合国欧洲经济委员会在日内瓦签署的"国际铁路干线协议"规定：新建客运列车专用型高速铁路时速为300公里以上，新建客货运列车混合型高速铁路时速为250公里以上。20世纪90年代之后，世界各国都开始了修建自己高速铁路的进程。2008年北京奥运会前夕，我国首条设计时速为350公里的高速铁路——京津城际铁路正式投入商业运营。经过我国工程技术人员、装备制造业、铁路运输部门广大干部职工的不懈努力，我国高铁无论是在关键技术还是在营运安全管理上，都昂首走在了世界最前列。我国高铁在高速发展过程中，也逐步形成了属于自己的一整套技术标准，拥有独特的技术创新特征：①全新建造的线路（不含既有线提质升级改造）；②客运专线（不含客货列车混跑）；③设计速度不低于300公里；④设计线路全封闭、全立交、全线采用GMS-R铁路数字移动通信系统、实现移动话音通信和无线数据传输、采用SCADA系统实现牵引供电的远程监控、采用CTC运输调度指挥系统等，能满足最高时速350公里、最小追踪间隔3分钟的运行要求。同时，我国城际铁路发展迅速，主要的城际铁路骨干通道网分布广泛。京津冀、长三角、珠三角、长江中游、成渝、中原、山东半岛等城市群均布局了城际铁路；海峡西岸、哈长、辽中南、关中、北部湾等城市群已构建起城际铁路骨架网；滇中、黔中、天山北坡、宁夏沿黄、呼包鄂榆等城市群也设有城际铁路，这些城际铁路共同构成了我国覆盖范围广泛的城际铁路网络，有力地促进了各城市群内部及城市群之间的人员流动、经济交流与协同发展。我国时速300～350公里高速铁路（含城际铁路）网主要线路如表1.1所示。

表1.1 我国时速300～350公里高速铁路（含城际铁路）网主要线路列表

线路名称	工程名称	起止站点	运营里程公里	通车时间	设计速度公里/小时	运营速度公里/小时
京津城际线	京津城际	北京南—天津	120	2008/08/01	350	350
	京津城际延伸线	天津—滨海	45	2015/09/20	350	300
京沪高速线	京沪高铁	北京南—上海虹桥	1318	2011/06/30	350	350
京张高速线	京张高铁	北京北—张家口	172	2019/12/30	350	350
京雄城际线	京雄城际	李营—大兴机场	34	2019/09/26	250	250
	京雄城际	大兴机场—雄安	59	2020/12/27	350	350
京广高速线	京石高铁、石武高铁石郑段	北京西—郑州东	693	2012/12/26	350	350
	石武高铁郑武段	郑州东—武汉	536	2012/09/28		
	武广高铁	武汉—广州南	1069	2009/12/26		
广深港高速线	广深港高铁	广州南—福田	111	2011/12/26	350	300

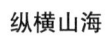

续表

线路名称	工程名称	起止站点	运营里程 公里	通车时间	设计速度 公里/小时	运营速度 公里/小时
京哈高速线	京沈高铁	承德南—沈阳	504	2018/12/29	350	300
	哈大高铁	沈阳北—哈尔滨	538	2012/12/01		
沈大高速线	哈大高铁	沈阳北—大连北	383	2012/12/01	350	300
徐兰高速线	郑西高铁	郑州东—西安北	523	2010/02/06	350	300
	西宝高铁	西安北—宝鸡南	167	2013/12/28	350	350
	郑徐高铁	郑州东—徐州东	360	2016/09/10	350	300
沪昆高速线	沪杭城际铁路	上海虹桥—杭州东	159	2010/10/26	350	350
	杭长高铁	杭州东—长沙南	924	2014/12/10		
	沪昆高铁湖南段	长沙南—新晃西	420	2014/12/16		
	沪昆高铁新晃西至贵阳北段	新晃西—贵阳北	286	2015/06/18		
	沪昆高铁贵昆段	贵阳北—昆明南	463	2016/12/28		

续表

线路名称	工程名称	起止站点	运营里程 公里	通车时间	设计速度 公里/小时	运营速度 公里/小时
沪宁城际线	沪宁城际铁路	上海—南京	301	2010/07/01	300	300
合蚌客运专线	合蚌高铁	合肥—蚌埠南	132	2012/10/16	350	300
宁杭高速线	宁杭高铁	南京南—杭州东	254	2013/07/01	350	300
杭深线杭甬段	杭甬高铁	杭州东—宁波	155	2013/07/01	350	300
盘营高速线	盘营高铁	盘锦北—海城	90	2013/09/12	350	300
津秦高速线	津秦高铁	天津—秦皇岛	287	2013/12/01	350	300
合福高速线	合福高铁	合肥北城—福州	850	2015/06/28	300	300
成渝高速线	成渝高铁	成都东—沙坪坝	299	2015/12/26	350	350
济青高速线	济青高铁	济南东—红岛	305	2018/12/26	350	300
日兰高速线日照至曲阜段	鲁南城际铁路	曲阜东—日照西	255	2019/11/26	350	300
潍荣高速线潍坊至莱西段	潍莱高铁	潍坊北—莱西	122	2020/11/26	350	300

续表

线路名称	工程名称	起止站点	运营里程 公里	通车时间	设计速度 公里/小时	运营速度 公里/小时
武西高速线孝感至十堰段	汉十城际铁路	云梦东—十堰东	377	2019/11/29	350	300
郑渝高速线郑州至襄阳段	郑万铁路	郑州东—襄阳东	389	2019/12/01	350	300
郑阜高速线	郑阜高铁	郑州南—阜阳南	276	2019/12/01	350	300
京港高速线	商合杭高铁	商丘—合肥北城	378	2019/12/26	350	300
京港高速线	商合杭高铁合肥至湖州段	肥东—湖州	309	2020/06/28	350	300
京港高速线	合安高铁及联络线	合肥南—安庆	170	2020/12/22	350	300
京港高速线	昌赣高铁	南昌—赣州西	402	2019/12/26	350	300
盐通高速线	盐通高铁	盐城—南通西	158	2020/12/30	350	300

我国城际铁路发展情况

城际铁路，即城际轨道交通，是指在城市与城市之间、城市与卫星城之间或城市群内部，为满足区域内城市间及城市与周边地区间的通勤、商务、旅游等客流需求而建设的快速、便捷、高密度的轨道交通系统。它是在规划建设层面用于支撑和引领新型城镇化发展，能有效连接大中城市与中心城镇，在城市群发展中扮演着重要角色。

2008年8月1日京津城际高铁开通，标志着我国城际铁路的正式起步。2010年前后，昌九城际铁路、沪宁城际铁路、长吉城际高铁、沪杭城际铁路等相继开通运营，我国城际铁路进入快速发展期。目前我国已建成了众多城际铁路线路，总里程不断增加，覆盖了京津冀、长三角、粤港澳大湾区等主要城市群以及其他经济发达地区。以下是我国主要城市群的城际铁路发展情况。

一、三大城市群的城际铁路

1. 京津冀城市群

（1）主要线路。

京津城际：2008年8月1日开通，是中国第一条具有自主知识产权、运营速度世界最快的高速铁路，全长120公里，设计时速350公里，实现了北京和天津半小时通达。

京雄城际：连接北京和雄安新区，李营至新机场段设计速度250公里/小时，新机场至雄安新区段350公里/小时。

京唐城际：线路起自北京城市副中心站，经北京市通州区、河北省廊坊市、天津市宝坻区，至河北省唐山市，设计速度为北京至大厂段200公里/小时，大厂至香河段250公里/小时，香河至唐山段350公里/小时。

津保城际：由津霸客运专线、霸徐铁路组成，天津至霸州段设计速度250公里/小时，霸州至保定段200公里/小时。

（2）规划目标。

时间目标：中部核心区主要城市间"0.5～1小时"交通圈，中心城市之间"1~2小时"交通圈，中心城区与周边城镇"0.5~1小时"通勤圈。

（3）通达目标：中部核心区覆盖5万人口以上的城镇，东部滨海区、南部功能区基本覆盖10万人口以上的城镇。

2. 长三角城市群

（1）主要线路。

沪宁城际：2010年7月通车运营，全长301公里，设计时速350公里，沿线经过上海、昆山、苏州、无锡、常州、丹阳、镇江和南京等地。

沪杭城际：2010年10月建成通车，全长约169公里，设计时速350公里，沿线经过上海、嘉善、嘉兴、桐乡、海宁等地至杭州东站。

宁杭城际：2013年7月建成通车，长约256公里，设计时速350公里，由南京南站引出，沿线经过句容、溧阳、宜兴、长兴、湖州、德清等地至杭州。

合宁城际：是沪汉蓉快速客运通道的重要组成部分，设计时速250公里，加强了合肥与南京间的联系。

（2）网络构成。

主要由江苏省的沿江城市群城际轨道交通网、浙江省的都市圈城际铁路网、安徽省的皖江城际铁路网、皖北城际铁路网组成。

3. 粤港澳大湾区城市群

（1）主要线路。

广佛肇城际：线路全长约111公里，设计时速200公里，2016年3月开通运营，实现了广州、佛山、肇庆三城之间的快速通达。

莞惠城际：2016年5月开通运营，全长103.1公里，设计时速200公里，连接东莞和惠州。

广佛南环、佛莞城际：2024年5月26日正式投入运营，与莞惠、佛肇城际串联贯通，形成一条长258公里，自东向西连接惠州、东莞、广州、佛山、肇庆的，最高时速200公里的湾区东西向主通道。

（2）规划目标。

构建大湾区主要城市间1小时通达，主要城市至广东省内地级城市2小时通达，主要城市至相邻省会城市3小时通达的交通圈，打造"轨道上的大湾区"。

二、其他城市群的城际铁路

1.哈尔滨城际圈铁路

哈牡高速铁路，简称哈牡高铁，是中国黑龙江省一条连接哈尔滨市与牡丹江市的高速铁路，是中国"八纵八横"高速铁路网主通道之一"绥满通道"的重要组成部分。哈牡高速铁路于2014年12月15日开工建设，2018年12月25日正式开通运营。

2.长吉城际圈高速铁路

原长吉城际铁路是吉林省"十一五"重大交通基础设施项目，是东北第一条高速铁路客运专线，线路全长112.499公里，于2011年1月11日正式对外运营。2015年7月30日23时30分起，与新建的吉图珲客运专线整合为一条线路，并统一命名为长珲城际铁路，原长吉城际铁路名称停用。

3.沈阳城际圈高速铁路

沈阳的城际铁路对区域发展意义重大，其中沈铁城际铁路是沈阳经济区重大基础设施建设项目与辽宁省"十一五"重点工程，全长59公里，起于沈阳市皇姑区松山路，终于铁岭凡河新城，约60%为高架轨道，2009年开工，分两段建设运营，它拉近沈铁两市距离，促进两地交流合作与沈阳经济区发展；沈辽鞍城际铁路是《沈阳现代化都市圈发展规划》重点项目，新建线路103公里，起于沈阳南站，经灯塔市、辽阳市等地，终到腾鳌新城站，设11座车站，能提升都市圈交通便利性，带动沿线经济发展，优化区域交通结构；此外，沈抚北线、沈抚南线、沈本城际铁路等也在规划中，致力于构建以沈阳为中心的1小时通勤圈，目前主要在做项目储备与规划研究，并利用既有铁路通道开行城际列车。

4. 关中城际圈高速铁路

关中城际铁路线网是关中地区交通规划的重要组成部分，以西安为中心向外辐射，涵盖多条线路。这些线路旨在加强关中城市群各城市间的联系，如连接西安与周边的咸阳、渭南、宝鸡、铜川等地。线路规划充分考虑区域经济发展、人口分布及旅游资源分布等因素，致力于缩短城市间时空距离，促进区域一体化发展，提升交通便利性，带动沿线经济增长，推动产业协同发展，加强文化交流，对关中地区构建综合交通体系、提升整体竞争力具有重要意义。目前部分线路已建成通车，部分仍在规划建设中。

5. 中原城市群城际圈铁路网

中原城市群城际圈铁路网以郑州为核心，向周边城市如开封、洛阳、新乡、许昌等辐射延伸，涵盖郑开城际、郑洛城际、郑新城际等多条线路。该铁路网规划紧密结合中原城市群产业布局、人口分布与城市发展需求，极大缩短了城市间的时空距离，促进区域内资源要素高效流通，推动产业协同发展，加强城市间的经济、文化交流，助力中原城市群一体化进程，提升区域整体竞争力。目前已建成部分线路，还有诸多线路处于规划与建设阶段，持续完善区域交通格局。

6. 武汉城际圈铁路网

武汉城际圈铁路网以武汉为中心，呈放射状向周边城市延伸，包含武黄、武冈、武咸、汉孝等多条城际铁路。这些线路紧密串联起黄石、黄冈、咸宁、孝感等城市，将原本分散的城市紧密相连。其规划建设充分考量了区域的产业布局、人口流动和旅游资源分布，极大地缩短了城市间的时空距离，促进了生产要素的自由流动，推动了区域产业协同发展与经济一体化进程，方便了居民的日常出行和城际间的商务、文化交流，有力提升了武汉城市圈的整体竞争力。目前已建成并投入使用，且仍在不断优化拓展，持续为区域发展赋能。

7. 长沙—株洲—湘潭城际圈铁路网

长株潭城际圈铁路网以长沙为核心，向株洲、湘潭延伸，线路全长104.36公里，设站24座，主线从长沙站引出，经暮云、九郎山抵达株洲站和湘潭站，同时通过联络线与长沙南站、长沙西站相连。它采用电力牵引、自动控制运行，最高时速200公里，运行采用"小编组、高密度"模式，公交化运营。该铁路网于2010年开工，2016年长沙至株洲、湘潭段开通，2017年全线贯通，极大缩短了三市的时空距离，促进交通一体化，方便居民出行，推动产业协同和资源共享，对长株潭城市群一体化发展意义重大。

8.成渝城际圈铁路网

成渝城际圈铁路网紧密连接成都与重庆两大核心城市及其周边区域，涵盖成渝高铁、成遂渝铁路等重要线路。成渝高铁作为其中的关键线路，全长约299公里，设计时速350公里，极大地缩短了成渝间的时空距离，让两地实现1小时通达。成遂渝铁路也在客货运输中发挥重要作用，增强了区域间的联系。这些线路从规划之初便充分考量了成渝地区的产业布局、人口流动以及经济发展需求，有力促进了区域间要素的高效流通，推动产业协同共进，强化经济文化交流，带动沿线城市的发展，极大地提升了成渝地区双城经济圈的综合竞争力。目前，成渝城际圈铁路网已成为支撑区域发展的重要交通脉络，并且随着后续规划建设的持续完善，为成渝地区的高质量发展注入源源不断的动力。

9.海峡西岸城际圈铁路网

海峡西岸城际圈铁路网紧密串联起福建沿海及周边城市，包括福莆宁、厦漳泉等区域的多条线路。线路规划紧密结合区域的产业布局、人口分布和城市发展需求，以实现区域交通一体化为目标。部分线路已建成通车，极大缩短了城市间的时空距离，加强了城市间的经济文化交流与产业协同发展，推动了区域一体化进程；部分线路仍在建设或规划中，未来将持续完善区域交通格局，进一步提升海峡西岸经济区的综合竞争力，为两岸交流合作搭建更便捷的交通纽带，促进区域经济繁荣与社会进步。

10.昌九城际圈铁路网

昌九城际圈铁路网以南昌和九江为核心，是江西重要的交通基础设施。其主要线路昌九城际铁路，全长131.27公里，设计时速250公里，2010年9月20日通车。该线路起于南昌站，经庐山站，终至九江站，沿途设多个站点，实现南昌至九江间快速通达。它极大缩短了两地时空距离，促进了人员、物资、信息的流通，加强了两地经济、文化交流，推动产业协同发展，为昌九一体化进程提供了强大助力，带动了沿线区域经济发展，提升了江西在中部地区的交通枢纽地位，并且与其他铁路线路共同构建起更完善的区域铁路网络，进一步促进了区域互联互通。

二、我国"十四五"期间开工建设的高速铁路

"十四五"期间我国有多条高速铁路开工建设，为交通网络升级与区域发展注入强劲动力。

1. 京九高铁阜阳至黄冈段

京九高铁阜阳至黄冈段是京九高铁的重要组成部分，途经安徽、河南、湖北三省12个县市，覆盖5万多平方公里国土面积，惠及2500万人口。新建线路长约324公里，设计速度350公里/小时，拟设阜南东站、淮滨西站等多个车站。2024年河南将其列入开工计划，境内设3个车站。目前相关部门正积极推进，建成后将完善长江经济带铁路网，改善沿线基础设施，助力大别山革命老区振兴，加强区域经济交流与合作。

2. 石雄城际高铁

石雄城际高铁是京津冀地区重要的交通基础设施，线路起自河北

省石家庄市，经保定至雄安新区，全长约161.48公里，设计时速350公里。沿途设置石家庄东站、正定机场站、保定东站、无极站等站点，串联起多个重要城市节点。建成后，它将极大缩短石家庄与雄安新区之间的时空距离，促进京津冀区域交通一体化，加强区域间的经济联系与协同发展，带动沿线地区的产业升级，助力京津冀协同发展国家战略的深入实施，进一步提升区域整体竞争力。

3. 牡敦高铁

牡敦高铁是连接黑龙江省牡丹江市与吉林省敦化市的重要交通线路，线路全长约290公里，设计时速250公里，预留350公里提速条件。它途经多个站点，像牡丹江站、宁安西站、东京城西站、镜泊湖站等，将沿线城市紧密串联。该项目于2023年9月进行勘察设计招标，标志着前期工作正式启动，目前各项筹备工作正稳步推进。建成后，它将缩短牡丹江与敦化之间的时空距离，加强黑龙江与吉林的区域联系，促进沿线旅游资源开发，带动旅游业发展，推动区域经济协同发展，提升东北地区整体交通网络的便捷性和通达性，为区域经济社会发展注入新动力。

4. 沪乍杭高铁

沪乍杭高铁是连接上海、浙江嘉兴乍浦和杭州的重要铁路线路。线路全长约192公里，设计时速350公里。它从上海东站引出，途经上海市金山区、浙江嘉兴市平湖市、海盐县、海宁市，最终抵达杭州东站，沿途设多个站点，如上海东站、上海金山站、乍浦站、海盐西站等。该项目自规划提出后，备受关注，目前正处于推进前期工作的阶段。建成后，它将极大缩短沪杭两地的时空距离，加强长三角核心城市间的联系，促进区域交通一体化发展，带动沿线地区的经济增长，推动旅游、商贸等产业协同发展，提升长三角地区整体交通网络的运输能力和效率，为长三角区域一体化发展注入强大动力。

5. 龙龙高铁武平至梅州段

龙龙高铁（福建省龙岩市—广东省龙川县）武平至梅州段是连接福建武平与广东梅州的重要铁路，是龙龙高铁的关键组成部分。该段线路全长约92公里，设计时速250公里，预留350公里时速条件。线路从武平站引出，途经武平、蕉岭等地，最终接入梅州西站，沿途设武平站等站点。目前，项目已全面开工建设，施工稳步推进。建成后，将结束武平不通高铁的历史，加强福建与广东的交通联系，促进沿线城市的经济交流与合作，带动区域旅游资源开发，助力闽粤地区经济协同发展，推动革命老区振兴，完善东南沿海铁路网布局，提升区域交通便捷性。

6. 长辽通高铁

长辽通高铁即长春—辽源—通化高铁，是吉林省构建"一主六双"产业空间布局、推动"长辽梅通白延"城镇带发展的重要交通基础设施。线路全长约280公里，设计时速350公里，从长春站引出，途经长春、辽源、通化等地，沿线设长春西站、伊通站、辽源南站、东丰站、通化站等站点。目前，该项目已开展前期规划和勘察设计招标工作，正稳步推进前期筹备。建成后，将极大缩短长春与辽源、通化之间的时空距离，加强吉林省中部与东南部地区的联系，促进区域交通一体化，带动沿线旅游、商贸等产业发展，推动区域经济协同共进，助力吉林省经济高质量发展，完善东北地区铁路网布局，提升区域交通通达性。

7. 呼南高铁宜昌至常德段

呼南高铁（内蒙古呼和浩特—广西南宁）宜昌至常德段是呼南高铁的重要组成部分，它的建成将进一步完善我国中西部地区的高铁网络。此段线路在呼南高铁整体布局中承担着连接湖北宜昌与湖南常德的关键任务，加强了两湖地区的交通联系。该线路建成后，将极大缩短宜昌与常德间的时空距离，促进两地及沿线地区的经济交流、资源共享与协同发展，带动区域旅游、商贸等产业繁荣，提升沿线城市的发展活力，为区域经济高质量发展注入强劲动力。

8. 太绥高铁

太绥高铁连接山西太原与陕西绥德，是"八纵八横"高铁青银通道的构成部分，起于太原枢纽阳曲西站，途经山西太原、吕梁，跨黄河后接入陕西榆林延榆鄂高铁绥德西站，正线长 296.33 公里，山西境内 240.98 公里，设计时速 350 公里，拟设 8 个车站。建成后，它将连通三大通道，强化内陆与京津冀等地交流，助力内陆开放，带动吕梁脱贫地区发展，巩固脱贫成果，推动乡村振兴，还能填补晋陕高铁空白，完善路网，促进区域一体化和产业合作，带动旅游发展与经济增长。

9. 温福高铁

温福高铁是《国家综合立体交通网规划纲要》6 条主轴中长三角至粤港澳主轴和国家高速铁路网"八纵八横"沿海通道的重要组成部分。线路位于浙东南、闽东北沿海地区，新建线路全长约 311 公里，设计时速350公里。建成后，温州至福州高铁运行时间将从最快2小时缩短至约1.5小时，还将有效提高东南沿海高速铁路客运能力和运输效益，完善国家高速铁路网，释放既有温福铁路货运能力，推动沿线地区融入"长三角一体化"和"海丝"核心区建设，促进东南沿海经济发展。

10. 淮新高铁

淮新高铁位于江苏省北部，是京沪高铁第二通道的重要部分，起于潍宿铁路新沂东站，经宿迁、沭阳至淮安，接入徐盐高铁淮安东站预留宁淮场，再连通连镇高铁黄楼线路所与在建宁淮铁路，新建正线约106公里，设计时速350公里。建成后，它将使京沪高铁二线与京沪高铁在南京交会，缓解京沪高铁客运压力，缩短辽东半岛和东北地区南下东南沿海的铁路里程，完善苏北高铁网，推动长三角区域经济一体化和苏北与周边地区的融合发展。

11. 晋侯高铁

晋侯高铁是连接山西晋城与侯马的重要城际铁路，全长约169公里，设计时速250公里，估算总投资230亿元。线路自太郑高铁晋城东站引出，呈东西走向，途经晋城市城区、阳城县、沁水县、临汾市翼城县、曲沃县，终至大西高铁侯马西站，共设6座新设车站。它是延安到北京高速铁路的组成部分，建成后能实现"京昆"与"呼南"两大纵向高铁通道的连接，形成东至青岛、西至西安和兰州的东西向快速连通，对完善区域铁路网、促进中部崛起和西部大开发、推动黄河流域生态保护和高质量发展意义重大。

第四节　我国沿海高铁建设发展概况

我国沿海高铁是"八纵八横"高速铁路网中"八纵"通道的重要组成部分。它北起辽宁丹东，途经大连、秦皇岛、天津、东营、潍坊、青岛（烟台）、连云港、盐城、南通、上海、宁波、温州、福州、厦门、深圳、湛江，南至广西防城港。线路全长超过5090公里，贯通京津冀、辽中南、山东半岛、东陇海、长三角、海峡西岸、珠三角、北部湾等城市群。

我国沿海高铁的建设目标是实现沿海相邻大中城市间1~4小时交通圈、城市群内0.5~2小时交通圈。其由丹大客专、沈大高铁、秦沈客专、津秦高铁、津潍高铁、潍莱高铁、青荣城际、青盐铁路、盐通高铁、沪苏通铁路、通苏嘉甬高铁、杭深铁路、深湛铁路、合湛高铁、广西沿海铁路等众多线路组成。目前，津潍高铁、潍烟高铁、沪苏通铁路二期、通甬高铁、广湛高铁、深汕高铁、深江高铁等路段正在建设中，沪甬高铁、甬台温高铁、温福高铁、合湛高铁等路段仍在规划中。

一、环渤海高铁

环渤海高铁是服务于环渤海地区的重要交通基础设施，将串起威海、烟台、潍坊、东营、滨州、德州、天津、秦皇岛、大连等地，设计时速350公里，全线建成后运行时间约3小时，相比目前普通铁路15小时的运行时间，大大缩短了通行时长。环渤海高铁建设有助于建立起环渤海经济圈内快速、高效、便捷的交通联系，特别是京津冀、山东半岛、辽东半岛之间，以及三大板块内部不同城市之间的交通联系，促进环渤海区域经济全面协调发展，缓解京沈、京沪、京广三大铁路干线的运输压力。全线共设山海关站、秦皇岛站、北戴河站、昌黎东站、京唐港、曹妃甸、黄骅等七座车站。

1. 丹大快速铁路

丹东至大连快速铁路，是我国"八纵八横"高速铁路网中沿海通道北段的重要组成部分，是一条连接辽宁省丹东市与辽宁省大连市的以客运为主、兼顾货运的快速铁路通道，也是中国东北地区第一条客货混跑的快速铁路干线。

丹大快速铁路由丹东站至大连北站，全长290.7公里，设计时速200公里。全线设丹东站、丹东西站、东港北站、北井子站、大孤山站、青堆站、庄河北站、花园口站、城子坦站、皮口站、杏树屯站、登沙河站、广宁寺站、金州站、大连北站等15座车站。

丹大快速铁路通过衔接沈丹高速铁路、沈大高速铁路，形成了辽宁中南部铁路网的"大三角"主骨架，结束了丹东与大连间没有直通铁路的历史，极大提升了大连和丹东两个城市间的交通运输效率和服务水平，对促进港口经济和海铁联运快速发展，服务东北经济振兴发展发挥了积极作用。

2. 哈大高铁（大连至营口段）

哈大高铁是连接中国黑龙江省哈尔滨市与辽宁省大连市的高速铁路，也是中国乃至世界在严寒地区修建的第一条高速铁路，是连接东北三省的交通大动脉。哈大高铁位于中国东北地区的中轴线上，纵贯东北三省，北起黑龙江省哈尔滨市，经吉林省的松原、长春、四平，辽宁省的铁岭、沈阳、辽阳、鞍山、营口，南至滨海城市大连。哈大高铁线路全长921公里，设计速度350公里/小时，于2007年8月23日开工建设，2012年12月1日开通运营。

哈大高铁（哈尔滨至大连）中的大连至营口段，是我国"八纵八横"高速铁路网中沿海通道的重要组成部分，线路长度约199公里。该段高铁途经金州、瓦房店西、海城西等站点，从大连北站出发最终抵达营口东站或营口站。它的建成与运营，极大地缩短了大连与营口这两座沿海城市之间的时空距离，加强了两地以及沿线地区的人员往来、经济交流与资源共享，为沿海通道高铁的整体运输效能提升发挥着重要作用。

3. 盘营高铁

盘营高铁，又称盘营客运专线，是我国辽宁省内一条重要的高速铁路线路。该线路西起盘锦北站，东至营口东站，通过中海联络线接入海城西站，正线长89.314公里，线路总长度97.896公里，共设4座客运车站（含海城西站）。盘营高铁设计速度为350公里/小时，轨道类型以无砟轨道为主，于2009年5月31日正式开工建设，2013年9月12日正式开通运营，2015年12月1日起全年运营速度按300公里/小时运行。

作为我国"八纵八横"高速铁路网中沿海通道的组成部分，盘营高铁是连接辽宁省盘锦市、鞍山市和营口市的重要交通纽带，也是秦沈客运专线与沈大高铁的重要连接线，更是中国第一条拥有自主知识产权的无砟轨道高铁。其建成与运营，实现了客货分线运输，充分释放了既有陇海铁路货运能力，为开行盘锦至沈阳、大连、营口、锦州、朝阳、赤峰等地区的城际客车提供了便捷途径，促进了辽宁省中南部各城市资源优化配置的扩大和区域统一市场体系的建立，对促进地方经济发展，加快推进东北老工业基地振兴具有重要意义。

4. 秦沈客运专线

秦沈客运专线，作为我国"八纵八横"高速铁路网中沿海通道北段的关键构成部分，占据着极其重要的地位。它不仅是我国内地第一条高速铁路，更是京哈铁路的重要组成板块，在连接中国华北地区与东北地区的交通网络中，扮演着不可或缺的角色。

秦沈客运专线坐落于中国辽西走廊，其西南端与京山铁路、京秦铁路、大秦铁路紧密相连，东北端与哈大铁路、沈吉铁路、沈丹铁路、苏抚铁路成功衔接，成为串联关内与关外的核心通道。这条线路起始于河北省秦皇岛市的秦皇岛站，一路东出山海关，途经绥中、兴城、葫芦岛、锦州等地，穿越辽河平原，经过凌海、台安、辽中，最终抵达沈阳北站。

在建设历程方面，秦沈客运专线于1999年8月16日正式全线开工建设，历经艰苦努力，于2002年6月16日顺利完成全线铺轨工作，2003年10月11日竣工并投入运营，2006年12月31日正式并入京哈铁路。其线路南起秦皇岛站、北至沈阳北站，全长404公里，设计时速达250公里。全线共设有13座客运车站，分别为秦皇岛站、山海关站、东戴河站、绥中北站、兴城西站、葫芦岛北站、高桥北站、锦州南站、凌海南站、盘锦北站、高升北站、台安站、辽中站、皇姑屯站、沈阳北站，其中皇姑屯站已停用。

秦沈客运专线的成功建成，在中国铁路发展史上留下了浓墨重彩的一笔。它构筑起中国首条快速、安全且舒适的客运通道，彻底扭转了进出山海关运输能力紧张的局面，开创了中国铁路运输客货分流的全新模式。更为重要的是，通过该专线的建设，我国成功掌握了具有自主知识产权的 200 公里 / 小时等级客运专线成套技术装备，培养出一大批科研、设计和施工等领域的专业技术人才。

同时，秦沈客运专线的通车运营，有力推动了中国铁路行业的技术进步，显著提升了中国铁路的建设和制造水平，极大缩短了我国与世界高铁先进技术水平的差距，为后续兴建高速铁路奠定了坚实的技术基础。作为中国第一条标准意义上的高速铁路，秦沈客运专线无疑是中国铁路步入高速化的重要起点，为中国高铁事业的蓬勃发展拉开了序幕。

5. 津秦高铁

津秦高铁，又名津秦客运专线，是国家"八纵八横"中长期铁路网中沿海大通道的关键构成部分，是一条紧密连接天津市与河北省秦皇岛市山海关区的高速铁路，并与京哈铁路秦沈段（原秦沈客运专线）实现无缝衔接。

津秦高铁线路从天津市滨海新区起始，沿着既有京山线折向东北方向延伸。建设过程中，铁路先后跨越津滨、唐津、京津塘等高速公路，抵达宁河区后，又跨越北环铁路、杨北公路以及京津高速公路二通道。随后，途经河北省丰南区、唐山市、滦县、昌黎县、北戴河区，最终抵达秦皇岛站，正线全长261.3公里。

津秦高铁的建设历程意义非凡。2008年11月8日，项目正式动工建设；2013年5月10日，津秦高速铁路接触网全线贯通，为后续供电及列车运行提供了关键保障；2013年8月3日，开始进行联调联试，全面检测和优化铁路系统的各项性能；2013年12月1日，正式投入运营，开启了津秦两地快速交通的新篇章。

该线路设计时速和运营时速均达350公里，全线共设有9座车站，分别为天津西站、天津站、军粮城北站、滨海西站、滨海北站、唐山站、滦河站、北戴河站、秦皇岛站。这些车站的合理布局，极大地方便了沿线居民的出行和货物运输。

津秦高铁投入运营后，在我国铁路交通网络中发挥出强大的辐射和串联作用。向北，它能够连接京哈铁路、哈大高铁，畅通东北交通；向西，可与京津城际铁路相连，拉近京津冀核心区域的时空距离；向南，与京沪高铁相接，融入华东地区交通网络，成功形成一条贯通东北、华北、华东地区的快速客运通道。其开通使得东北到关内地区的铁路交通时间大幅缩短，真正将东北、华北、华东地区的快速客运通道连接成网。

津秦高铁建成后，与秦沈客运专线以及京沪、京广、哈大客运专线紧密相连，构建起东北至华北、华东等地区便捷快速的客运通道。这不仅极大地提高了交通运输效率，还将更多的人流、物流、信息流和资金流聚集于京津冀地区，为环渤海区域经济的协同发展注入了强大动力，加速推进区域经济一体化进程。

6. 津潍高铁

天津至潍坊高速铁路，简称津潍高铁，作为我国《中长期铁路网规划》中"八纵八横"高速铁路网沿海京沪高铁二通道的重要构成部分，既是京沪辅助通道与沿海通道的交集，更是支撑国家发展战略的关键基础设施。它在优化升级京沪以东地区综合交通运输走廊、完善综合交通运输体系、推动区域资源共享与协调发展等方面，发挥着不可替代的重大作用。

津潍高铁天津至潍坊段横跨天津市、河北省、山东省。线路自天津枢纽滨海站引出，正线全长约348公里。其走向依次经过天津市滨海新区，河北省沧州市，山东省德州市、滨州市、东营市、潍坊市，最终引入济青高铁潍坊北站。全线规划布局了滨州站、东营南站、潍坊北站等。这些站点的设置，极大地提升了沿线地区的交通便利性，促进了人员、物资的高效流通。

津潍高铁具有显著的战略意义，它直接串联起中国北方极具活力与发展潜力的京津冀地区和山东半岛城市群。向北，与京津城际、京滨城际、津秦高铁紧密相连，强化了京津冀内部的交通网络；向南，与拟建的潍坊至新沂至合肥高铁实现衔接，从而构建起东北、京津冀地区通往山东半岛和长三角地区的沿海高铁新通道。这一通道的形成，不仅拓展了区域间的交流合作空间，还加速了各类要素的流动与集聚。

津潍高铁的建设，有效补齐了京津冀、山东半岛等沿海地区高速铁路发展的短板，显著改善了沿线地区的交通条件。这对于带动京津冀、环渤海地区和山东半岛城市群的经济发展具有重要的推动作用，有力地促进了京津冀协同发展、长三角一体化发展等国家战略的落地实施。

同时，在区域路网中，津潍高铁形成了京沪高铁东部地区一条全新的大能力快速通道，能够分担部分北京至上海间的中长途客流，为缓解京沪高铁运输能力紧张状况贡献积极力量，进一步提升了我国铁路运输的整体效能。

二、东部沿海高铁

1. 潍烟高铁

潍坊至烟台高速铁路，简称潍烟高铁，是我国《中长期铁路网规划》中"八纵八横"高速铁路网沿海通道的关键构成部分，是一条在山东省交通格局中占据重要地位，连接山东省潍坊市与烟台市的高速铁路。

潍烟高铁坐落于山东省东北部，贯穿潍坊、青岛、烟台三市。新建线路总长度达237公里，于2020年10月31日正式破土动工，2024年10月21日正式开通运营。全线精心布局了10座车站，从西至东依次为昌邑站、灰埠站、莱州站、招远站、龙口市站、蓬莱站、烟台西站、福山站、芝罘站、烟台南站。这些车站的设立，不仅极大地方便了沿线居民的日常出行，还为区域间的经济交流与合作搭建了高效的平台。

2. 青荣城际铁路

青荣城际铁路是我国山东省境内一条连接青岛市、烟台市与威海市的城际铁路，线路呈西南至东北走向。它不仅是胶东半岛地区城际铁路的主干路段，还是中国"八纵八横"高速铁路网主通道之一"沿海通道"的重要组成部分。青荣城际铁路于2010年10月正式动工，2016年11月全线开通运营。

青荣城际铁路南起青岛站、东至荣成站，线路全长316公里，共设15座车站，设计速度和列车运营速度均为250公里/小时。其走向从青岛北站引出，经城阳跨过胶济铁路，再折向东北经即墨、莱西、莱阳等地，一路向北至烟台站，另一路向东到威海市后折向东南至威海荣成站。

青荣城际铁路改变了胶东地区的经济格局，使胶东半岛从沿海边区转变为门户城市，成为对接辽东半岛以及日本、韩国等地区的"桥头堡"。它拉近了青岛、烟台、威海等城市群之间的时空距离，开启了胶东半岛地区的同城生活模式，形成"青烟威荣四市的1小时交通经济圈"。同时，借助快捷的高铁路网，促进了"仙境海岸"旅游产品的发展，推动了胶东半岛新旅游格局的形成。

3. 莱荣高铁

青岛莱西至荣成高速铁路，简称莱荣高铁，位于山东省胶东半岛南部沿海地区。线路西起青岛莱西站（原莱西北站），向东依次经过烟台莱阳市、海阳市，威海乳山市、文登区，东端与青荣城际荣成站接轨，全长193公里，其中青岛段长7.1公里。作为青银高铁通道向山东半岛地区的延伸，其设计为客运专线，设计时速350公里。全线共设莱西站、莱阳南站、海阳站、乳山南站、威海南海站、文登南站、荣成站7座车站。

莱荣高铁是我国"八纵八横"高速铁路网沿海通道的连接线，也是山东"四横六纵三环"高速铁路网的关键构成，更是胶东半岛地区主要的客运通道。它西连潍莱高铁，东与青荣城际铁路荣成站并站，共同搭建起环胶东半岛的快速客运通道。该项目于2020年10月31日开工建设，2023年12月8日开通运营。

莱荣高铁建成后意义重大，它通过青荣城际铁路与青岛枢纽相连，借潍莱高铁、济青高铁与济南枢纽相通，快速融入全国铁路网，助力实现半岛1小时、省内2小时、与北京和上海等中心城市4小时的快速交通圈。这不仅有利于发挥沿线经济社会和旅游资源优势，推动沿线社会经济发展，还对构建现代化高铁路网、完善山东省城际铁路网、补强胶东半岛铁路网短板、加快交通强国山东示范区建设、打造"轨道上的山东"、满足沿线对外快速客运需求、促进胶东经济圈一体化发展起到重要作用。

4. 青盐铁路

青盐铁路，是连接山东省与江苏省的区际干线铁路，也是国家Ⅰ级客货共线铁路，由青连铁路和连盐铁路两段合并而成。青盐铁路北起青岛市，沿海岸线依次经过胶州湾、海龙湾、海洲湾和青岛港、黄岛港、董家口港、岚山港、日照港、连云港等地区，南至盐城市。线路向北与济青高速铁路、青荣城际铁路连接，向南与徐盐高速铁路、盐通高速铁路相通，并与胶济铁路、日兰高速铁路、兖石铁路、徐连高速铁路、陇海铁路、连镇高速铁路连通。

2008—2014年，连盐铁路和青连铁路相继获批并开工建设，2018年6月，经中国铁路总公司批复，两者合并为青盐线，并于同年12月26日正式开通运营。青盐铁路的设计速度为200公里/小时，全线共设青岛北站、红岛站、洋河口站、青岛西站、董家口站、两城站、日照西站、岚山西站、赣榆北站、赣榆站、连云港站、海州站、董集站、灌云东站、响水县站、滨海港站、阜宁东站、射阳站、盐城北站等19座车站。

青盐铁路开通后,加强了山东半岛与苏北地区城市间的联系。它推动了产业转移与承接,助力沿线城市产业升级和协同发展,像青岛等地产业得以优化,盐城等城市迎来发展契机;促进海洋、旅游等产业合作,带动旅游消费增长;扩大市场辐射范围,降低贸易成本,加强区域贸易往来;改善投资环境,吸引投资与人才,促进资源整合;提升物流运输效率,推动青岛、连云港、盐城等城市交通枢纽建设,加速区域经济一体化进程。

然而,青盐铁路的战略定位为客货兼顾,设计时速仅200公里。在人口密集、经济发达的沿海地区,这样的时速已难以满足发展需求,明显滞后。因此,规划建设青岛至上海,时速达350公里的高铁通道迫在眉睫。若在"十五五"期间,建成青岛至盐城路段时速350公里的客运专线,将构建起"青岛—日照—盐城—南通"的高铁线路格局。届时,从山东青岛出发,经由沿海高铁可直达上海浦东。既有青盐铁路可作为货运专线及部分城际客运通道,实现客货分线,充分释放货运能力。同时,这还将进一步完善沿海铁路布局,串联起中国沿海铁路大通道,与徐宿淮盐铁路、盐通高铁、沪苏通铁路等实现无缝对接,全面提升中国沿海铁路通道的整体运输能力,有力推动区域经济协同发展。

5. 盐通高铁

盐通高铁连接江苏省盐城市与南通市,是"八纵八横"主通道之一"沿海通道"的重要组成部分。其正线全长157.098公里,设计最高时速 350 公里。盐通高铁于 2018 年 5 月全线开工建设，2020 年 12 月 30 日开通运营。全线共设盐城站、盐城大丰站、东台站、海安站、如皋南站、南通西站 6 座车站。

盐通高铁建成后，与青盐铁路、沪苏通铁路、徐盐高铁、江苏南沿江城际铁路，以及通苏嘉甬高铁实现无缝对接。这不仅有助于缩短江苏沿海城市间的时空距离，改善江苏东部地区的交通条件，优化投资环境，为江苏沿海开发战略提供强有力的运输保障；还能完善长三角地区城际网布局，提升中国沿海铁路通道的整体运输能力与运输质量。

随着盐通高铁的建成，江苏省省会南京与 12 个设区市及周边大中城市间将形成放射状"1.5 小时交通圈"。该线路进一步完善了中国沿海铁路动脉，加速了盐通地区融入长三角区域的进程，为苏中、苏北地区的振兴发展注入强大动力。

6. 沪苏通铁路

沪苏通铁路是我国《中长期铁路网规划》"八纵八横"高速铁路主通道之一——沿海通道的重要组成部分，是《"十三五"现代综合交通运输体系发展规划》中"十纵十横"综合运输大通道之一——"沿海运输通道"的重要组成部分，是沟通苏北至苏南、沪杭地区的便捷铁路通道，是一条连接上海市与江苏省南通市的国家Ⅰ级客货共线双线电气化快速铁路，是以承担上海、江苏城际旅客交流为主，兼顾货物运输和中长途旅客交流的铁路通道。

沪苏通铁路沿途经过南通市、张家港市、常熟市、太仓市、昆山市、上海市嘉定区，接入安亭西站。沪苏通铁路由赵甸站至安亭西站，通过京沪铁路引入上海站。沪苏通铁路全长143公里，设计速度200公里/小时。沪苏通铁路于2014年3月1日开工建设，2020年7月1日一期工程开通运营。沪苏通铁路一期工程全线共设赵甸站、南通西站、张家港北站、张家港站、常熟站、太仓港站、太仓站、太仓南站、安亭西站9座车站，预留常熟东站。

沪苏通铁路开通运营后，向北与盐通高速铁路和青盐铁路、宁启铁路、新长铁路连接，向南与沪昆高速铁路等连接，并与鲁东、苏北上海、苏南、浙东地区之间形成了一条便捷的铁路运输大通道，大大缩短了上海与南通及苏北地区的时空距离，极大便利了沿线群众出行。对发挥上海中心城市辐射带动作用，推动长江三角洲区域一体化发展，对提高过江通道运输能力，完善区域综合交通运输体系，加快转变经济发展方式，促进长三角地区经济社会的融合发展和辐射带动具有重要的意义。

三、东南沿海高铁

1. 沪杭高铁

沪杭高速铁路，简称沪杭高铁，又名沪杭客运专线，即沪昆高速铁路沪杭段。它是我国《中长期铁路网规划》"八纵八横"高速铁路主通道之一，是一条连接上海市与浙江省杭州市的高速铁路，与杭长高铁、长昆高铁共同构成纵贯中国东西向的沪昆高铁。沪杭高铁自上海虹桥站引出，途经上海市闵行区、松江区、金山区、浙江省嘉兴市、杭州市余杭区引入杭州东站，正线全长 158 公里，设计时速 350 公里。同时，在上海枢纽建设至上海南站连接线 11 公里，在杭州枢纽建设至杭州站连接线 3.5 公里。

沪杭高铁于 2009 年 2 月 26 日正式开工，2010 年 10 月 26 日开通运营。沪杭高铁由上海虹桥至杭州共设上海虹桥站、上海松江站、金山北站、嘉善南站、嘉兴南站、桐乡站、海宁西站、临平南站、杭州东站等 9 座车站，其中上海段车站 3 座、浙江段车站 6 座，另通过联络线连接上海南站、杭州站。

作为一条时速 350 公里的高速铁路，沪杭高铁在上海与杭州间构筑起一条安全、方便、快捷的大能力客运通道，对于形成区域快速客运网络，加快实现客货分线运输，有效缓解运输紧张状况，促进长三角经济社会发展，助推东部地区率先实现现代化具有十分重要的意义。

2. 杭甬高铁

杭州至宁波高速铁路，简称杭甬高铁，又名杭甬客运专线，是我国《中长期铁路网规划》中"长三角"城际客运系统的重要组成部分，是一条连接浙江省杭州市和浙江省宁波市的高速铁路。

杭甬高铁于 2009 年 4 月 1 日开工建设，2013 年 7 月 1 日正式开通运营。杭甬高铁由杭州东站至宁波站，全长 150 公里，设计速度 350 公里/小时。杭甬高铁全线共设杭州东站、杭州南站、绍兴北站、绍兴东站、余姚北站、庄桥站、宁波站等 7 座车站。

杭甬高铁与沪昆高铁沪杭段、沪宁城际铁路、宁杭高铁构成长三角的城际铁路主骨架，形成沪、杭、宁、甬等城市间"1～2小时交通圈"。杭甬高铁缩短了沿途各城市间居民出行的时间，显现出城市间的同城效应，促进了浙江省经济与社会的发展。

3. 甬台温铁路

甬台温铁路是连接宁波、台州、温州三地的国铁Ⅰ级铁路，为我国沿海大通道杭深铁路中浙江境内的重要战略性项目，是我国国家铁路网规划"八纵八横"中沿海通道和"四纵四横"快速客运网中的重要组成部分，以客运为主、兼顾货运。

甬台温铁路从宁波站与既有的北仑支线并行至宁波东站，从宁波东站出岔，经奉化、宁海、三门、临海、黄岩、路桥、温岭、乐清、永嘉等县市区，终于温州市瓯海区。甬台温铁路于2005年10月27日正式开工建设，2009年9月28日正式开通运营。

甬台温铁路自宁波站至瓯海站，线路全长282.39公里，设计时速为250公里，运营时速为200公里。甬台温铁路自北向南全线共设宁波站、奉化站、宁海站、三门县站、临海站、台州西站、台州南站、温岭站、雁荡山站、乐清东站、乐清站、温州北站、温州南站、瓯海站等15座车站。

然而，甬台温铁路设计速度为250公里/小时，旅行速度慢、耗时较长，已难以适应沿海地区日益增长的客运需求及人们对于运输效率和服务质量的高标准。甬台温高铁建成后，将解决这一瓶颈问题，大大缩短宁波、台州、温州等地的时空距离，推动地区间的经济、文化、人才等交流，促进长三角地区更高质量一体化发展。

甬台温高铁

甬台温高速铁路（简称甬台温高铁），即规划中的甬台温福高速铁路甬台温段，是浙江省境内宁波经台州至温州的高速铁路。其于2019年12月列入《长江三角洲区域一体化发展规划纲要》，2020年4月被列入《长江三角洲地区交通运输更高质量一体化发展规划》，2021年被列入《长江三角洲地区多层次轨道交通规划》《"十四五"现代综合交通运输体系发展规划》。2022年8月17日中国铁路经济规划研究院有限公司、中铁第四勘察设计院集团有限公司（联合体）中标甬台温设计时速350公里高铁规划方案研究项目。甬台温高铁是国家"八纵八横"高速铁路网沿海大通道的重要组成部分，线路北接通苏嘉甬铁路，南连温福高铁，经宁波、台州、温州三市，止于规划温州东站。

建设甬台温高铁，是共建"一带一路"、支撑长三角高质量一体化发展国家战略的需要；是加快东南沿海高铁通道贯通，完善沿海铁路通道整体功能，提升通道运输质量和能力的需要；也是构建长三角至粤港澳综合交通主轴，打造沿海战略骨干通道，支撑国家沿海城镇发展带，促进浙江沿海地区快速融入全国高速铁路网的重要举措，具有重大意义。

甬台温高铁建成后，既有甬台温铁路的运输功能将调整为以货运为主、兼顾城际功能，这一转变能充分释放铁路货运能力，形成分工合理、优势互补的通道新格局。届时，宁波与台州将实现半小时交通圈，大幅缩短宁波都市圈与长三角、珠三角等重要城市的时空距离。

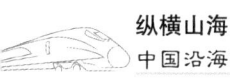

4. 温福铁路

在早期规划中，温福铁路是连接浙江省温州市和福建省福州市的国铁Ⅰ级铁路，是中国沿海通道和"四纵四横"快速客运网的重要构成，在区域交通中意义重大。它于2002年获批立项，2005年全线开工，2009年9月28日正式开通动车组客运业务。在现行的国家"八纵八横"高速铁路网规划中，温福高速铁路（即甬广高速铁路温福段）是"八纵八横"高速铁路网主通道之一"沿海通道"的重要组成部分。

既有温福铁路全长302公里，北起温州南站，途经瑞安、平阳、苍南等地，穿越浙闽交界分水关进入福建，经福鼎、太姥山、霞浦等，最终抵达福州站，全线共设12座车站。其设计时速250公里，运营时速200公里。

既有温福铁路所在区域涵盖低山丘陵区、山间谷地区和滨海平原区，地质条件复杂，兼具山区铁路地势起伏大与沿海软土的特性，施工难度极大，桥梁和隧道路段占线路总长的81%。全线控制性工程有"五桥七隧"，霞浦隧道和白马河特大桥是重中之重。其中，白马河特大桥创造3项世界第一和1个中国第一；飞云江特大桥主跨采用曲线路段上的长大跨连续梁，属中国客运专线铁路首次尝试，建设单位通过选用优秀施工队伍、优化设计、采用先进工艺和设备等方式攻克难题。

作为连接长江三角洲、海峡两岸经济区，助力辐射珠江三角洲的关键线路，既有温福铁路从根本上突破东南沿海地区铁路瓶颈制约，完善了路网结构，提升综合运输能力，对推动海峡两岸经济发展、推进两岸"三通"意义重大。既有温福铁路在路网中的合理定位，是确定其各项主要技术标准、运营设备配置原则以及线路走向方案等重要条件的基本前提。其功能定位如下：①既有温福铁路是一条城际快速铁路干线，作为我国东南部沿海通道的重要组成部分，是杭州至深圳沿海路网中的一条城际铁路干线。它的建成通车及东南部沿海铁路通道的逐步形成，符合国家铁路发展政策与福建省铁路中长远规划。②既有温福铁路是一条标准较高的进出省通路。在 2005 年以前，福建省仅有鹰厦线、横南线、梅坎线和赣龙线四条进出省铁路通道，路网布局呈枝状尽头线，对外运输能力存在不足。温福铁路及福厦铁路建成后，以较高技术标准形成与华东地区直接交流的通道，缩短了福建省大部分地区到沪浙方向的旅行时间，提升了运输质量，满足了运输需求，完善了福建省铁路路网环状布局。③既有温福铁路是一条客货运输兼顾的铁路通路。温福铁路连接的长江三角洲、海峡西岸经济协作区与珠江三角洲是我国经济发达地区，区域间人流、物流、信息流交换频繁，城际间旅客交流量大。该铁路主要承担城际间旅客运输和中长距离货物运输，运输物资多为内陆和城际间中长距离交流的货物。④既有温福铁路客货运输成效显著。温福铁路的建成通车，结束了浙西南与闽东地区无铁路贯通的历史，使闽东成为国家铁路干线前沿地带，推动了宁波、台州、温州、福州等地物流、人流、信息流的加速流转，密切了沿海港口城市与其腹地之间的经济交流。温福铁路开通十多年，福建境内旅客发送量从 2009 年的 39.48 万人次增长到 2019 年的 925.8 万人次，旅客出行目的以旅游、商务办公、产业投资等为主。截至 2021 年上半年，宁德市境内各站中，宁德站、霞浦站客流量排名前两位。以霞浦站为例，自 2009 年 9 月 28 日开通运营后，停靠车次从最初每日 4 趟增加到每天 43 趟，运行线路从最初往返福州至杭州、上海，扩展到直达北京、深圳、南昌、龙岩、赣州等地。2020年10月24日霞浦站站房改扩建项目开工，改善了车站设施设备破损老化、站房面积偏小等问题，其候车大厅客流量也从开通之初的约1000多人，增长到单日上车人数最高突破12000人，单趟动车上车旅客最高达1108人。

温福高铁

温福高铁是国家综合立体交通网长三角至粤港澳主轴、中国"八纵八横"高速铁路网主通道之一——"沿海通道"的重要构成，意义非凡。它还是贯通东南沿海高速铁路的关键区段，线路全长约311公里，浙江段约104公里，福建段约207公里，设计时速达350公里。2025年1月，《新建温州至福州高速铁路（浙江段）规划选址与用地预审论证报告》通过浙江省自然资源厅备案，福建省宁德市自然资源局发布关于新建温州至福州高速铁路（宁德段）建设项目规划选址的批前公示。

根据规划，温福高铁起于温州枢纽新设的温州东站，终于福州枢纽的福州南站，并与福厦高铁贯通。其途经瑞安、平阳、苍南、福鼎、柘荣、福安、宁德、罗源、连江等9县市，是一条以中长途客流为主，兼顾都市圈（区）间城际客流的高速铁路。

这条高铁的建设，能有效提升东南沿海高速铁路的客运能力与运输效益，完善国家高速铁路网尤其是沿海通道的路网功能。同时，它能大幅缩短福建与长三角、粤港澳大湾区间城市的通行时间，助力实现交通圈目标，还能更大程度释放既有温福铁路货运能力，推动沿线地区融入区域发展，促进东南沿海经济繁荣。

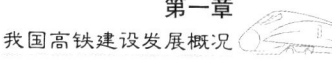

5. 福厦高铁

福厦高铁是中国首条跨海高铁，也是国家"一带一路"建设重点项目、福建省重点工程。它北起福州市，途经莆田市、泉州市，南至厦门市和漳州市，正线全长277.42公里。作为京福厦高速铁路客运通道以及"八纵八横"高速铁路网中东南沿海铁路客运通道的重要构成，其北端衔接合福铁路、温福铁路，南端衔接厦深铁路、龙厦铁路，在我国铁路网布局中意义重大。

福厦高铁于2017年1月15日开工建设，建设过程中攻克了诸多难题。沿线有正线桥梁8座、隧道29座，桥隧比高达85%，还建有湄洲湾、泉州湾、安海湾3座跨海大桥。像泉州湾跨海大桥是国内首座跨海高速铁路桥，所在区域风大、水深、浪大、高盐分、高湿度，又处于海峡西岸地震高烈度区；湄洲湾跨海大桥是国内首座跨海高铁矮塔斜拉桥，海域风大浪急、潮汐明显，水文地质环境复杂。建设团队通过采用新工装、新工艺等方式，成功解决海上超长栈桥、潮汐区围堰、大直径深水桩基等施工难题。2023年9月28日，福厦高铁正式开通运营。

福厦高铁全线设福州南、福清西、莆田、泉港、泉州东、泉州南、厦门北、漳州等8座客运车站，设计时速350公里。开通后，福州至厦门的列车运行时间从2小时左右缩短至1小时以内，两地形成"一小时生活圈"。它进一步完善了东南沿海铁路网络，将海峡西岸与长三角、粤港澳大湾区紧密相连，如一条联动发展的"黄金纽带"，有力推动了沿线城市经济社会发展，为区域协调发展和全方位推进福建高质量发展提供了有力支撑。

6. 厦深铁路

厦深铁路是东南沿海地区连接福建省和广东省的省际快速铁路，也是国家Ⅰ级客货干线铁路，线路全长502公里，总投资约417亿元。它于2007年11月福建段开工，2008年1月广东段开工，2013年12月28日全线竣工通车，2018年12月3日汕头联络线开通运营。

该铁路东起厦门，西至深圳，途经福建厦门、漳州以及广东潮州、汕头、揭阳、汕尾、惠州、深圳等8市。沿线共设19座客运车站（含汕头联络线），1座货运车站，还有1座预留车站。2021年4月10日，最高运营时速由200公里提升至250公里，厦门至深圳动车组列车最短耗时压缩至2个半小时左右。

厦深铁路意义重大，它把厦门、汕头、深圳三大经济特区串联起来，将珠江三角洲地区与海峡西岸经济区相连，形成了东南沿海3小时经济圈。通过与福厦、温福、杭甬等铁路相接，打通我国东南沿海铁路"大动脉"，成为贯穿长三角、海峡西岸、珠三角三大经济区的"黄金走廊"，极大促进了区域经济整合与人员往来。

7. 漳汕高铁

漳汕高铁是国家"八纵八横"高铁主通道沿海通道的关键部分，连接福建省漳州市和广东省汕头市，全长约176公里，设计时速350公里。福建段全部在漳州市境内，长约127.2公里，沿线共设6座车站，其中漳州、漳浦、汕头站为既有车站，其余为新建车站，总投资约400.3亿元。

漳汕高铁于 2023 年 2 月 4 日全线开工建设，计划工期 4.5 年，预计 2028 年建成通车。截至 2025 年 2 月，福建段东山跨海特大桥全线首个桥梁桩基已动工开钻；广东段饶平南站特大桥 223 号桥墩 2 号桩基已破土动工，饶平南站计划 2025 年 3 月底前确定站房设计单位，力争 12 月开工建设，预计 2027 年 12 月建成，2028 年 7 月 31 日与主线同步开通运营。

建成后，漳汕高铁将与福厦高铁、汕汕高铁、广汕高铁等相连，完善区域路网结构，使东南沿海城市高铁网络全覆盖，进一步缩短福建与广东尤其是厦漳泉与珠三角之间的时空距离，届时汕头至厦门行程将缩短至 1 小时以内，厦门至广州仅需 2 个多小时。它还能密切东南沿海地区交流联系，加强粤东地区与珠三角、长三角核心地区的沟通，推动区域经济社会协调发展。

四、两广沿海高铁

1. 深湛铁路

深湛铁路是中国广东省境内的国铁 I 级双线电气化铁路，是国家"八纵八横"高速铁路网主通道之一"沿海通道"的重要组成部分。线路连接深圳市和湛江市，由深圳至江门段、江门至茂名段和茂名至湛江段组成，全长约 495 公里。线路设西丽、南沙、江门、双水镇、台山、开平南、恩平、阳东、阳江、阳西、马踏、电白、茂名、吴川、湛江西等客运站。

深湛铁路分三期建设。一期工程茂湛铁路于 2009 年 9 月 28 日开工，

2013年12月28日通车；二期工程江湛铁路于2014年6月开工，2018年7月1日通车；三期工程深江铁路于2022年10月9日开工。

深湛铁路的建成，结束了粤西三市不通高铁的历史，大大缩短了深圳至湛江的铁路运行时间，从原来的11小时35分缩短至3.5小时左右。它加强了珠三角核心城市与粤西地区的联系，推动了区域经济的协同发展，完善了广东省的铁路交通网络，为人们的出行和货物运输提供了更便捷、高效的选择，对支持粤港澳大湾区和中国广东自贸区建设具有重要意义。

2. 合湛高铁

广西合浦至湛江高速铁路，简称合湛高铁，位于广西北海合浦和广东湛江交界的南部沿海地区。它是我国"八纵八横"高速铁路网沿海铁路通道的重要组成部分，是联通广西北部湾经济区、珠三角经济区、海西经济区的便捷快速客运铁路通道，是张家界至海口旅游高铁的组成部分，是北海与湛江两市间强化战略合作、联通人流物流资金流的重要纽带。

合湛高铁线路西起北海市合浦县，向东经平阳镇、福成镇、闸口镇、白沙镇、山口镇进入广东省廉江市的青平镇和横山镇，由遂溪县北侧引入湛江枢纽。正线线路全长137.82公里，联络线长度25.97公里（北海联络线），其中广西段63.62公里，正线数目为双线，速度目标值为350公里/小时。建成后从北海到湛江只需30分钟，到广州仅需2.5小时。

新建铁路合浦到湛江线位于北部湾腹地，广西壮族自治区和广东省交界的南部沿海地区北海市和湛江市,将构成南宁至广州第二高速铁路。线路西接既有邕北线,东至湛江枢纽与茂湛铁路及规划的广湛客专、湛海客专等连通,中间分别预留玉北城际、贵北城际等规划线路的衔接条件,并以联络线连接既有邕北线北海站。

第二章　福建省铁路建设发展概况

福建省，简称"闽"，省会为福州市，地处中国东南沿海。其东南隔台湾海峡与台湾岛隔海相望，东北与浙江省毗邻，西北与江西省相连，西南与广东省接壤。福建境内山岭耸立，丘陵起伏，遍布千山万壑。北部有仙霞山脉，西部有武夷山脉，南部有博平岭等山脉；中部有鹫峰山脉、戴云山脉，山重水复，河谷与盆地交错分布其中。全省地势呈现西北高、东南低的态势，整体依山傍海。境内山地、丘陵面积约占全省总面积的90%，因而素有"东南山国"之称。

自1949年新中国成立起，福建长期处于"前线"位置，数次错失全国经济发展布局的机遇，交通基础设施投资不足，历史遗留的发展短板问题较为严重。福建独特的自然条件和历史发展状况，决定了其交通建设的长期性与艰巨性，也赋予了福建人必须担当的历史责任和伟大使命。

第一节　福建省铁路建设发展历程和成就

福建省铁路建设的发展历程，是一部从无到有、由弱变强的奋斗史。特别是改革开放以及党的十八大以来，在国家大力推进高速铁路建设的时代浪潮下，福建铁路迎来了快速发展的黄金时期。

十余年来，先后建成向莆、厦深、合福、赣瑞龙、衢宁、南三龙、福平、浦梅铁路建宁至冠豸山段、兴泉、新福厦等干线铁路和福清江阴港、连江可门港、湄洲湾港口、泉州湄洲湾南岸等支线铁路。截至 2023 年 9 月，福建铁路运营里程达 4658 公里，其中时速 200 公里以上高快速铁路 2183 公里，位居全国前列；初步形成"三纵六横"铁路网格局，其中"二纵三横"为快速铁路网；成为全国首个市市通高快速铁路的省份，实现了省内"一环"高快速铁路骨干网目标。

这些铁路建设成果，不仅终结了福建不通铁路的历史，更逐步打破了福建交通闭塞的旧有格局，实现了从交通末梢向通达全球的便捷枢纽的华丽转身。福建省铁路建设的发展成就，主要体现在以下三个方面。

一、路网建设方面

在路网建设进程中，福建省实现了从奋力追赶到领先发展的重大跨越，成果显著。路网规模不断拓展，屡创新高，铁路线路不断延伸，覆盖范围持续扩大。路网布局更为科学合理，紧密衔接省内各区域，与周边省份干线互联互通，在全国交通格局中战略地位凸显。

随着先进技术的广泛应用，路网质量大幅提升，铁路运行的速度、安全性、稳定性显著增强。普通铁路升级改造，高速铁路飞速发展，极大提升了出行效率。枢纽一体化融合更加充分，铁路枢纽与城市公交、地铁、长途客运等多种交通方式紧密衔接，实现便捷换乘，极大提高旅客出行体验与交通运输效率。

　　福建省高速铁路建设成就斐然，福厦高铁的开通运营是其中重要的里程碑。福厦高铁作为交通大动脉，设计时速高、运行平稳，大幅缩短福州、厦门等沿线城市的时空距离，推动区域经济一体化发展，为福建省路网建设添上浓墨重彩的一笔。

二、技术装备方面

　　在福建省铁路的发展历程中，技术装备的革新是浓墨重彩的一笔。其中，"复兴号"中国标准动车组的投入运营，成为福建省铁路迈向高质量发展的关键里程碑。

　　自"复兴号"中国标准动车组问世以来，福建省铁路的运输效率与服务品质大幅提升。其实现时速350公里的商业运营，显著缩短了福建与国内其他主要城市的时空距离。以福厦高铁为例，作为福建省内重要的交通动脉，"复兴号"的运行让福州、厦门、漳州等城市间的人员往来更加便捷高效，促进了区域经济的协同发展，加强了城市间的产业合作与资源共享，推动了闽东南沿海经济带的繁荣。

　　智能型动车组实现时速350公里自动驾驶，更是福建省铁路技术装备的重大突破。这种自动驾驶技术融合了先进的通信、信号、控制等多领域技术，极大地提升了列车运行的安全性与稳定性。在实际运营中，智能型动车组可根据线路状况、运行时刻表等因素，自动调整速度、启停列车，减少人为操作失误，确保运行安全。例如，在遇到突发情况时，系统能迅速做出反应，保障旅客的生命财产安全。同时，自动驾驶技术还能优化列车运行能耗，降低运营成本，实现绿色可持续发展。

"复兴号"中国标准动车组与智能型动车组的成功应用，标志着福建铁路技术装备达到了新水平。它们不仅为民众提供了更快速、舒适、安全的出行体验，还为福建经济社会发展注入了强劲动力，助力福建在新时代交通强国建设中不断前行，加强与全国乃至全球的联系与合作。

第二节　福建省中长期铁路网规划

2017年11月22日，福建省发展改革委公布《关于印发实施福建省中长期铁路网规划的通知》，明确围绕现代综合交通运输体系，强化福建省铁路网与国家铁路大通道的衔接，完善港口集疏运体系和加强区域铁路网络建设，加强站房和交通枢纽建设，加快形成"三纵六横一环"铁路网。

一、上位规划中与福建省有关的铁路项目

国家《中长期铁路网规划》提出构建"八纵八横"高速铁路主通道，与福建有关的包括京港（台）、沿海、厦渝等"两纵一横"通道。涉及福建省的规划项目有龙梅龙、温武吉、宁南、资溪至建宁等4条铁路。国家《"十三五"现代综合交通运输体系发展规划》提出构建"十纵十横"综合运输大通道，与福建有关的包括福州至银川、厦门至喀什、沿海通道等"两横一纵"通道。

结合国家《中长期铁路网规划》（发改基础〔2016〕1536号）《"十三五"现代综合交通运输体系发展规划》（国发〔2017〕11号）以及《福建省海峡西岸城市群城际轨道交通线网规划》（发改基础〔2015〕2123号），国家中长期铁路网以及海西城际网规划实施后，预计到2030年，福建省铁路总的运营里程（含城际和港口支线）将达到5420公里，路网密度将达4.5公里/百平方公里，其中高速铁路1239公里，城际铁路259公里，其余为普速铁路和港口支线3922公里。

二、福建省中长期铁路网规划的主要内容

（一）有待进一步优化的有关问题

1. 进一步加强与国家大通道的衔接

（1）优化思路与目标。

强化与中长期铁路规划高铁主通道以及国家规划综合运输大通道的衔接，提高主通道铁路标准，实现福建对外交通联系3、4、5、6、7小时通达目标：以省会福州为中心，与相邻省会广州、杭州、南昌3小时通达；与长江中游、珠三角的武汉、长沙、深圳4小时通达；与长三角核心城市上海、南京、合肥5小时通达；与成渝、中原城市群的成都、重庆、郑州6小时通达；与京津冀地区北京、天津、石家庄7小时通达。

（2）优化建议。

依托沿海高铁通道和沿海综合运输通道规划，规划建设福州至温州、漳州至汕尾高速铁路，贯通形成350公里/小时东南沿海高铁，

同时实现与杭州、广州两个相邻省会的高铁直联。

依托厦渝高铁通道和厦门至喀什综合运输通道规划，规划建设赣州经龙岩至厦门高铁（可按龙岩至厦门、赣州至龙岩两段分期实施）。依托京港（台）高铁通道和福州至银川综合运输通道规划，规划建设南昌经南平至福州（厦门）高铁。

同时为强化福州与广州间的联系，加快实施龙梅龙铁路，规划研究福州至龙岩铁路，构建福州至广州联系新通道。

2. 进一步做好港口支线与后方通道的衔接

（1）优化目标。

建设完善的疏港铁路货运系统，解决港口铁路支线与后方货运铁路联系不畅问题，实现港口支线与后方具有货运功能铁路通道的直接联系，促进港口快速发展。

（2）优化建议。

福州港宁德片区在建的宁德白马港支线与规划的宁德溪南港支线、下白石支线等9条铁路支线均研究考虑通过在建的衢宁铁路货车联络线沟通衢宁铁路，以其为主要后方运输通道。

福州港福州片区规划的福州罗源湾铁路支线、可门铁路支线、长安港支线，从货物流向来看，主要是向福建省内和江西方向，目前需要利用沿海铁路部分区段。规划建议尽量单独引入福州货运枢纽，从而沟通向莆、峰福铁路通达内陆地区；松下港铁路支线通过在建福平铁路沟通向莆、峰福铁路通向内陆地区；江阴港铁路支线接入既有沿海铁路，目前考虑通过沿海铁路沟通向莆、峰福铁路通向内陆地区，规划建议新建通道直接沟通向莆铁路作为其后方主要通道。考虑到向莆铁路兼顾货运的不确定性，补充研究沟通福州枢纽，利用峰福铁路作为后方通路。

莆田港在建的湄洲湾港口铁路支线接入莆田站沟通向莆铁路，以其为主要后方运输通道。考虑到向莆铁路兼顾货运的不确定性，补充研究接轨肖厝，利用漳泉肖和兴泉作为后方通路方案。

泉州港湄洲湾南岸铁路支线及规划的秀涂港支线，规划建议接入漳泉肖、兴泉铁路，以其为主要通路。

厦门港的港口集疏运目前主要依托于鹰厦铁路，同时规划建议可利用兴泉铁路作为后方通道；在建的漳州港尾支线接入漳州站，近期以鹰厦铁路为主要后方通道。在龙厦四线形成后，如运输组织条件允许，可利用龙厦铁路作为后方通路。

3. 进一步提高铁路网覆盖率

（1）优化目标。

加快推进已列入中长期铁路网空白项目实施，同时谋划新的项目，加强闽北地区与沿海城市的联系，改善贫困地区和革命老区的出行条件，实现铁路对县级行政区的覆盖率达到95%以上，均衡福建省内铁路发展。

（2）优化建议。

加快龙梅龙铁路建设，覆盖上杭、武平，填补福建西南地区纵向路网空白；推进温武吉铁路建设，覆盖浦城、邵武、光泽，填补西北部横向铁路网空白；充分利用规划宁南铁路向北延伸至丽水，谋划南平至丽水铁路，覆盖周宁、寿宁，同时填补福建东北部地区的纵向路网空白。

4. 进一步重视中心城市站房和综合交通枢纽建设

（1）优化目标。

形成福州、厦门等重点城市融交通、商业、城市开发为一体的大型综合交通枢纽，推动地级城市车站综合交通枢纽功能的完善，重视县级车站的选址和开发，形成一批具有典型示范的城市地标。

（2）优化建议。

一是借助铁路建设项目，组织引导，路（铁总）地（地方）合建，以打造城市形象为目标，重视铁路客站选址与建设，形成一批具有综合功能的新型客站和交通枢纽；二是在有条件的城市，积极谋划，提前做好车站与城市轨道交通的衔接预留；三是个别既有车站，在已经无法适应发展需要的情况下，借助铁路建设或与铁总积极沟通进行适当的改扩建。建议借助福厦高铁、温福高铁，进一步打造福州南、厦门北两个中心城市车站枢纽建设，并强化城市轨道交通配套，同时重视和引导沿线车站枢纽的打造；借助衢宁铁路，以吸引旅游、展示形象为目的，打造沿线各具特色、具有鲜明特点的车站站房；借助龙梅龙铁路，强化龙岩站及沿线车站建设；借助规划昌福（厦）高铁、福州至龙岩高铁，厦漳泉城际R1、R3线、福莆宁城际，结合福州、厦门两大枢纽机场建设，进一步选择福州、厦门第三客站，并实现高铁、城际铁路与枢纽机场的沟通衔接；借助其他规划项目，打造全省不同级别的车站枢纽。

（二）铁路发展建议

1. 规划高速铁路

建议规划高速铁路有：龙岩至龙川铁路、漳汕高铁、温福高铁、南昌至厦门（福州）高铁、赣龙厦高铁等项目（见表2.1）。规划项目福建境内合计里程1093公里，投资1623亿元。

表2.1 福建省规划高速铁路项目汇总表

序号	项目名称	省内里程/公里	投资估算/亿元	备注
1	龙岩至梅州至龙川铁路	98	145	
2	漳汕高铁	120	187	时速350公里
3	温福高铁	207	310	时速350公里
4	南昌至厦门（福州）高铁	410	620	
5	赣龙厦高铁	258	361	
	合计	1093	1623	

此外，规划研究预留福州至龙岩、福州经平潭至台北台海铁路通道。

2. 规划快速铁路

建议规划快速铁路有：温武吉铁路、厦门翔安和福州长乐机场快速通道、南平至丽水铁路、永安至长汀铁路等项目。规划项目福建境内合计里程746公里，投资1321亿元。

3. 规划普速铁路

建议规划普速铁路有：建宁至资溪铁路。规划项目在福建境内合计里程15公里，投资11亿元。

4. 规划港口后方铁路通道

建议规划港口后方通道有：可门港后方货运铁路、江阴港后方货运铁路、莆田港后方货运铁路、厦漳港区后方货运铁路等项目。规划项目合计里程 29 公里，投资 203 亿元。

第三节　福建省沿海高铁建设发展概况

一、福厦高铁：开启 350 公里时速运营新时代

2023 年 9 月 28 日正式运营的福厦高铁，是我国"八纵八横"高速铁路网主通道之———沿海通道的重要组成部分。它是我国首条设计时速达 350 公里的跨海高铁，也是世界上行车速度最高的跨海铁路。

福厦高铁完善了我国沿海智能高铁建设体系。针对沿海地区常出现的台风、强降雨等恶劣天气可能给铁路设备带来的不良影响，福厦高铁借助高铁灾害大数据分析应用技术，实现了对关键气象灾害的风险识别与精细化预警，极大提升了铁路的防灾减灾能力。这不仅保障了高铁在复杂气候条件下的安全稳定运行，也为我国高速铁路建设从沿海向深海区域拓展提供了强有力的技术支撑，让人们"坐着高铁看大海"的美好愿景成为现实。

1. 沿线车站

福厦高铁客运车站共有 8 座，由北向南分别为：福州南站、福清西站、莆田站、泉港站、泉州东站、泉州南站、厦门北站、漳州站。其

中漳州站为既有车站,既有福州南站、莆田站、厦门北站为改扩建车站,福清西、泉港、泉州东、泉州南站为新建车站。

2. 线路走向

线路从既有福州南站引出,跨越乌龙江,下穿福(州)平(潭)铁路,上跨沈海高速公路、既有福厦铁路以及福州绕城高速公路。为绕避西溪水库水源保护区和乌仔底水库的一级水源保护区,在石竹设福清西站。出站后,线路第二次、第三次上跨沈海高速公路,绕避溪头亭水库后进入莆田市。随后,线路沿既有福厦铁路西侧并行前行,第四次上跨沈海高速公路后,沿着沈海高速公路和既有福厦铁路之间的狭窄通道至莆田站并站。出站后,线路依次跨越莆秀高速公路、湄洲湾港口支线铁路和既有福厦铁路,接着跨越湄洲湾进入泉州市境内。绕过泉港化工园区后,在泉港区南埔镇天湖村设泉港站。出站后,线路跨越漳泉肖铁路并沿其东侧前行,下穿泉州绕城高速公路,在泉州市第十六中学附近设泉州东站。出站后,线路并行泉州湾跨海公路大桥下游跨越泉州湾,两次跨越泉州绕城高速公路,在灵秀山西侧设泉州南站。之后,绕避溪边水库水源保护区和草洪塘水库的一级水源保护区,并行泉州—厦门—漳州城市联盟高速公路桥上游跨过安海湾,再次跨越沈海高速公路和既有福厦铁路后进入厦门市境内,并行既有福厦铁路至厦门北站北侧新建高速场。出高速场后,线路上跨集美北大道,并行沈海高速公路北侧西行进入漳州市,上跨厦(门)成(都)高速公路、沈海高速公路和鹰厦铁路,并行既有厦深铁路跨越九龙江、厦深铁路和厦漳同城大道,引入漳州站。

3. 途经的三座跨海大桥

（1）湄洲湾跨海大桥。

湄洲湾跨海大桥位于福建省莆田市及泉州市境内，是福厦高铁的重要组成部分。这座大桥全长 14.7 公里，其中海域段长度达 10 公里，是中国首座跨海高铁矮塔斜拉桥。它的建成攻克了诸多技术难题，像应对海上超长栈桥搭建、潮汐区围堰施工、大直径深水桩基作业，以及主塔索鞍精准定位等挑战，为后续跨海高铁桥梁建设提供了宝贵经验。

（2）安海湾特大桥。

安海湾特大桥位于中国福建省泉州市境内，连接着晋江市东石镇与南安市石井镇，横跨安海湾，是福厦高速铁路的重点控制性工程。此桥全长 9.46 公里，其中跨海区段桥梁长度达 1.56 公里，主桥采用双塔双索面半漂浮体系钢混结合梁斜拉桥结构，主跨 300 米，主塔高 126.9 米。作为大跨度高铁跨海斜拉桥，安海湾特大桥施工难度极大、技术含量颇高。它在我国高铁建设中意义非凡，是首次在跨海斜拉桥中铺设无砟轨道的项目，也是世界上首座全长铺设无砟轨道的结合梁跨海大桥，能让时速 350 公里的高铁列车跨海过桥不减速。

（3）泉州湾跨海大桥。

泉州湾跨海大桥位于泉州市境内，全长 20.29 公里，其中 9 公里跨越泉州湾中部海域。它是世界首座行车时速达 350 公里的跨海斜拉桥，实现了在不设风屏障等防风工程措施的条件下，列车 8 级大风下以 350 公里时速行驶不限速、11 级暴风下不封闭交通的营运目标。

福厦高铁：交通动脉赋能区域发展

在我国东南沿海的交通版图中，福厦铁路的发展历程见证着时代的进步与变迁。2010年，既有福厦铁路建成通车，全长276公里，设计时速250公里，实际运营时速200公里。这条铁路设有15座车站，其站点布局充分考虑了城际铁路的需求，为沿线地区的人员往来和经济交流提供了便利。

随着时代发展，人们的交通需求日益增长，福厦高铁应运而生。福厦高铁在沿线城市的站点布局各具特色。在福州境内设站2座，厦门市、漳州市境内各设站1座，泉州境内设站3座。其中，泉港站位于泉州市泉港区，泉州东站位于惠安县台商投资区，泉州南站位于晋江市。由于这些站点均不在泉州市区，为进一步提升交通便利性，打通从市区直达泉州东站的快速道路迫在眉睫。

泉州作为福建人口大市，常住人口达885万，比福州多43万，比厦门多357万，且GDP突破万亿。晋江、石狮、南安、惠安、安溪5个县市经济实力强劲，其中晋江长期位居全国百强县前10，2022年GDP超过3200亿元，甚至高于泉州4个区的总和。福厦高铁所经区域，涵盖了福建省人口密度最大、经济发展水平最高的地区，其开通意义重大。它不仅拉近了沿线3000万人民的生活圈和工作圈，还极大地提升了交通效率。福州、厦门、泉州、漳州之间形成1小时交通圈，厦漳泉更是形成30分钟交通圈。福州至厦门、漳州最快分别55分钟、89分钟可达。福厦高铁开通运营初期每日开行动车组列车8对，调图后每日开行动车组列车最高达62对。高铁具有速度快、运行稳定、安全性高的特点，有效缩短了旅行时间，提高了出行效率，极大地方便了沿线人民群众的往来。

福厦高铁的开通运营，有着多维度的深远影响。从交通网络完善角度看，它作为京福高铁的重要延伸，有效解决了东南沿海地区铁路"瓶颈"制约问题；从经济发展角度而言，它串联起东南沿海城市群的"黄金旅游带"，成为推动东南沿海经济和产业发展的"快车道"与"加速器"。高速铁路的开通，降低了交易成本，促进了劳动力、资本、信息和知识等要素的跨区域流动，推动了区域内部和区域间更大规模的社会经济活动，加速了工业化和城市化进程，促进福建融入全国高速铁路网，助力区域经济社会和海西城市群的协调快速发展，充分发挥了沿海高速客运通道的重要作用。

福建拥有丰富的海洋资源，海域面积约13.6万平方公里，沿海海岸线长达3752公里，位列全国第二，还有2214个岛屿和20万公顷滩涂，山海景观丰富多样。福厦高铁的通车，将福州、莆田、泉州、厦门、漳州五座沿海城市的旅游资源紧密串联。福建旅游业是经济的重要支柱产业，福州、厦门作为省内旅游重镇，福厦高铁的开通为区域旅游业发展注入了强大动力。回顾2010年4月26日，既有福厦铁路通车开启"两城一体"的旅游时代，将鹰厦铁路15小时的旅行时间缩短至2小时，旅客流量持续攀升。2023年9月28日，福厦高铁全线开通，福建、厦门实现"1小时生活圈"，厦漳泉沿途城市形成"半小时交通圈"，自然串成"黄金旅游带"，为厦门、泉州、福州等地带来旅游经济大爆发的新机遇，旅行社发团不再受淡旺季限制，旅游市场迎来蓬勃发展。

二、漳汕高铁：在建的沿海交通新动脉

漳汕高铁是我国"八纵八横"高速铁路网沿海通道的重要组成部分，与福厦高铁、广汕高铁等共同组成沿海大通道。铁路建成通车后，将结束漳州市东山县不通铁路的历史，广州东至福州南的高铁运行时间将缩短至4小时以内，厦门至汕头铁路运行时间将压缩至1小时以内，对便利沿线人民群众出行，拓展粤闽经济空间具有重要意义。

1. 沿线车站

全线共设漳州、漳浦、东山县、诏安南、饶平南、汕头等6座车站，其中漳州、漳浦、汕头站为既有车站，其余为新建车站。漳汕高铁全线6座车站间，平均站间距达34公里。其中，诏安南站与饶平南站间距最短，仅16.8公里；漳浦站至东山县站间距最长，为46公里。

漳汕高速福建境内站点

漳汕高铁福建段全部在漳州市境内，共设4座车站，具体情况如下。

漳州站：为既有站，是漳汕高铁与福厦高铁的接轨站，位于福建省漳州市龙海区颜厝镇洪坂村。该站将进行改建等相关工程，以满足漳汕高铁的运营需求。

漳浦站：也是既有站，位于福建省漳州市漳浦县绥安镇。漳汕高铁建设中会对其进行相应改造，实现与漳汕高铁的并站接入。

东山县站：为新建站，位于东山县岛内大产村。该站的建设将为

东山县带来更便捷的交通，促进当地旅游等产业的发展。

诏安南站：同样是新建站，位于诏安县境内。它的设立将加强诏安县与外界的联系，对推动诏安的经济社会发展具有重要意义。

2. 线路方向

漳汕高速铁路引入漳州站时采用并站分场布置，在既有漳州站对侧新建高铁车场。本线与在建福厦高铁贯通后向西引出，随后沿既有厦深线通道向南行进，至既有漳浦站并站。出站后向西南方向直穿大岭隧道，并行沿海大道漳江特大桥上游跨越漳江，继续朝西南方向行进进入东山岛，于杏陈镇大产村南侧设东山县站。

出站后，线路沿诏安湾浅海区域铺设，往南绕过诏安县，于诏安县新溪村东侧设诏安南站。之后继续向西，往南绕过饶平县，跨越黄冈河，于饶平县后港村附近设饶平南站。出站后往南绕过洪州镇，跨越义丰溪，沿金鸿公路行进，相继跨越韩江支流莲阳河、外砂河，往南绕过汕头机场，跨越新津河，向南引入汕头高速车场，与在建汕汕铁路正线贯通。

漳汕高铁福建段规划建议

一、线路走向

漳汕高铁为沿海高铁的一部分，同时也是福州至广州高铁通道的重要组成部分，北接福厦高铁、龙厦铁路，南连梅汕高铁、广汕铁路。福建段线路自漳州站引出，经福建省漳浦、诏安至广东省饶平，线路全长约137公里，其中福建省境内长约120公里。

二、主要技术标准

铁路等级：客运专线；正线数目：双线；速度目标值：350公里/小时。

三、投资匡算

福建段线路全长约 120 公里，投资匡算约 187 亿元。

（资料来源：《福建省中长期铁路网规划》，http://fgw.fujian.gov.cn/ztzl/tljsbgs/fjstlfzqk/fjtlxmjz/201801/P020180317568013386592.pdf。）

3. 重点工程

（1）大岭隧道。

大岭隧道位于漳州至漳浦区间，隧道进口里程 C1K55+230，出口里程 C1K68+180，全长 12950 米，采用人字坡设计，坡度分别为 3.54‰（6270 米）和 –5.8‰（6680 米）。隧区属中低山丘陵地貌，地形起伏大，最大埋深约 715 米，地质条件复杂，给施工带来诸多挑战。

为保障工程顺利进行，大岭隧道设置 2 座斜井。斜井不仅增加施工工作面、缩短工期，还能改善通风和排水条件，同时在紧急时充当逃生通道。

大岭隧道总工期 38 个月。施工团队需克服地质复杂、施工难度大等难题，从勘察设计到施工各环节，严格遵循计划与质量标准，运用先进技术设备合理安排进度，确保按时高质量完工，助力漳汕高铁早日通车。

（2）门口山隧道。

门口山隧道位于漳州至漳浦间，隧道进口里程为 CK28+582，出口里程为 CK34+439，全长 5857 米，属于长隧道。其长度对施工中的通风、照明、材料运输等方面提出了较高要求，施工团队需制定科学合理的方案来保障施工的顺利进行。

门口山隧道采用人字坡设计，洞内坡度分别为 3‰（长度 3018 米）和 -4.5‰（长度 2839 米）。这种坡度设计是综合线路整体走向、所处区域的地形地势特征，以及确保列车安全、高效运行等多方面因素确定的。

隧区地形复杂，最大埋深约 455 米。在施工过程中，深处复杂的地质状况成为一大挑战，岩石的硬度、稳定性以及可能存在的地下水丰富、岩石破碎等问题，都给隧道的开挖、支护以及防水等环节带来了诸多不确定性。施工团队需要运用先进的地质勘探技术，提前了解地质情况，制定针对性的施工方案和应急预案，以确保工程安全推进。

门口山隧道土建工期为 31 个月。

（3）漳江湾跨海特大桥。

漳江湾跨海特大桥穿越漳江入海口，是漳汕高铁的重要组成部分。其里程范围为 CK68+729.294 至 CK72+269.903，铁路跨越漳江湾时采用 40 米简支梁。

漳江湾跨海特大桥的通航孔布置与下游公路桥对孔，采用（83+156+83）米连续钢构跨越漳江湾 IV 级航道，这样的设计既能满足航道通航需求，又能保障铁路桥梁的稳固性与安全性，确保高铁平稳通过。

漳江湾跨海特大桥全桥施工工期预计为 30 个月。

（4）东山岛特大桥。

东山岛特大桥跨越八尺门海峡，穿越东山岛，还跨越诏安湾沿海滩涂。大桥中心里程为C1K95+631.1，桥梁长度达20204.932米。

东山岛特大桥孔跨式样丰富，由6×32米渡线道岔连续梁、24米、（93×32）米以及（60+100+60）米预应力混凝土连续梁构成。这种设计综合考虑了桥梁所经区域的地形、地质条件，以及高铁运行对桥梁稳固性、承载能力等多方面的要求，旨在确保大桥能安全、稳定地承载高铁运行。

全桥施工工期预计为28个月。

（5）诏安南站特大桥。

诏安南站特大桥中心里程为CK109+312，桥梁长度达9627.986米。主跨孔跨式样丰富多样，包含（68+128+68）米的预应力混凝土连续梁结构，用于满足特殊地段的跨越需求；还有（6×32）米双线等宽道岔连续梁，以及（4×32）米双线变三线道岔连续梁等多种结构。这些不同的孔跨式样是根据桥梁所经区域的地形地貌、线路走向以及铁路运行的技术要求等多方面因素综合设计的，确保了桥梁的稳固性和高铁运行的安全性。

漳汕高铁建设中的生态环境保护策略

在交通基础设施建设不断推进的时代，铁路建设作为经济发展的重要驱动力，对生态环境保护工作至关重要。以漳汕高铁为例，在建设过程中，从设计到施工的各个环节，都要全面且深入地贯彻生态环境保护理念，严格遵循相关规范和原则，致力于实现铁路建设与生态环境的和谐共生。

一、严格遵循规范，奠定环保基石

铁路建设对周围自然环境有着多方面的影响，包括土地占用、植被破坏到生态系统扰动等。因此，在漳汕高铁的设计中，严格符合《铁路工程设计环境保护规范》的规定是首要任务。这一规范为铁路建设划定了生态保护的底线，确保各项工程设计在满足交通功能需求的同时，将对自然环境的负面影响降至最低。

二、聚焦敏感区域，强化保护举措

特殊区域重点防护：工程设计高度重视在水源保护区、风景名胜区、湿地公园等环境敏感区及基本农田、城镇地段的环境保护和水土保持。在这些区域，任何工程活动都可能对生态平衡、水源质量、景观风貌等产生深远影响。例如，在水源保护区，严格限制可能影响水质的施工活动，确保水源安全；在风景名胜区，注重工程与周围景观的协调，使铁路融入自然，而非破坏景观。

临时设施管控：原则上禁止在环境敏感区、基本农田保护区、城镇地段设置取弃土场、施工机械冲洗维修站点等临时设施。这一举措有效避免了临时设施对敏感区域生态环境的破坏，减少了水土流失、土壤污染等风险。

三、节约土地资源，践行可持续发展

耕地保护优先：设计中始终遵循节约用地原则，漳汕高铁工程尽量减少占用耕地，特别是基本农田。在路线规划和站场设计时，充分论证，优化方案，通过合理布局减少土地占用。同时，临时用地尽量采取永临结合的方式，使用结束后及时采取复垦措施，恢复土地原有功能，保障土地资源的可持续利用。

土石方平衡利用：在技术可行、经济合理的前提下，充分考虑移挖作填，平衡土石方。通过精确计算和科学调配，减少取、弃土量和取、弃土用地，降低对土地资源的破坏，同时也减少了工程成本和生态影响。

四、防治水土流失，维护生态稳定

施工期综合防护：路基、站场等工程施工期易产生水土流失，漳汕高铁在设计中采用水土保持综合防护的原则，将工程措施与生物措施相结合。工程措施如挡土墙、护坡等，能够有效阻挡土壤流失；生物措施如种植植被，利用植物根系固土，增加土壤抗侵蚀能力，共同维护生态稳定。

临时设施用地防护：合理选择和布置施工便道、施工场地、施工营地等临时性设施用地，尽量减少地表扰动和破坏地表植被。施工过程中采取工程措施如设置排水系统、护坡等，以及植物措施如种植草皮等进行防护。施工完毕后，按照宜耕则耕、宜草则草、宜林则林、宜建设则建设的原则，对临时用地进行土地复垦，恢复土地生态功能。

五、科学处置取弃土，降低环境影响

统筹调配土石：路基、站场、隧道、桥涵等工程取、弃土（碴）的处置遵循统筹考虑、合理调配的原则。通过精确计算工程土石方量，实现土石方的合理利用，减少不必要的取土和弃土。

取弃土场合理设置与防护：合理设置取土、弃土（碴）场，充分考虑地质条件和防洪要求，优先选用荒地，少占耕地和林地。及时对取、弃土（碴）场采取工程及植物措施进行防护，防止水土流失。

在使用前，保留表层土并采取临时防护措施，以备复耕和绿化，降低对土地生态的破坏。

六、加强绿化建设，美化降噪双赢

路基绿化：铁路路基两侧用地范围内根据沿线土壤、气候和适宜的植物类型进行植树绿化。绿化不仅美化了环境，使铁路与周边景观相协调，还能起到降噪作用，减少铁路运行对周边居民的影响。

站场绿化：站场绿化以降噪、抑制粉尘、吸收有害物质、美化环境为主，因地制宜，以灌木和花卉为主。通过合理的绿化布局，改善站场周边的生态环境，提升旅客的出行体验。

七、保护河道水系，保障生态功能

桥涵设计遵循自然：桥涵设计尽量保持原有天然河道及水流状态，避免对河道的冲刷和生态破坏。跨越江河的桥梁设计，其桥位孔跨、净空高度均严格满足防洪要求，减少水中墩的设置，降低对河道行洪和水生生态的影响。

桥梁施工环保措施：桥梁施工中桥墩基础尽可能采用钻孔桩，减少明挖，降低对河床和河岸的扰动。弃土堆设支挡防护，防止水土流失，施工后及时平整场地，恢复植被，减缓土壤侵蚀，保障河道水系的生态功能。

三、温福高铁：规划中的东南交通新引擎

1. 项目进程

2017年11月，温福高铁被纳入《福建省中长期铁路网规划》。《福建省中长期铁路网规划》建议依托沿海高铁通道和沿海综合运输通道

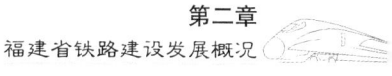

规划，规划建设福州至温州高速铁路。

2019年12月1日，温福高铁被列入《长江三角洲区域一体化发展规划纲要》。

2020年4月2日，温福高铁被列入《长江三角洲地区交通运输更高质量一体化发展规划》。

2021年6月7日，温福高铁被纳入《长江三角洲地区多层次轨道交通规划》。

2021年2月，温福高铁被纳入《国家综合立体交通网规划纲要》6条主轴中长三角至粤港澳主轴和国家高速铁路网"八纵八横"沿海通道。

2021年12月，温福高铁（宁德段）建设项目被列入《"十四五"现代综合交通运输体系发展规划》（国发〔2021〕27号）。

2022年6月，温福高铁项目勘察设计招标；2023年1月，勘察设计中标单位中铁设计集团开展现场调研工作；2024年11月，《温福高铁（浙江段）项目用地预审与规划选址专题招标公告》发布；2025年1月，福州市自然资源和规划局发布《新建温州至福州高速铁路项目（福州段）批前公示》。

2. 可行性研究

闽浙两省高度重视温福高铁建设项目的研究与推进工作，笔者也有幸参与了其中部分研究和评审工作。以下是对相关内容的简单介绍。

（1）温福高铁方案推进：从两省谋划到集中评审。

2023年5月，在深入开展研究论证工作后，闽浙两省发展改革委分别提出了有关温福高铁线路走向、站点设置等的总体方案，以及各自省内重要的节点方案，并向国家发展改革委、国铁集团申请支持。

2023年12月，《新建铁路温州至福州高速铁路预可行性研究报告》审查会在福州召开。此次会议由国铁集团发改部主持，参会人员包括国家发展改革委、浙闽两省发展改革委、相关铁路公司代表、国铁集团专家、沿线地市单位代表，以及中铁第四勘察设计院集团有限公司、中铁工程设计咨询集团有限公司等设计单位的相关人员。各方积极参与，共同对项目可行性研究报告进行审查。

（2）温福高铁建设的必要性。

一是加快东南沿海高铁通道贯通，完善沿海铁路通道整体功能，提升通道运输质量与能力；二是促进长三角与粤港澳大湾区协调互动，辐射带动粤闽浙沿海城市群发展；三是构建长三角至粤港澳综合交通主轴，打造沿海战略骨干通道，支撑国家沿海城镇发展带；四是强化福州都市圈、温州都市区协同发展，推进沿线共同富裕；五是促进海峡两岸交流，加强军民融合和国防运输机动保障能力；六是贯彻落实生态文明建设要求，发挥铁路绿色环保优势，实现"双碳"目标。

（3）温福高铁功能定位。

温福高铁是以中长途客流为主，兼顾都市圈（区）间城际客流的高速铁路。它既是沿海铁路通道重要组成和贯通东南沿海高铁的关键区段，可完善沿海铁路客货运输结构，又是长三角至粤港澳综合交通主轴的组成部分，还是推动福州都市圈、温州都市区协同发展的重要交通基建。

温福高铁预可行性研究宁德境内线站位方案

编者按：自 2017 年 12 月起，我开展了关于温州至福州高速铁路宁德市境内路线走向和站点选址方案的课题研究，先后编写了《新建温福高铁宁德段线路走向方案研究概论》《新建 350km/h 温福高铁宁德市境内线站位方案研究概论》《新建温福高速铁路霞浦设站的军事地位》《论新建温福高速铁路宁德段线站位选址方案技术研究》《基于福建省发展和改革委员会、浙江省发展和改革委员会关于恳请支持加快温福高铁前期工作的函的技术性评析及建议》《温福高速铁路福鼎市、霞浦县设站论证意见》《关于宁德温福高速铁路站点选址若干问题之再探研》等一系列论文和著作，累计字数有 30 多万字。

一、温福高铁宁德段线路规划：两方案对比与推荐

2017 年 6 月，宁德市铁路建设办公室委托中国铁路经济研究院开展研究，完成了《宁德暨环三都澳区域铁路网发展规划研究报告》，其中对国家沿海大通道温州至福州新建高速铁路在福建省宁德市境内的线路走向初步规划了以下两个方案：

方案Ⅰ：基本沿既有温福铁路线路走向；

方案Ⅱ：避开沿海，走山区线路，即从宁德北上，经福安、柘荣、福鼎后进入浙江省境内。

以上两个方案的主要差别在于：方案Ⅰ经过既有温福快速铁路客运站，该站距福安老城区高速公路里程 32 公里，居民乘车不便，无法满足现代交通出行需求；方案Ⅱ经过福安主城区和柘荣县城，距福安城区仅 6 公里，方便百姓乘车，能有效扩大高速铁路的覆盖范围，

同时可兼顾宁德至福安城际客流运输，减少宁德至福安规划城际铁路的工程投资。

2017年6月的规划课题指出：从旅游风景区分布情况看，沿既有温福铁路可途经著名的太姥山风景区，沿沈海高速公路方案能经过宁德市"十三五"旅游规划建设的福安市旅游集散枢纽。采用经福安县城方案时，既有温福铁路在宁德和福鼎与温福高速铁路连通，通过采用高标准动车下线的运输组织方式，尽可能减少对既有温福铁路太姥山站、霞浦站、福安站既有客流的影响。因此，推荐了经柘荣、福安的线路走向方案，并建议在温福高速铁路实施方案中，结合工程实际情况进一步深化方案研究与比较。

二、温福高铁宁德段走线方案

温福高铁宁德段沿线分布有福鼎市、柘荣县、福安市、霞浦县、寿宁县、周宁县，其都位于宁德市区以北，都以山区为主。既有杭深铁路沿海走行，分别设有福鼎站、太姥山站、霞浦站、福安站。本段线路走向方案共有五个：①经柘荣、福安方案；②经柘荣东、福安南方案；③经霞浦北、福安南方案；④沿既有杭深铁路方案；⑤经福鼎西、柘荣东、福安（溪北洋）。

1. 方案Ⅰ：经柘荣、福安方案

线路自苍南站引出，经福鼎市南溪水库水源保护区西侧至柘荣县城东源乡设柘荣站，出站后至福安市溪北洋新区设福安南站，后向南走行并杭深铁路终至既有宁德站，新建线路长137.948公里。

省界福鼎至柘荣段设计单位研究了取直不设站方案和新设福鼎西站方案两个方案。①福鼎境内不设站方案：取直不设站方案线路自比较方案起点并行杭深线北侧引出，绕避山前水库一级水源地后，取直走行至比较方案终点柘荣站，线路长度29.80公里；②福鼎境内设站方案：新设福鼎西站方案线路自比较方案起点并行杭深线北侧引出，于福鼎市西南侧约5公里处的三门里村新设福鼎西站，出站后至比较方案终点柘荣站，福鼎西站至柘荣站间距22公里，线路长度30.36公里。

柘荣至福安市溪北洋站址方案：线路自柘荣站引出，向西南于铁湖村跨交溪，在溪北洋新区南侧岔口村设福安南站，车站距离主城区普通公路8公里，福鼎至福安站线路长度为76.8公里。

2. 方案Ⅱ：经柘荣东、福安南方案

线路自苍南站引出并杭深铁路走行，穿越点头镇大峨水库水源保护区二级区，至柘荣县乍洋乡石山村设柘荣站，出站后向西南至福安市溪柄镇设福安南站，后转向南跨赛江向南走行，并杭深铁路终至宁德站，新建线路长131.346公里。

溪柄站址方案线路自柘荣站引出，于溪柄镇设福安南站，出站后于泥湾村附近跨赛江向南至比较终点，福鼎至溪柄站线路长度69.33公里。车站距福安市主城区公路104国道约21公里，出行时间约30分钟。

3. 方案Ⅲ：经霞浦北、福安南方案

线路自苍南站引出并杭深铁路走行，至既有福鼎站并站后向西南至霞浦县溪西村附近设霞浦北站，出站后继续向西南至福安市苏洋村附近设福安南站，后跨赛江向南走行并杭深铁路至既有宁德站，新建线路长138.115公里。

4. 方案Ⅳ：沿既有杭深铁路方案

线路自苍南站引出并杭深铁路走行，并既有福鼎站、霞浦站，至湾坞镇新设福安南站后跨赛江，并杭深线走行至既有温福宁德站，新建线路长 147.743 公里。

5. 方案Ⅴ：经福鼎西、柘荣东、福安（溪北洋）方案

线路自苍南站引出，并杭深铁路走行，至福鼎市西侧三门里村新设福鼎西站，出站后至柘荣县乍洋乡石山村设柘荣站，后向西南至福安市溪北洋设福安南站，之后向南走行跨杭深铁路后至既有宁德站，新建线路长 139.376 公里。

以上五个方案中，推荐方案Ⅰ，即经柘荣东、福安南方案。

推荐意见：综合分析，经柘荣东、福安南方案虽未经过福鼎市、霞浦县，但线形最顺直，线路长度最短，覆盖铁路空白区域，路网布局合理，地质、环保条件较优，本次暂予以推荐，待后续进一步深入研究比选。

三、温福高铁宁德段主要技术经济指标

五种走向方案的具体情况如下。

方案Ⅰ：线路长 137.948 公里；设柘荣、福安南、宁德 3 座车站，其中新建柘荣、福安南车站 2 座；桥梁长 21.75 公里，隧道长 98.96 公里，桥隧总长 120.71 公里，桥隧比例为 87.5%；静态投资约 218.65 亿元。

方案Ⅱ：线路长 131.346 公里；设柘荣东、福安南、宁德 3 座车站，其中新建柘荣东、福安南车站 2 座；桥梁长 20.951 公里，隧道长 94.315 公里，桥隧总长 115.266 公里，桥隧比例为 87.8%；静态投

资约 208.19 亿元。

方案Ⅲ：线路长 138.115 公里；设福鼎、霞浦北、福安南、宁德 4 座车站，其中新建霞浦北、福安南车站 2 座；桥梁长 26.613 公里，隧道长 93.149 公里，桥隧总长 119.762 公里，桥隧比例为 86.7%；静态投资约 219.91 亿元。

方案Ⅳ：线路长 147.743 公里；设福鼎、霞浦、福安南、宁德 4 座车站，其中新建福安南车站 1 座；桥梁长 28.54 公里，隧道长 102.52 公里，桥隧总长 131.06 公里，桥隧比例为 88.71%；静态投资约 236.34 亿元。

方案Ⅴ：线路长 139.376 公里；设福鼎西、柘荣东、福安南、宁德 4 座车站，其中新建福鼎西、柘荣东、福安南车站 3 座；桥梁长 28.54 公里、隧道长 102.52 公里，桥隧总长 131.06 公里，桥隧比例为 88.71%；静态投资约 236.34 亿元。

2024 年 5 月 27 日至 30 日，《新建铁路温州至福州高速铁路可行性研究报告》审查会在温州市召开。据了解，在温福高铁宁德市境内，推荐采用经福鼎市、柘荣县、福安市、蕉城区的内陆线路走向方案。同时，拟定在福鼎市城关西侧三门里新设福鼎西站，在柘荣县富溪镇新设柘荣站，在福安市溪北洋新设福安站，终点并入既有的温福宁德动车站。

第三章　宁德市铁路建设发展概况

第一节　宁德市铁路交通发展历程

宁德，这座位于福建沿海的城市，在漫长的岁月里，铁路交通发展历经坎坷与辉煌，成为推动当地经济社会进步的关键力量。

一、早期的蹒跚起步

宁德虽地处沿海，却被大山环绕，在过去很长一段时间里，铁路交通基础设施极为落后。1991年，我来到宁德地区交通局任职，彼时宁德仅有一段途经古田县（闽江边）的外福铁路。这条铁路虽承担着货运和客运功能，却因在古田境内里程短，火车最快时速仅87公里，运力严重不足。难以满足当地人们日益增长的交通需求，对宁德整体经济发展的带动作用也极为有限，宁德在铁路交通的带动下发展缓慢，犹如在黑暗中摸索前行。

二、温福铁路：开启快速铁路时代

2009年9月，是宁德铁路交通发展的重要转折点，温福铁路建成通车，彻底结束了宁德市没有快速铁路的历史。这条铁路如同一条经济动脉，打通了宁德与外界的联系。它使宁德与外界的时空距离大幅缩短，人员往来和货物运输更加便捷高效，为宁德吸引了大量投资，打开了对外开放的大门，有力推动了宁德的经济发展，宁德也由此踏上了快速发展的轨道。

三、合福高铁：为古田带来新机遇

2015年6月28日，素有"中国最美高铁"之称的合福高铁开通运营，在宁德境内设古田北站，宁德段高铁里程达19公里。合福高铁的开通，宛如一阵春风，为古田县带来了前所未有的发展契机。大量游客因高铁慕名而来，欣赏古田的自然风光与人文景观，旅游业蓬勃发展。随着人流的涌入，物流和资金流也迅速汇聚，带动了酒店、餐饮、旅游纪念品等相关产业的兴起，推动了古田县的经济增长与产业结构优化。

四、衢宁铁路：填补空白，拓展通道

2020年9月，衢（州）宁（德）铁路建成通车，意义重大。它结束了周宁、屏南两县不通铁路的历史，填补了宁德铁路交通的空白。更为关键的是，它构建起宁德与浙西、赣东以及中西部地区最为便捷的铁路运输通道。衢宁铁路为宁德港和临港工业的发展提供了坚实的运输保障，大幅降低了宁德港口和企业通往内陆地区的物流成本。同时，衢宁铁路与宁德港口成功对接，实现了"铁公水"多式联运，进一步提升了宁德的交通枢纽地位与综合运输能力，使宁德在区域交通格局中的影响力不断扩大。

此外，既有温福铁路宁德站扩建成宁德动车始发站，初步形成宁德中心城市的地区铁路枢纽,进一步完善了宁德的铁路运输体系,提升了宁德在区域交通网络中的地位与作用。

回顾宁德铁路交通的发展历程,从曾经的艰难起步到如今逐步构建起完善的铁路网络,每一次突破都见证了宁德的发展与进步。未来,随着铁路交通基础设施的持续完善,宁德必将在经济社会发展的道路上实现更大的跨越。

第二节　宁德市铁路发展概况和规划

目前,宁德市境内已建成通车运营的干线铁路有4条,分别是温福铁路、合福高铁、衢宁铁路和峰福铁路。这些铁路干线相互交织,构成了宁德市铁路网的基本骨架,不仅方便了市民的出行,还极大地促进了区域间的经济交流与合作。杭深快铁的开通,让宁德与长三角、珠三角等经济发达地区紧密相连,加强了人员、物资和信息的流通。衢宁快铁则为宁德打开了通往内陆的通道,进一步拓展了城市的发展空间。

然而,宁德市并没有满足于现有的铁路建设成果,而是积极谋划未来的铁路网发展。目前,宁德市境内正在建设、规划中的铁路项目主要有宁德至长乐机场城际铁路、宁德至南平城际铁路、漳湾港铁路专用线和温福高铁。这些项目的实施,将进一步完善宁德市的铁路网布局,提升城市的交通枢纽地位。温福高铁建成后,将在温州、宁德、福州等地与多条铁路互联互通,为宁德市带来更高效的交通体验,进一步推动区域经济一体化发展。

一、铁路运营概况

宁德市境内运营的铁路主要有温福铁路、合福高铁、衢宁铁路以及峰福铁路。其中,峰福铁路由1956年3月动工、1959年12月1日正式运营的外福铁路部分路段,与1992年12月26日开工、1998年12月10日开通运营的横南铁路合并而成,于2006年12月31日正式更名,主要承担货运任务。

1. 温福铁路

温福铁路位于浙江省与福建省交界的浙东南和闽东北沿海地区,北起浙江温州,南至福建福州,横跨2个省、3个地市、11个县市,沿线吸引区人口达1120万,覆盖土地面积2.34万平方公里。它是2008年国家铁路网规划"四纵四横"中沿海通道的关键构成,为客货共线快速铁路,以客运为主,兼营货运。

温福铁路全线共设站12座,自北向南依次为温州南站、瑞安站、平阳站、苍南站、福鼎站、太姥山站、霞浦站、福安站、宁德站、罗源站、连江站、福州站。表3.1为温福铁路沿线车站分布表。

表3.1 温福铁路沿线车站分布表

序号	站名	里程数/公里	车站地址	隶属单位
1	温州南站	0	温州市瓯海区宁波路	中国铁路上海局集团有限公司
2	瑞安站	23	瑞安市江南大道	
3	平阳站	40	平阳县鳌江镇西塘村	
4	苍南站	57	苍南县灵溪镇	

续表

序号	站名	里程数/公里	车站地址	隶属单位
5	福鼎站	94	福鼎市丹岐村	中国铁路南昌局集团有限公司
6	太姥山站	113	福鼎市太姥山镇	
7	霞浦站	147	霞浦县赤岸村	
8	福安站	179	福安市湾坞村	
9	宁德站	206	宁德市东侨区樟湾镇	
10	罗源站	230	罗源县松山镇百花村	
11	连江站	262	连江县江南乡花坞村	
12	福州站	302	福州市晋安区华林路	

温福铁路为国铁Ⅰ级双线电气化铁路，旅客列车设计速度200公里/小时，预留提速250公里/小时，限制坡度6‰，最小曲线半径4500米。温福铁路主要技术标准如表3.2所示。

表3.2 温福铁路主要技术标准

线别	区段	铁路等级	正线数目	限制坡度/‰	最小曲线半径/米	牵引种类	机车类型	牵引质量/吨	到发线路有效长/米	闭塞类型
温福铁路	温州—福州	Ⅰ级	双线	6	4500	电力	CRH、HXD	3500	850	自动

2. 合福高铁

合福高速铁路，简称合福高铁，又名合福客运专线，是连接安徽省合肥市与福建省福州市的高速铁路。它是"八纵八横"高速铁路主通道之一"京港（台）通道"的重要部分，全长 850 公里，设 24 个车站，设计速度 350 公里/小时（合肥南至福州段）。线路自合肥北城站起始，途经安徽、江西、福建三省，最终抵达福州站。

合福高铁向北经合蚌高速铁路衔接京沪高速铁路，进而抵达北京；向南与福州枢纽相连，最终到达福州，成功构筑起京福高速铁路大通道。未来，它还将借助已通车的福州市至平潭综合实验区高速铁路，延伸至中国台湾地区。该高铁向中与宁安高速铁路、沪昆高速铁路相交，其中在上饶与沪昆高速铁路呈"十字交叉"形态。

合福高铁是当时中国地形地貌地质条件最为复杂困难的山区高速铁路，建设标准极高。其沿线地质条件复杂，穿越多个不同的地貌单元，地层岩性多样，地质构造繁杂。全线桥隧比达 90.3%，隧道占比 65.5%，不仅有许多长大隧道，还存在众多深水高墩与大跨度桥梁结构，技术特点显著，施工技术要求极高。

合福高铁全线共设有 24 个车站。在福建境内设置了 7 个车站，依次为武夷山北站、南平市站、建瓯西站、延平站、古田北站、闽清北站、福州站。合福高铁途经宁德市古田县境内的里程仅 19 公里，这是宁德市首条真正意义上的高速铁路，它的建成，极大地推动了宁德地区的交通发展。

3. 衢宁铁路

衢宁铁路是一条连接浙江省衢州市与福建省宁德市的国铁Ⅰ级客货共线单线（预留双线）电气化铁路，采用电力牵引，设计速度 160 公里/小时，最大限制坡度 6‰（其中双机牵引区段 13‰），牵引质量

4000吨。它是福建省规划建设"三纵六横九环"海西铁路网的重要组成部分，也是宁德港后方集疏运通道。

衢宁铁路正线全长368.443公里，其中浙江省境内206.549公里，福建省境内161.894公里。宁德市新建货车联络线及货车线自衢宁线CK369+750引出跨沿海铁路至上塘，衔接沿海货车线，跨漳湾向东南并行沿海铁路，跨白马河至福安，线路全长22.157公里。衢宁铁路共设13座办理客运业务的车站：衢州站、龙游南站、遂昌站、松阳站、龙泉市站、庆元站、松溪站、政和站、建瓯东站、屏南站、周宁站、支提山站、宁德站。

衢宁铁路北接沪昆铁路、衢九铁路，中连浦梅铁路和规划中的衢丽铁路、温武铁路，南连杭深铁路。其建成填补了闽东北、浙西南地区的路网空白，结束了闽东北地区松溪、政和、屏南、周宁等县不通铁路的历史，带动了铁路沿线开发，促进了浙西南及闽东北地区的经济社会发展，对完善环三都澳区域交通路网、促进环三都澳区域发展、推动宁德"以路兴港、以港兴市"战略实施和优化完善海西铁路网布局意义重大。

二、在建或规划铁路

1. 宁德至长乐机场城际铁路

宁德至长乐机场城际铁路即福莆宁F3线，是福州都市圈重要的城际铁路项目。线路规划全长39.4公里，共设5个车站，包括长乐机场站（新建）、鹤上站（新建）、福州南站（既有站扩展）、莲花山站（预留）、连江站（既有站改造）。铁路等级为城际铁路，设计速度为 200 公里/小时。北端与规划温福高铁连江站相接，将与在建滨海快线、机场二期 GTC 通过地下换乘大厅实现城轨、空铁无缝换乘。其中长乐机场段于 2024 年 10 月 29 日正式开工。建成后将缩短福州至宁德的旅行时间，对推进福州都市圈城际交通网络体系建设、促进区域一体化发展等具有重要意义。

2. 宁德至南平城际铁路

宁德至南平城际铁路是国家规划的干线铁路，也是福建省海峡西岸城际铁路兼顾城际功能的九个设区市完整城际环线的重要组成部分，已列入国家《中长期铁路网规划》等。线路从宁德引出，经古田接入南平，全长 150 公里，其中宁德段 102 公里，为客货兼顾的快速铁路。

3. 漳湾港铁路专用线

宁德漳湾港铁路专用线位于宁德市蕉城区，已纳入国家"十四五"铁路发展规划。线路自衢宁铁路宁德北站北端宁德地区货车线已建上塘特大桥尾端引出，跨既有省道 S201 线、规划国道 G228 线和疏港大道后，沿漳湾大道南行，于鸟屿村设漳湾港站及铁路货场，正线全长 6.083 公里，总投资估算约 29.5 亿元。该项目建成后，将打通衢宁铁路至港区的"最后一公里"，对完善福州港三都澳港区集疏运体系、提升海铁联运水平、带动区域经济社会发展意义重大。

4. 温福高铁

前文已对温福高铁的诸多方面进行阐述，接下来着重探讨温福高

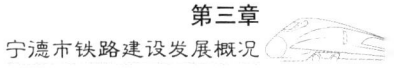

铁建设所蕴含的战略意义。

一是加快东南沿海高铁通道贯通，完善铁路通道整体功能，提升沿海通道运输高质量发展的水平。目前，沿海通道上海以南已建成沪杭、杭甬、福厦等设计时速350公里的高铁，在建的漳汕、通苏嘉甬等高铁也采用350公里/小时标准。但既有甬台温、温福段为200公里/小时客货共线标准，与其他路段标准存在落差，影响沿海通道整体运输品质。加快沿海温福高铁建设意义重大，作为沿海通道缺失路段，其连南接北，对尽早贯通东南沿海高铁，提升长三角、粤港澳大湾区客运主轴功能十分关键。建成后，将加快贯通高标准沿海通道，大幅压缩上海至广州、深圳经沿海通道的通行时间，随着甬台温高铁建设，通行时间还将进一步缩短，"八纵八横"沿海高铁主通道功能也将进一步强化。建成后，东南沿海铁路通道将形成高标准沿海高铁与较高标准沿海铁路两线格局，二者分工明确，沿海高铁承担中长途客流及沿线大点间城际客流，沿海铁路承担城际客流和部分中长途客流及通道货流，形成分工合理、整体效益最优、可持续发展能力强的复合型通道。

二是促进长三角与粤港澳大湾区协调互动，辐射带动粤闽浙沿海城市群发展。温福高铁位于粤闽浙沿海城市群、长三角城市群、粤港澳大湾区相向辐射的中间地带，战略位置极为重要。在温州枢纽，它与杭义温高铁、甬台温高铁衔接，在福州枢纽则与福厦高铁等相连。这一布局，使得温福高铁成为完善沿海铁路网的关键环节，可加快沿海通道的升级，强化长三角与粤港澳大湾区这两极的互联互通，增强其对粤闽浙沿海城市群的辐射带动能力，有力促进各类要素在区域间的快速流动，推动三大城市群的联动协调发展，对于提升沿海地区的整体发展水平、促进区域经济协同共进意义深远。

三是强化福州都市圈、温州都市区协同发展，推进沿线共同富裕。福州都市圈是引领福建高质量发展的重要增长极，温州都市区是浙江"经济增长第三极"。然而，当前温州与福州间,利用甬台温铁路耗时2~3小时，公路则需4~5小时，严重制约跨区协调发展。同时，浙闽交界的苍南、福鼎人均GDP远低于浙闽平均水平，是共同富裕征程中的短板。温福高铁连接粤闽浙沿海城市群中的两大中心城市——福州与温州，设计时速达350公里，项目建成后，温福间的出行时间将大幅缩短至0.8小时，这将进一步加快温州与福州之间生产要素的流通，为打造沿线滨海发展轴提供有力支撑，促进沿线区域产业协同发展、经济深度融合。温福高铁还串联起温州雁荡山、宁德太姥山、福州三坊七巷等知名景点。借助高铁的快速通行优势，将有力推进高铁与旅游的融合发展，整合沿线旅游资源，吸引更多游客，带动区域旅游经济的繁荣。此外，温福高铁对促进温福协同发展意义重大。它能够加强两地在经济、文化、社会等多方面的合作，缩小区域发展差距，推动建设绿色美丽、宜居宜业、幸福健康的共同富裕示范区，助力区域均衡发展，让更多人共享发展成果。

四是促进海峡两岸交流，加强军民融合和国防运输机动保障能力。温福高铁位于海峡两岸融合发展的最前沿，其建设可为两岸居民探亲、访友、工作等需求提供快捷便利的交通服务。同时，也可为国防物资、人员等快速集结、转运并投入使用提供高效便捷的运输保障，加强台海战略前沿运输保障，有效推动军民基础设施共建共享。

第四章 温福高铁建设宁德境内设站诉求及必要性分析

在当今经济全球化和区域一体化加速发展的时代，交通基础设施对于地区的发展起着举足轻重的作用。宁德作为福建省沿海的重要城市，其沿海高铁的建设具有极其重要的必要性，不仅关乎宁德自身发展，更对区域协同、产业升级以及民生改善等多方面有着深远影响。同时，宁德境内设站的诉求也十分强烈。合理设站不仅能让沿线居民更便捷地享受高铁福利，促进区域内人口流动与经济往来，还能对国防战略布局、地区旅游资源开发等提供有力支持。下面结合温福高铁在宁德霞浦设站的必要性进行具体分析并展开论述。

第一节 温福高铁建设宁德境内设站诉求分析

温福高铁于宁德境内设站，对宁德发展意义重大。从参与海西城市群竞争合作层面看，站点选址应精准布局，使宁德凭借高铁的高效连接，快速融入海西城市群交通网络核心圈层，与厦门、福州等城市紧密互动，在资源共享、产业协同等方面抢占先机，增强宁德在区域中的话语权与竞争力。在契合城市整体发展战略上，站点需与宁德的城市空间拓展、功能分区规划相匹配，助力宁德打造现代化滨海城市，提升城市综合承载能力。对于产业、旅游发展及市域人口出行来说，站点选址应靠近产业园区，方便货物运输与产业交流，临近热门旅游景区，吸引游客，同时兼顾市域各区域人口出行便利性，合理设置站点辐射范围，优化换乘体系，全方位满足各类交通需求，推动宁德经济社会高速发展。对于福安、霞浦、柘荣来说，其境内设站诉求分析如下。

一、福安境内设站诉求分析

福安市城区人口众多，日常出行需求量较大。城区居民出行至既有温福铁路动车站距离达 32 公里，常面临耗时久、换乘难等问题。温福高铁若在距离福安老城区 6 公里处设站，将极大满足民众高效出行需求。从城市发展角度看，站点周边有望成为新的城市中心。参照其他城市经验，高铁站点的建设能吸引大量商业、写字楼入驻，带动产业集聚，促进城市规模扩张与功能完善，提升福安在区域发展中的地位。

二、柘荣境内设站诉求分析

柘荣作为城市体量较小、财政能力有限的县域，在考虑温福高铁设站时，需权衡利弊。一方面，设站能极大便利县域人口出行。柘荣县城关距离温福铁路福鼎动站沿 104 国道线为 28 公里，柘荣居民外出求学、就医或务工，都需乘坐汽车辗转，耗时费力。设站后，居民前往周边城市的时间将大幅缩短，出行更加便捷。另一方面，设站带来的投资与运营压力不可忽视。但从长远看，合理规划可减轻财政负担。例如，通过吸引社会资本参与站点建设及周边开发，可缓解财政压力。同时，虽要警惕高铁虹吸效应，但也可利用站点优势加强特色产业发展，吸引外部资源流入，如发展特色农产品深加工，借助高铁运输拓宽市场，避免资源外流，实现自身可持续发展。

三、霞浦境内设站诉求分析

霞浦对于高铁站位选址高度重视，因为这关乎其能否真正融入高铁时代。若错失合适站位，霞浦可能在未来数十年发展中落后于周边地区，彻底错失借助高铁实现跨越式发展的"百年大计"。霞浦文旅产业蓬勃发展，每年吸引大量游客，但交通不便成为制约其进一步壮大的瓶颈。温福高铁设站，能大幅提升游客可达性。同时，霞浦快速增长的客流量将为高铁运营提供稳定客源，实现文旅产业与高铁营运经济的相互促进。

霞浦县 56 万人民对温福高铁设站的迫切诉求

2021年9月7日，中共霞浦县委、霞浦县人民政府向中共宁德市委、宁德市人民政府呈报了《关于请求优先推荐温福高速铁路线路走向霞浦贯通方案的请示》（霞委〔2021〕63号），提出了温福高速铁路路线走向方案经霞浦贯通的诉求理由及条件，指出这是56万霞浦县人民十分关心的一件大事。

2021年11月18—19日，霞浦县人民政府邀请我国著名铁路专家、中国铁路勘察设计大师、原铁道部第三勘察设计院总工程师史玉新，原福建省铁路建设办公室副主任姚春景，原国铁集团东南沿海铁路有限公司副总工程师徐诗华以及其他四位专家（含笔者），在霞浦组织召开《新建温州至福州高速铁路宁德市境内福鼎至宁德段路线走向方案研究报告》论证会（见图4-1）。与会专家实地踏勘了路线走向控制点及站点布设情况，认真听取了相关汇报，并展开深入分析论证。专家们一致认为，研究报告对三条线路走向方案进行了全面综合比选。其中，中线方案的平纵断面符合高铁设计规范要求。霞浦北站选址于崇儒乡，福安南站选址于赛岐镇，站址的确定合理恰当，契合"环三都澳湾区"以及宁德市"一市多区"的发展需求。而且，该中线方案的工程规模和投资规模较为适中。相较于南线方案和北线方案，中线方案优势显著，具备合理性与可行性。

图4-1 论证会现场（右二为林作雷）

2022年8月13日，霞浦县人民政府在霞浦组织召开了《温福高速铁路宁德段线站位选址研究报告》专家评审会。此次会议邀请了原中国铁路投资有限公司投资开发部部长王启华、国家发展改革委城市和小城镇改革发展中心国土交通规划部总工程师王有为、中国旅行社协会铁道旅游分会秘书长曾辉、福建省交通质量安全监督局原总工程师林作雷，以及中铁第四勘察设计集团有限公司原福建指挥长张辉远等五位专家参会。会上，编制单位"国铁保利设计院有

第四章
温福高铁建设宁德境内设站诉求及必要性分析

限公司"对研究报告进行了汇报。与会专家认真听取汇报后，前往现场进行了实地踏勘。经深入研讨，专家们形成如下意见：《报告》研究方法科学、数据翔实、内容较为完整，符合评审要求，同意通过评审。同时，专家们建议补充完善温福高铁霞浦选线的重要意义，重点从国防安全、三都澳建设、海洋与文旅经济发展，以及站点周边土地综合开发等方面阐述其必要性；并综合分析各方案的优缺点，充分考虑相关县市的需求，对中线方案进行优化。

2022年9月14日，中共霞浦县委、霞浦县人民政府再次向中共宁德市委、宁德市人民政府呈报了《关于推荐温福高速铁路宁德段采用霞浦设站方案的请示》（霞委〔2022〕32号），就温福高铁经霞浦走线的理由及条件报告如下。①实现更高层次"三大梦想"。"开发三都澳"是闽东人民的"三大梦想"之一。根据国务院批复《"十四五"新型城镇化实施方案》，结合《福建省新型城镇化规划（2021—2035年）》，明确提出把宁德打造为福建省高质量发展的重要增长极和新型城镇化示范区。当前，宁德正深入推进环三都澳区域开发，实现更高层次的"三大梦想"。霞浦作为环三都澳区域开发的重要板块和核心区域，区位优势明显。霞浦三沙港区已并入宁德港口岸扩大对外开放，在"一港九区"的总体发展格局中，三沙港区是福州港的重要组成部分，是发展临海产业的重要基地，是对台客货运输的重要通道。溪南半岛、东冲半岛、福宁湾等拥有宝贵的天然深水岸线、港口建设等先天条件及充裕的土地后备资源，为融入闽东北协同发展区建设，实施湾区发展规划奠定基础，已被市委、市政府纳入"环湾一体、四核驱动、三向融合、全域发展"重要的空间格局和发展引擎。同时霞浦被列入国家城乡融合发展试验区名单，与福州市仓山区等七个县（市、区），以及平潭综合实验区一同纳入福建福州东部片区,纳入福州都市圈发展规划。而且宁德市"四大主导产业"已延伸布局在霞浦。可以说，温福高速铁路在霞浦设站不仅有利于推动环三都澳区域的开发建设,也有利于市委、市政府打造"增长极"、建设"四个区"、构建"一核两廊五轴"发展格局的加快实现，更好打造"轨道上"的城市群和都市圈，服务支撑城镇化高质量发展和城乡融合发展。②加强保障国家战略安全与利益。霞浦是福建省对中国台湾、对日前沿,境内驻有海、陆、空和火箭军等多军种,拥有霞浦水门机场等一大批重要军事设施，使霞浦成为名副其实的国家重要战略要地。按照军民融合深度发展的重大战略思想：宁德市创建国家军民融合创新示范区的总体部署，以及统筹考虑经济社会和军事斗争准备的两大需求，宁德市将在霞浦构建军港民港兼容的三都澳（霞浦）国际化大港，建立起军地共享的动员支撑体系，建设部队入霞机动集结、大宗战备物资装备投送、战时应战和应急保障的快速对外通道。因此，温福高速铁路选择经霞浦境内线路走向成为铁路与军民融合深度发展的最佳契合点，是国家战略安全与利益的保障。③更好促进文旅经济高质量发展。文旅经济对社会经济发展的贡献值逐年上升，对稳住经济大盘作用显著，是经济增长的新动力、新引擎。闽东地区文化旅游资源丰富，发展迅速，前景广阔。霞浦被誉为"中国最美滩涂""中国十大风光摄影圣地"荣获"全国摄影创作基地""2022美丽中国首选旅游目的地"等称号。霞浦动车日均客流量达7000多人次，高峰期日均客流量达到1.3万多人，客流量远高于周边县（市、区），其中相当比例的客流为霞浦的旅游客流。目前，霞浦已快速成为闽东北地区全域旅游发展的集散服务中心，霞浦高速增长的旅游业为高速铁路的客流提供了充分保障，而霞浦及闽东北文旅经济的更高质量发展更离不开温福高铁的支持。

④更大力度优化资源高效配置。高铁的审批立项需要项目财务内部收益率达到3%、良好的国民经济评价，因此对客流量和开发收益有严格要求。温福高铁线站位选址应尽量通过沿线重要政治经济产业、旅游据点。沿海地区是宁德经济发展的中心，蕉城区、福安、福鼎及霞浦等沿海县（市、区）经济占比全市的79%，宁德人口355多万人，人口约50万的县（市、区）主要集中于沿海地区，约占总人口的72%。沿海地区的城镇人口、劳动力人口（18～59岁）、流动人口、产业人口的总量均远远超过山区县。旅游人口方面，霞浦2021年总接待人次超700万，同比增长49.3%，位列全市第一，预计至2025年霞浦旅游接待人次将超过1000万人次。温福高速铁路沿海布局是宁德段客流持续增长的保障，是重要交通资源优化配置的直接体现。根据测算，温福高铁沿海方案客流测算达到660万人次，远超内陆方案所测算的420万人次。按照《国务院关于改革铁路投融资体制加快推进铁路建设的意见》（国发〔2013〕33号）《国务院办公厅关于支持铁路建设实施土地综合开发的意见》（国办发〔2014〕37号）"支持铁路车站及线路用地综合开发，以开发收益支持铁路发展"要求。沿海的霞浦等地区地产开发市场显著优于内陆地区，围绕霞浦等沿海高铁站点开展综合开发，以综合开发收益反哺铁路建设运营能更好地满足温福高速铁路项目对于立项财务收益率的要求。霞浦核电、时代一汽、时代科士达、国网时代储能设备等重大产业项目落地，将带动极大的商务流。目前，温福通道平日开通50余对班次，运量并不饱和，随着高铁的开通，按照国铁并行线路运营通行规则以

及营收需要，未来该通道多数班次将安排在高铁线路上，动车线路功能定位将逐步转化为城际、市域、货运功能，以货运、短途城际运输为主，无法发挥高铁客流运输功能。如果高铁不经过霞浦，势必无法为霞浦导入客流，将对宁德开发三都澳战略，发挥"高铁+"支撑引领作用，发展高铁与产业、旅游等现代经济体系深度融合的通道经济及沿海产业发展产生重大影响。

2023 年，时速 350 公里的杭深线温福高铁宁德段设站进入实质性前期工作阶段，12 月 10 日，霞浦县人民政府发出《关于优先推荐温福高速铁路宁德段霞浦设站方案诉求的函》阐述设站诉求。霞浦县设站主要有以下理由：其一，霞浦作为"四下基层"发源地，设站利于展示新思想实践伟力，让全国各地党员干部更好感悟其精神内涵；其二，霞浦在环三都澳区域中占据重要地位，海域面积广、岸线资源优，设站能融入环三都澳湾区经济发展规划，推动区域开发建设，且其部分港区纳入宁德港口岸对外开放，对区域经济发展意义重大；其三，基于"军民融合"战略，霞浦地处军事前沿，驻有多军种，建有重要军事设施，设站符合军民融合发展需求，海军参谋部也明确支持；其四，霞浦文旅经济发展势头良好，凭借丰富文旅资源打造特色品牌，客流量大且呈增长态势，设站可助力闽东文旅经济提质增效；其五，在深化闽台融合发展方面，霞浦作为前沿地带和试验田，已推进多个霞台项目，设站将推动海峡两岸融合，打造台胞台企"登陆"第一家园。建议方面，温福高铁走向对霞浦至关重要，是其经济社会发展的关键因素。霞浦设站具备诸多优势，如覆盖人口多、GDP 产值大、商务旅游人数多，且境内高铁沿线有 5 万亩可开发利用土地，若国铁集团参与开发，经济效益显著。因此，恳请中国国铁集团发展和改革部重视支持，在选址时综合考虑霞浦多方面因素，优化现有预可研方案，采用途经霞浦并设站的方案。

2023年12月26日至28日，霞浦县第十八届人民代表大会第三次会议召开，福建省人大代表李捷增和12位霞浦县人大代表，联名向大会提交了《关于凝聚全县之力推荐温福高铁走向霞浦并设站的建议》，指出56万霞浦人民强烈期盼温福高铁走向霞浦并设站，希望县政府凝聚全县之力争取温福高铁走向霞浦并设站。霞浦县发展和改革局答复称，温福高铁项目预可研已初步完成并通过评审，初测勘探已招标，省界至宁德站段走向已初步确定，福鼎、霞浦不设站。但发改局将通过多渠道向各级部门及设计单位反映霞浦人民诉求，建议优化可研编制方案，采用途经霞浦并设站的方案，如提出的福鼎并站—"霞浦柘荣站"（柏洋西宅）—福安—宁德站的线路设想。

第二节　温福高铁建设宁德境内设站必要性分析

一、贯彻国家综合立体交通发展战略的需要

（一）贯彻落实中共中央、国务院《国家综合立体交通网规划纲要》

《国家综合立体交通网规划纲要》（以下简称《纲要》）明确提出，要构建现代化高质量综合立体交通网络，统筹铁路、公路、水运、民

航、管道、邮政等基础设施规划建设，以多中心、网络化为主形态，完善多层次网络布局，优化存量资源配置，扩大优质增量供给，实现立体互联。《纲要》规划期为2021至2035年，远景展望到21世纪中叶。到2035年，需基本建成便捷顺畅、经济高效、绿色集约、智能先进、安全可靠的现代化高质量国家综合立体交通网，实现国际国内互联互通、全国主要城市立体畅达、县级节点有效覆盖，有力支撑"全国123出行交通圈"（都市区1小时通勤、城市群2小时通达、全国主要城市3小时覆盖）和"全球123快货物流圈"（国内1天送达、周边国家2天送达、全球主要城市3天送达），使交通运输全面适配人民日益增长的美好生活需要，有力保障国家安全，支撑我国基本实现社会主义现代化。

霞浦县在交通资源方面具备显著优势。铁路上，依据福州都市圈规划，未来将建成既有温福铁路与福州长乐机场联络线，宁德市至福州长乐机场的城际列车，不仅以宁德站始发为主辐射市内及沿线县（市），旅游旺季时，霞浦区域因吸引较多外地客流，也可考虑少量开行霞浦站始发至福州长乐机场的城际列车。此外，宁德至霞浦至福鼎城际铁路作为福州—莆田—宁德城际网的辅助线路，自宁德站起，利用宁德至福安城际铁路宁德至下白石段，经湾坞、溪尾、溪南、霞浦至福鼎，能完善宁德—霞浦—福鼎综合交通运输功能，实现宁德与霞浦、福鼎及沿线城镇组团的快速联系。在港口后方铁路建设上，霞浦有衔接溪南港支线（从白马港铁路支线引出，线路里程22公里，溪南港港口岸线长3.1公里，可建多个万吨级以上泊位，规划吞吐能力大）以及漳湾—溪南（霞浦）—城澳—沙埕—三沙（霞浦）—下白石—东冲（霞浦）

等港口铁路专用线,还有宁德至福鼎沿海货运铁路专线规划。公路方面,沈海高速公路、国高网宁上高速公路、霞浦经柘荣至浙江景宁高速公路、霞浦经东冲半岛至蕉城飞鸾镇高速公路等穿境而过。因此,霞浦县已具备初级综合立体交通网条件,在国家沿海城市,尤其是东南沿海区域,具有重要交通功能优势,而高铁设站将进一步完善其综合立体交通网络,契合国家综合立体交通网规划的建设目标。

(二)贯彻落实《中共中央关于制定国民经济和社会发展第十四个五年规划和二〇三五年远景目标的建议》

《中共中央关于制定国民经济和社会发展第十四个五年规划和二〇三五年远景目标的建议》提出构建国土空间开发保护新格局,逐步形成城市化地区、农产品主产区、生态功能区三大空间格局,实现主体功能明显、优势互补、高质量发展。这不仅是宁德市全面建成小康社会、开启全面建设社会主义现代化国家新征程的需求,也是霞浦县在环三都澳开发建设中优化国土空间布局、推进新型城镇化战略目标、高效利用国土空间、实现空间高质量发展的必然要求。

霞浦县地处台湾海峡西北岸,面临东海,是沿海大县,其海岸线长达505公里,为中国海岸线最长的县,拥有29592.6平方公里的海域面积、104万亩浅海滩涂面积以及411个大小岛屿,这些资源在福建省各沿海县(市)中均居首位。蕉城区、福安市、霞浦县环三都澳湾区共有126个岛屿,其中霞浦辖内有73个。溪南镇、三沙镇、东冲半岛(长春镇、下浒镇、北壁乡)拥有宝贵的天然深水岸线和充裕的土地后备等陆地和海洋国土资源，东冲半岛总面积 285 平方公里、海岸线长 170 公里，并被福建省人民政府批复列入福建省风景名胜区。

该建议要求将各种运输方式置于综合交通运输框架下统筹谋划，优化网络布局和运输结构，形成国家综合立体交通"一张网"，促进区域和城乡交通运输协调发展，提升城市群、都市圈交通运输一体化水平，强化城市与城际交通有效衔接，为区域经济布局提供基础支撑。霞浦县凭借"北接南联"的铁、公、机、水等衔接配套的现代陆海立体交通运输网络条件，若增设高铁站点，将更有力地推动城市化地区、农产品主产区、生态功能区三大空间格局的形成，从而更高效地集聚经济和人口，助力福州都市圈和宁德市环三都澳湾区实现区域一体化、高质量发展，打造人与自然和谐共生的展示区。

（三）贯彻落实国家《中长期铁路网规划》

国家《中长期铁路网规划》在完善广覆盖的全国铁路网方面，要求连接 20 万人口以上城市、资源富集区、货物主要集散地、主要港口及口岸，基本覆盖县级以上行政区，形成便捷高效的现代铁路物流网络，提供覆盖广泛的 200 公里 / 小时以下普通铁路运输公共服务；在建设现代的高速铁路网方面，要求连接主要城市群，基本连接省会城市和其他 50 万人口以上大中城市，形成以特大城市为中心覆盖全国、以省会城市为支点覆盖周边的高速铁路网，实现相邻大中城市间 1～4 小时交通圈，城市群内 0.5～2 小时交通圈，提供安全可靠、优质高效、舒适便捷的旅客运输服务。

霞浦县作为拥有56万人口的大县，是福州都市圈重要沿海城市、福建省重要滨海旅游城市，也是"开发三都澳区域发展"的重要组成部分，其独特的区位资源优势显著，海域、海岸线、浅海滩涂、岛屿等资源均居福建省各沿海县（市区）首位。显然，霞浦县符合国家《中长期铁路网规划》中设高速铁路站的条件。高铁设站将使霞浦更好地融入全国高速铁路网，提升其旅客运输服务质量，促进人员流动和经济交流，符合国家铁路网规划的建设方向。

（四）对接"长三角"多层次轨道交通建设规划

国家发展改革委印发的《长江三角洲地区多层次轨道交通规划（发改基础〔2021〕811号）》通知要求，到2025年，基本形成干线铁路、城际铁路、市域（郊）铁路、城市轨道交通多层次、优衔接、高品质的轨道交通系统，使长三角地区成为多层次轨道交通深度融合发展示范引领区。具体目标包括高速铁路通达地级以上城市，铁路联通全部城区常住人口20万以上的城市，轨道交通运输服务覆盖80%的城区常住人口5万以上的城镇，不同轨道交通系统最长换乘时间不超过5分钟，轨道交通站场与大型机场、公路客运站实现同站布局或快速直达，城市内重要枢纽之间基本实现半小时通达。干线铁路网（营业里程约1.7万公里，其中高速铁路约8000公里）形成相邻城市群及省会城市3小时区际交通圈，城际铁路网营业里程约1500公里，市域（郊）铁路网营业里程约1000公里，上海大都市圈以及南京、杭州、合肥、宁波都市圈形成0.5~1小时通勤交通圈。该规划范围延伸至闽浙交界处，温州至闽浙交界规划里程80公里，估算投资130亿元。

霞浦县位于中国南北海岸线中点，北连长江三角洲，南接珠江三角洲，是连接沿海两大经济发达地区的必经之地。在此背景下，霞浦县若设立高铁站点，将有助于其更好地对接"长三角"多层次轨道交通建设规划，融入长三角地区的交通网络体系，加强与长三角地区的经济联系与合作，促进区域间的协同发展，在区域经济发展中占据更有利的位置。

二、实现交通强国战略发展的需要

中国交通现代化规划了未来30年分三阶段的发展路线：2025年前后，部分地区和领域实现交通现代化，部分达到世界先进水平；2035年前后，全国基本实现交通现代化，建成现代化交通体系，迈向交通强国；2050年前后，全国全面实现交通现代化，建成人民满意的现代化交通强国。其综合性目标涵盖交通设施网络、服务、技术装备及治理等全方位的现代化，涉及铁路、公路、水运、民航等各个交通领域。

铁路作为国家重要基础设施与经济发展的先行官，在建设交通强国进程中肩负着关键使命。从2012年到2021年，全国铁路营业里程从9.8万公里增长至15万公里，高铁营业里程超4万公里，覆盖全国94.9%的50万人口以上城市；铁路网密度从101.7公里/万平方公里提升至156.7公里/万平方公里；复线率和电气化率分别从44.8%、52.3%增长至59.3%、73.3%。客货运输量方面，国家铁路在这期间完成旅客发送量262亿人，较上一个十年增加132亿人，日均开行旅客列车能力突破1万列，较2012年增加6000余列；完成货物发送量317.2亿吨，较上一个十年增加64.6亿吨。在制造强国建设中，铁路装备水平不断提升，全国铁路客车拥有量从 5.77 万辆增至 7.8 万辆，动车组从 825 组增长至 4153 组，复兴号实现对 31 个省、区、市全覆盖，货车拥有量从 70.2 万辆发展至 96.6 万辆。

根据交通强国建设要求，到 2035 年，我国将基本建成交通强国，到 21 世纪中叶，全面建成人民满意、保障有力、世界前列的交通强国。客运方面，要构建"全国 123 出行交通圈"，即都市区 1 小时通勤、城市群 2 小时通达、全国主要城市 3 小时覆盖；货运方面，需打造现代物流系统，构筑全国、全球供应链，构建"全球 123 快货物流圈"，实现国内 1 天送达、周边国家 2 天送达、全球主要城市 3 天送达。铁路发展要求始终保持方向明确、节奏稳定、目标坚定、力度不减，以"稳"促高质量的"进"，以高质量的"进"保障"稳"，同时将安全发展理念贯穿铁路发展改革全过程，筑牢铁路安全底线，加强安全体系与能力建设，防范铁路施工与营运安全等重大风险。到 2025 年，中国铁路营业里程目标达 16.5 万公里，其中高铁约 5 万公里，铁路网覆盖 99.5% 的 20 万人口以上城市，高铁网覆盖 98% 的 50 万人口以上城市，构建起更加完善、安全可靠、便捷顺畅、经济高效、智能绿色的现代基础设施体系。

在此大背景下，时速 350 公里的温福沿海高速铁路对推动福建交通发展、助力交通强国建设意义重大，而在宁德境内设站更是有着诸多必要性：①完善区域铁路网络布局。温福高铁是我国"八纵八横"高速铁路通道之沿海通道的重要构成部分，与相关既有（在建）或规划的沿海高（快）速铁路共同贯通京津冀、辽中南、山东半岛、东陇海、长三角、海峡西岸、珠三角、北部湾等城市群。作为宁德市首条高速铁路，其与杭温、福厦、漳汕、汕汕、汕广、汕深等沿海高铁相连，并借助福州、厦门、广州、深圳等枢纽，与粤港澳大湾区城际网和厦漳泉城际网相接。在宁德境内设站，将进一步加强温福沿海高铁沿线的经贸交流与人员往来，缩短沿线地区与大湾区的时空距离，拓展大湾区辐射范围，为城际客流出行提供新选择，极大提升城际客流出行质量，对完善闽东地区、厦漳泉地区以及杭温、温福沿线的城际网建设意义非凡。②促进区域经济协同发展。粤港澳大湾区是我国开放程度最高、经济活力最强的区域之一，在国家发展战略中地位重要。推进福建省三大湾区建设，是构建海西经济带的关键基础设施，对推动全面开放新格局、践行"一国两制"意义重大。温福高铁在宁德设站，能够加快海西与粤港澳大湾区两大经济区的交流，构建闽粤经济带，助力深入实施"21世纪海上丝绸之路"战略。通过打造高效便捷的大能力客运通道，充分发挥东南沿海优势，推动创新驱动发展，扩大对外开放，促进海洋经济创新发展，在国家战略层面具有重要意义。③助力城镇化建设与区域协调发展。根据《福建省国民经济和社会发展第十四个五年规划和二〇三五年远景目标纲要》以及《福建省新型城镇化规划（2021—2035年）》，福建省致力于优化"两极两带三轴六湾区"城镇化空间格局，推进福州都市圈、厦漳泉都市圈同城化建设。宁德市正着力增强中心城区对湾区城镇群发展的核心引擎作用，提升县城吸纳就业和集聚人口的能力，促进城乡融合与湾区一体化。温福高铁在宁德境内设站，能够强化宁德与周边区域的联系，发挥铁路引导城市开发的作用，加快东南沿海沿线城镇化建设，助力打造新的经济增长极，推动大中小城市和小城镇协调发展，为实现福建省城镇化目标，构建城乡互补、共同繁荣的新型城乡关系提供有力支撑。

三、促进福州都市圈经济社会发展的需要

1. 贯彻落实福建省委《福州都市圈发展规划》

2019年，中共中央、国务院印发《粤港澳大湾区发展规划纲要》，湾区建设上升为国家战略。在此背景下，福建省委、省政府部署建设闽东北、闽西南两大协同发展区，重点打造环三都澳、闽江口、湄洲湾、泉州湾、厦门湾、东山湾六大湾区，作为全省高质量发展的重要承载区。宁德作为福建北大门，做大做强三都澳湾区经济，统筹三都澳、福宁湾和沙埕湾联动开发，有利于推动供给侧结构性改革，促进宁德四大主导产业全链条延伸与全域化布局，形成创新引领、集聚高效的产业集群。

2021年1月28日，福建省委常委会会议审议通过《福州都市圈发展规划》，规划建立环三都澳湾区、闽江口湾区、湄洲湾湾区。宁德市的蕉城区、福安市、霞浦县和古田县纳入福州都市圈规划范围，形成"核圈同城、山海协作、城乡融合、以圈带群、共同发展"的城市—区域协作模式。"三湾区"规划助力福州建设现代化国际城市，推动海峡城市群高质量发展，加强与长三角、珠三角两大经济发达地区的联系，带动环三都澳湾区经济发展。

福州都市圈城际铁路规划中，F3线自原F1线马尾城际站引出，经马尾、连江、罗源进入宁德市，引入温福铁路宁德站，全长99公里，新增F3线里程约36公里，估算总投资136亿元，宁德至霞浦利用既

有温福铁路发挥城际功能。同时，统筹与沿海温福高速铁路、高速公路、国省干线等衔接，发挥既有沿海铁路的城际功能。此外，霞浦水门军用机场距离县城高速公路口约10公里，近、中期规划为军民两用机场，远期规划为国际机场，将进一步完善区域交通枢纽功能。根据《福建省海峡西岸城际铁路建设规划》，宁德市境内规划新建三条城际铁路：F3线为宁德至福州长乐机场城际铁路，F7线为宁德至福安城际铁路，F8线为宁德至霞浦至福鼎城际铁路。宁德市城际铁路布局规划显示，可利用既有温福铁路承担宁德至福州及宁德至福安、霞浦、福鼎城际线旅客运输，福安城区城际线从既有温福铁路福安站接轨，实现宁德与霞浦、福鼎之间及沿线城镇组团的快速联系。霞浦溪南港口支线从既有温福铁路霞浦站接轨，连接白马港支线至既有温福铁路福安站，形成三都澳湾区两大工业区便捷快速的货运系统。

霞浦县在福州都市圈中占据重要地位，是海峡西岸经济区北接长三角、南联珠三角经济圈的前沿区域，也是对台区域合作发展的重要节点和门户；是闽浙赣广大腹地区域重要的出海通道和出海口；是构建海峡西岸东北翼重要经济增长极的重点区域；是国务院首批批准的沿海经济开放县和福建省最早开放的对台贸易口岸；还因其独特的自然风光，被誉为"滩涂摄影天堂""休闲度假胜地"，并被列入全国城乡融合发展试验区、新型城镇化建设示范县。

2. 贯彻落实宁德市委、市政府《环三都澳湾区经济发展规划》

根据宁德市政府2021年4月发布的《环三都澳湾区经济发展规划》，宁德环三都澳湾区包括三都澳、福宁湾和沙埕湾三个湾区，核心区包括蕉城区、福安市、霞浦县、福鼎市以及东侨经济技术开发区"1区1县2市1开发区",陆域面积6574平方公里,海域面积4.46万平方公里,集聚全市约70%的人口和78%的经济总量,在全市发展格局中占据十分重要的地位;辐射区涵盖古田、屏南、周宁、寿宁和柘荣5个山区县。

《环三都澳湾区经济发展规划》明确:到2025年,"一二三"发展战略取得重要进展,湾区各类资源要素高效便捷流动,发展活力充沛、创新能力突出、要素流动顺畅、生态环境优美的现代化湾区发展框架基本建立,山海联动、融合发展的区域联动机制逐步完善,湾区经济社会发展迈上新台阶。到2035年,环三都澳湾区全面崛起,湾区经济实力、科技实力大幅跃升,区域协调和创新能力显著增强,产业集群全球竞争力更加稳固,中心城市集聚辐射能力明显增强,山区与沿海联动发展格局全面形成,基本建成产业发展高素质、城乡建设高品质、改革开放高层次、生态环境高颜值、民生幸福高指数的宜居宜业宜游的现代化湾区。

三个湾区发展目标为:①三都澳。围绕"开发三都澳、建设新宁德"中心任务,坚持城市群、产业群、港口群三群联动,建设临港先进制造业基地、东南沿海多功能大港、军民融合创新示范区、绿色宜居海湾城市。②福宁湾。科学推进"一湾两半岛"开发,围绕霞浦国际摄影基地、东冲渔乐风情港湾、霞浦台湾水产品集散中心等核心资源,推进霞浦三沙对台口岸经济区规划建设,打造对台交流合作重要平台、蓝色产业经济示范区、滨海休闲旅游湾。③沙埕湾。坚持"工业立市、旅游兴市、海洋强市",加快建设生态滨海旅游城市,打造对接长三前沿区域、新兴临港工业基地。

发展格局。"一核、一廊、五轴"区域发展总体格局——壮大"一核"，高水平建设三都澳集聚发展核心。打造"一廊"，构筑全球锂电新能源科技走廊。拓展"五轴"，促进山海联动。其中，湾区"五条"拓展轴为：①蕉城—古田拓展轴。依托宁南铁路（规划）、宁古高速和S306等，重点完善古田大甲工业园区基础设施建设，整合提升杉洋、鹤塘工业园区，在杉杉动力电池负极材料、生物科技食用菌基地等基础上，加快推进汽车配件等项目对接，扩大产业合作范围。②蕉城—屏南拓展轴。依托衢宁铁路、宁南丽金高速公路宁德段（宁屏高速）（规划）、G237等，重点加快溪角洋新能源新材料产业园、际头、甘棠工业集中区等产业平台建设，积极承接锂电新能源、新能源汽车等重点产业配套项目转移。③蕉城—周宁拓展轴。依托宁（德）上（饶）高速、G353等，加快推进沿线李墩、虎岗等工业集中区建设，加快企业"退城入园"，引导不锈钢新材料、锂电新能源等相关产业链梯度转移，共同做好项目对接生成。④蕉城（福安）—寿宁拓展轴。依托溧（阳）宁（德）高速、S203、S207等，重点推进寿宁南阳、犀溪际武等园区平台建设，探索开展产业园区共建模式，共同开展联合招商，做好四大主导产业项目对接。⑤福鼎（霞浦）—柘荣拓展轴。依托沿海高铁（规划）、宁（波）东（莞）高速、霞浦至浙江景宁高速（规划）、G104等，利用药业资源优势，依托生物医药循环经济产业园，做大做强"闽东药城"。加快推进乍洋、大小利洋等产业园区建设，积极引进不锈钢精深加工、新能源汽车等项目配套。

围绕"开发三都澳、建设新宁德"，宁德坚持城市群、产业群、港口群三群联动,建设临港先进制造业基地、东南沿海多功能大港、军民融合创新示范区、绿色宜居海湾城市。推进"一湾两半岛"开发,霞浦县福宁湾、溪南半岛、东冲半岛在区域发展中发挥重要作用,是"湾海一体、四核驱动、三向融合、全域发展"的关键空间格局和发展引擎。溪南半岛片区重点发展临港高端装备、新能源和海洋特色产业等,打造临港战略性新兴产业基地,并完善镇区服务功能,推进基础设施建设,为三都澳开放开发提供战略储备空间。同时,霞浦县依托丰富的资源,发展现代物流,推进港铁联运,打造三都澳国际物流枢纽,建设多个物流中心;发挥休闲旅游优势,打造具有国际知名度的"一核一带三区"滨海旅游目的地,包括三都澳旅游综合服务核、滨海黄金海岸带,以及三都澳旅游集中区、大太姥山旅游休闲区、霞浦国际摄影体验区。

温福高铁若在福安市赛岐镇设站,将串联起福安老城区—赛岐—甘棠—溪柄—湾坞—下白石等一江两岸新兴城区圈和经济快速发展区域。这有利于宁德市实施蕉城、福安、霞浦"三区同城"战略,构建"T"字形快速路网骨架,推动中心城区空间拓展;有利于形成两大通勤组团,强化赛江组团与中心城区及福安市副中心城区的联系,形成城市经济圈;有利于推进蕉城—福安—霞浦高速公路市政化改造、公交一体化和城际铁路建设;还有利于促进人才、资金等要素与省会福州大都市的融合,推动福安市、霞浦县经济再次腾飞。霞浦位于环三都澳建设核心区,在环三都澳湾区中,霞浦县海域面积、岛屿数量、深水岸线长度占比均较大,拥有505公里海岸线,居全国之最。三都澳湾区是世界罕见的宽阔深水良港,相比其他知名港口优势显著,且霞浦县东冲半岛、溪南半岛腹地广阔，拥有5万亩可开发利用的后备土地资源，发展空间巨大。未来两岸统一后，三都澳湾区、三沙港有望成为我国和世界最大的港口，港口经济将成为宁德市、霞浦县的支柱产业，霞浦将成为我国沿海重要的货运站。

四、满足沿海高铁运营客运量的需要

1. 高速铁路客流特征

相较于普通铁路，高速铁路客流呈现出鲜明特点。从旅客职业构成看，企业员工、公务员及事业单位人员占比较高。以京沪高铁为例，乘坐高铁的旅客中，企业员工占比达56.4%，政府机关及事业单位员工占比17.6%，充分体现出企业和公务人员对高铁的较高需求。在出行目的方面，高铁出行以公务出差、旅游购物、回家为主，约占总客流的70%，其中因公出差、旅游购物的比例显著高于普铁，凸显了高速铁路客流的商务、旅游特性。在出行距离上，长途客流（>800公里）占比达52%，中途客流（300~800公里）占35%，短途客流（<300公里）占13%，表明高铁客流具有长途特性。

2. 温福高铁区域客流吸引力情况

温福高铁路线站位选址需在满足交通枢纽及重点经济地区运输需求的基础上，与城市发展战略相契合，尽可能途经沿线重要政治经济产业据点，以吸引客流、保障交通需求。对于旅游业发达、客流量大的地区，选址还应综合考虑旅游人口的出行需求。宁德市境内的温福高铁线站位选址，尤其要考虑沿线旺盛的旅游人口，以及所在城市大型企业员工、机关及事业单位员工的出行需求。

既有温福铁路为时速 200 公里的客货运混合线路，主要服务于城市群内中短途客流，客流出行目的以旅游、商务办公、产业投资等为主，并利用夜间铁路运行空窗期发送货物专列。而时速 350 公里的温福客运高铁建成通车后，将吸引环渤海湾区、长三角城市群、海峡西岸城市群、台湾地区、珠三角城市群等地更多具有企事业、商旅属性的客流，其客流辐射范围更广、吸引力更强，能够大幅缩短区域时空距离。这不仅会促使长三角、珠三角等地区部分航空客流转向高铁客流，还将承接既有温福铁路的客流，使既有温福铁路城市群间的长距离客流大多转移至新建温福高铁，进一步激发长三角、珠三角城市群地区的商务、旅游客流。此外，新建温福高铁改善沿线地区交通条件后，还将促进区域产业间的互动，带动产业客流。新建温福高铁与既有温福铁路的对比如表 4.1 所示。

表 4.1 新建温福高铁与既有温福铁路对比

类别	新建温福高铁 客运专线	既有温福铁路 客货运混合
速度标准	350 公里/小时	200 公里/小时
定位	服务于城市群间中长途客流	服务于城市群内中短途客流
功能	客运	客运与货运相结合、货运功能为主兼城际铁路
客流特征	商务、文旅属性突出	通道内各类客流
对沿线城市辐射影响	至长三角、珠三角核心城市约 4 小时，时间缩短 1/3	至长三角、珠三角等核心城市约 6 小时

3. 宁德市对外交通联系主要特征

宁德市对外交通联系中，福建省境内交通联系占比约60%，主要集中在福州都市圈、厦漳泉都市圈等沿海城市，与福建省内陆的三明、龙岩、南平等城市交通联系相对较弱。省外交通联系主要集中在以上海、杭州、温州等为代表的长三角城市群和周边区域，以深圳为代表的珠三角城市群，以及江西省南昌、上饶、抚州等邻省主要城市。宁德市对外交通联系呈现出省内联系强于省外联系，与经济发达的沿海城市联系强于与内陆城市联系的特点，且强联系区域多为外向型经济发达地区。例如，霞浦至福州、厦门、温州、南京、宁波、台州、杭州、上海等地的客运汽车基本停运，霞浦至福州乘坐高铁单程少于70分钟，票价约55元，高铁的开通吸引了长途汽车站的大部分客流。在宁德市各站点客流方面，霞浦站2021年铁路发送量约125万，成为宁德第二繁忙车站，仅次于宁德站。其客流主要包括外出务工、经商人员形成的通勤客流，以及滩涂摄影、旅游形成的旅游客流。此外，福鼎站客流121万人、福安站客流66万人。温福铁路闽东沿海停靠站的列车对数分别为：宁德49对、霞浦31对、福鼎35对、福安25对。

国铁保利设计院有限公司运用二次指数平滑法，并结合既有温福铁路营运客运量历史数据，对霞浦县、福安市、柘荣县的未来高速铁路客流量进行了预测。结果显示，霞浦县在2030年铁路客流发送量可达340.50万人次；福安市在2030年约为107万人次；柘荣县在2030年约为4.9万人次。由于柘荣县缺乏现状铁路客流数据，选取了城市规模、经济体量、城镇化水平与之相似的江西省九江市彭泽县进行对比测算。

彭泽县常住人口约 28 万人，2021 年全年 GDP 约 201 亿元，人均 GDP 约 7.2 万元（柘荣县常住人口约 9.3 万人，2021 年全年 GDP 约 75.23 亿元，人均 GDP 约 8.1 万元）。基于两地地形地貌、交通区位、产业结构相似的特点，依据人口数换算系数约为 0.33（9.3÷28 万人），测算出 2030 年柘荣县铁路客流发送量约为 4.9 万人次。

4. 霞浦铁路客流量现状及预测

（1）既有温福铁路霞浦动车站客流量现状。浦动车站自 2009 年 9 月 28 日杭深线福建段正式开通运营以来，给霞浦的交通运输和旅游出行带来了巨大变化。从最初每日停靠 4 趟动车，经过逐年优化调整，到 2021 年每天停靠动车达 43 趟。高铁线路不断延伸，从最初仅往返福州至杭州、上海，发展到如今以福州为中心，可直达北京、深圳、南昌、龙岩、赣州等地，极大地方便了旅客出行。由于原设计的霞浦动车站规模较小，难以适应旅客出行需求的快速增长，2020 年 10 月 24 日霞浦动车站站房改扩建项目开工，2021 年 10 月 1 日新站房正式投入使用，改善了车站设施设备破损老化、整体面积偏小等状况。旅客候车大厅一次容量从只能容纳 400 多人，发展到如今，最初开通运营时每天客流量在 1000 多人，到 2012 年增长至 2000 多人，2021 年每天客流量达 5000 多人，一天上车人数最高突破 1 万人，单趟动车上车旅客最高达 1108 人。2022 年霞浦动车日均客流量达 7000 多人次，高峰期日均客流量达 13000 多人次。2010—2021 年温福霞浦动车站实际客流情况如表 4.2 所示。

表 4.2　2010—2021 年温福霞浦动车站实际客流情况

年份	客流量/人	备注
2010	630862	
2011	543287	
2012	126811	
2013	1196811	
2014	1295726	
2015	1328002	
2016	1493820	
2017	1653055	
2018	1644713	
2019	1758725	
2020	1174609	受新冠疫情影响
2021	1124904	受新冠疫情影响

排除疫情影响，自 2010 年至 2019 年的 10 年间，霞浦动车站年客流量从 63.0862 万人增至 175.8725 万人，实际平均每年增加 11.2796 万人。按此经验数据推算至 2029 年，年客流量可达 288.6688 万人。

（2）霞浦县铁路客流量预测。霞浦县现有人口 56 万，县域陆地面积约 1716 平方公里、海域面积 29592.6 平方公里、海岸线长 505 公里、浅海滩涂面积 104 万亩。随着霞浦海洋养殖、全域旅游产业的繁荣发展以及新能源产业的崛起，每年在霞浦从事海产养殖务工和经商的常住人口约 20 万人。三都澳湾区核心区——溪南半岛工业区的开发建设，以及核电、时代一汽、时代科士达、国网时代储能等一批新能源产业项目的投产，将吸引常住人口超过 15 万人。预计到 2035 年，霞浦人口将达到100万人。

据2020年霞浦县文旅部门统计，霞浦省外游客75%来自江苏、浙江、上海等地，国内游客每年以21%～23%的速度增长。2016—2020年五年间，接待游客2280.66万人次（2020年受新冠疫情影响较大），仅2019年就达到650万人次，实现旅游总收入221.87亿元。预计到2030年游客接待量将超过1800万人次。

综合上述数据预测，至2030年，霞浦国内游客接待量将超过1800万人次，加上本县常住人口超过100万人，预计霞浦高铁站、动车站日均客流量将有3.5万多人次，每年霞浦高铁站、动车站的国内及福建省境内客流量将达到1200万人。因此，建设温福高速铁路线路经霞浦走向方案，能够为温福高速铁路创造稳定增长的客源，实现最佳营运综合经济效益。

五、打造沿海路衍经济圈的需要

路衍经济，依托高速铁路站点多、路线长、范围广的特性，以及其对区域经济强大的拉动、带动和辐射作用，通过集聚与扩散沿线经济要素，催生出新经济业态。它是交通运输与文化旅游、现代农业、工业园区、现代物流、交通装备制造、数字经济等产业深度融合的新型区域经济发展模式，为铁路交通运输转型发展开辟了全新路径。

当前，我国铁路建设正以优质高效的态势全力推进。"八纵八横"高铁路网纵横交错，串联东西、延伸南北，从塞北到海滨，从东北到华南大湾区，"复兴号""和谐号"列车如"公交化"般密集穿梭，极大地提升了民众出行的获得感与幸福感。铁路作为社会经济发展的重要基础设施，堪称国民经济的"大动脉"。它整合区域资源，促进人员交流与产业互通，提升了高速铁路基础设施的使用效率和价值，有力推动了区域经济的多元化可持续发展，加速城市与周边产业带及产业集群的集聚，实现了经济、社会和环境效益的最大化，为沿线地区的社会经济发展带来了无限机遇，也为旅游业发展注入了强劲动力。正所谓"路通百业兴"，高速铁路建设带动沿线崛起了一条条新型城镇带、产业聚集带和经济繁荣带。铁路建设项目投资大、产业链长、辐射面广、带动效应强，推动了产业链融通发展新生态的快速形成，大量新装备、新技术、新材料得以落地应用，这不仅提升了基建技术水平和科技硬实力，更为经济稳步增长筑牢了坚实基础，为经济社会发展注入了澎湃动力。数据显示，截至2022年底，国家综合立体交通网建成率约为79%，主骨架线路建成率约为87%。铁路营业里程达15.5万公里，其中高速铁路营业里程4.2万公里，位居世界第一；公路通车里程535.48万公里，其中高速公路建成里程17.7万公里，同样位居世界第一；内河高等级航道里程1.65万公里，民用机场达254个，并推动了25个国家综合货运枢纽补链强链城市建设。

以武广高铁为例，武汉至深圳北时速350公里的高速铁路中，从武汉站发车的G875次智能"复兴号"标杆列车，时速可达352公里，仅3小时20分钟就能抵达广州南站，标志着京广高铁全线实现"复兴号"动车组列车按时速350公里高标准运营，沿线及周边多个城市间的旅行时间大幅压缩。"复兴号""和谐号"列车的飞驰，将湖北、湖

第四章
温福高铁建设宁德境内设站诉求及必要性分析

南带入高铁时代，一个以武汉为中心、辐射国内东南西北地区的"3小时经济圈"正逐步形成。铁路所拉动的人流、物流、资金流、信息流，以及引发的旅游热、投资热、产业转移热，加速了铁路沿线经济的运行节奏，助推湖北、湖南等地的发展驶入快车道。

武广高铁建成运营对路衍经济发展的多维度影响剖析

武广高铁，作为京广高速铁路的关键构成部分，是中国《中长期铁路网规划》里"八纵八横"高速铁路中呈南北走向的"一纵"。它是中国大陆首条设计时速达350公里的高标准长途铁路干线。2005年6月23日，全长1068公里的武广高铁正式动工建设，并于2009年12月26日开通运营，初期运营时速为350公里。不过在2011年7月1日，其运营时速调整为300公里。截至2019年11月30日，开通10周年的武广高铁累计发送旅客10.06亿人次。自2009年12月26日开通至2024年5月31日，共发送旅客16.85亿人次，年均增幅达19%，相当于粤湘鄂三省常住人口人均乘坐高铁超过六次。2023年旅客发送量更是创下历史新高，全年达2.05亿人次，日均发送56.25万人，广州南站的客流量从开通初期日均1万多人增长至如今的30多万人，位居全国之首。

一、都市圈经济的扩张与重塑

武广高铁自投入运营后，显著拓展了珠三角地区、长株潭城市群以及武汉都市圈的经济活动范围与居民生活半径。起初，其客流主要为商务、旅游等中高端群体及短途旅游客流，如今已逐渐涵盖普通消费群体、务工人员、学生以及城际探亲客流。随着武广高铁运营标准的提升，沿线城市8个高铁站开往广州方向的列车增加23列，长沙南往返广州的列车增加10趟，覆盖早中晚三个时间段。数据显示，高标准运营后，武广高铁区段整体运输能力有望提升8%以上，相当于每日增开10列以上武汉至广州的高铁列车，增加1.5万个席位，进一步巩固了武汉的铁路枢纽地位。

2024年6月15日零时起，全国铁路实行新的列车运行调图，京广高铁全线实现按时速350公里高标准运营，运输能力较调图前总体提升4.2%。回顾铁路发展历程，根据1969年版《全国铁路旅客列车时刻表》，20世纪60年代，北京到广州的直快列车需40多个小时，而如今武广段只需3个多小时。多年来，湖北省大力推进武汉国家干线、城际铁路以及货运铁路建设，京广、沪汉蓉快速铁路、武九客运专线、汉十高速铁路、武汉至黄石—黄冈（黄梅）—咸宁—孝感—仙桃城际铁路等相继建成。

以武汉为中心的高铁网辐射范围持续扩大，不仅强化了襄阳、宜昌等省域副中心城市的交通实力，提升了城市功能，还推动黄石、十堰、荆州、荆门、黄冈等区域增长极的发展，助力更多县（市、区）步入经济发展的"快车道"，促使"一主两副多极"战略发展格局逐步形成。丰富的客流量也让沿线城市的"高铁+文旅"产业蓬勃发展。武广高铁开通近15年来，珠三角前往武汉、岳阳、长沙、衡阳、郴州、韶关、清远的游客数量较开通前增长50%以上。

二、产城融合的双向驱动

作为我国首条长距离高铁干线，武广高铁客运繁忙，极大地缓解了客运压力，提升了货运能力。更为重要的是，它有力推动了珠三角地区的产业转移，使得粤北和湘鄂高铁沿线城市迎来投资热潮。过去15年，粤湘鄂高铁沿线城市承接的珠三角产业转移项目达15000多个，总投资突破1万亿元。产业是城市发展的核心动力，武广高铁沿线崛起了一条庞大的产业经济带，高铁新城、高铁新区、工业园区不断涌现。

凭借武广高铁的带动，广东省企业赴武汉的投资显著增加，TCL、格力、中兴、华为、华大基因、海王等一批制造业、生物医药等高科技企业纷纷在武汉布局，15年间武汉引进内资3000多亿元，其中珠三角地区占比达三分之一。

受武广高铁的媒介作用和"虹吸效应"影响，珠三角地区"腾笼换鸟"成效显著，无人机、智能手机、机器人等大型产业纷纷落户广州、深圳，并发展成为新兴优势产业。世界500强企业中，超过三分之二已在广州和深圳设立总部。广州南沙、深圳蛇口、珠海横琴三大自贸区吸引了越来越多的优势产业入驻。

在武广高铁沿线，15座城市的结构、布局调整与规划均与高铁紧密对接。高铁车站及其周边区域价值日益凸显，成为城市发展新地标，一座座"高铁新城"逐渐成形。例如长沙高铁南站，作为京广高铁、沪昆高铁的"黄金交会点"，中国联通中南研究院入驻中国（湖南）自由贸易试验区长沙片区雨花区块高铁新城板块，成为"浏阳河数谷"的标志性、引领性项目。未来，这里将集聚100名领军人才、1000名研发人才、3000名科技创新人才，累计营收超过100亿元，并带动一批大数据、区块链、元宇宙等数字企业（项目）集聚发展，打造具有核心竞争力和辐射带动力的数字产业集群。

三、资源要素的集聚与流通

改变沿线地区的不仅仅是京广高铁。截至目前,我国京沪高铁、京津城际、京张高铁、成渝高铁、福厦高铁、沪宁沿江高铁等线路已建成安全标准示范线,成功实现常态化按时速350公里高标准运营,高铁成为沿线经济发展的强大"助推器"。

便捷的交通促使襄阳吸引了大量人流、物流、资金流等资源要素。华侨城、比亚迪等一大批头部企业入驻,"144"产业集群加速发展,工业总产值向万亿元迈进,地区生产总值从千亿元跃升至5000多亿元,实现"四级跳"。2023年,襄阳市游客接待量达1亿人次,增幅位居湖北省前列。

香港至长沙的高铁通车后,长沙凭借丰富的旅游资源和特色美食,成为香港人"北上"旅游的热门目的地。张家界至香港的高铁开通,串联起湖南湘西地区4家5A级景区,打开对外开放通道。直达香港的高铁沿途经停广州、虎门、深圳等经济重镇,不仅带动了生产要素流动,还有助于湘西地区提升吸引外资、对外贸易水平,意味着湘西融入整个大湾区。

总之,武广高铁建成运营后,在都市圈经济扩容、产城双向融合以及资源要素集聚等方面,对路衍经济发展产生了极为深远且广泛的影响,成为推动区域经济协同发展与产业升级的重要引擎。

在福建宁德,区域发展正面临全新的机遇与使命。2024年6月5日,《福建省人民政府关于宁德市所辖8个县(市)国土空间总体规划(2021—2035年)的批复》(闽政文〔2024〕203号)发布,明确推动霞浦县打造宁德市域次中心城市、滨海旅游城市;推动福鼎市打造生态临港产业城市、宁德市域次中心城市；推动福安市打造国家新型工业化产业示范基地、宁德市域次中心城市。宁德市沿海地区围绕推动高质量发展首要任务和构建新发展格局战略任务，紧扣高质量建设国家生态文明试验区、21世纪海上丝绸之路核心区、海峡两岸融合发展示范区等重要使命，积极践行海洋强国战略、新型城镇化战略、乡村振兴战略。

以宁德市旅游经济发展为例，宁德市人民政府贯彻落实《福建省人民政府关于促进旅游业高质量发展的意见》（闽政〔2021〕8号）精神，于2022年3月28日发布《宁德市人民政府关于推动旅游业高质量发展的实施意见》（宁政规〔2022〕2号）。其中，霞浦县发展势头尤为突出，已成为全国知名的山海休闲旅游度假目的地，旅游业发展增速位居宁德市第一。温福高速铁路研究方案显示，沿线四个县（市、区）中，霞浦县、蕉城区、福鼎市等沿海地区是宁德市旅游发展的重点区域，而霞浦县的旅游发展最为迅速，未来有望成为沿海地区旅游产业发展的核心聚焦点以及闽东北旅游集散服务中心。近五年，在接待游客数量方面，霞浦县同比增长25%，蕉城区增长17.4%，福鼎市增长16.2%，福安市增长10.4%，柘荣县增长10%。霞浦县拥有众多美誉，如"中国值得拍摄的80个绝美之地""中国最美滩涂""2022美丽中国首选旅游目的地""国家蓝色旅游示范地""国际山海摄影目的地""国际海钓赛事基地""国际山地马拉松赛事基地""中国自驾旅游基地""中国十大风光摄影圣地""全国十大小镇美学榜样"等。其金色最美滩涂的名片吸引着众多摄影爱好者，据统计，国外摄影游客约占24%，省

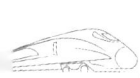

外摄影游客约占 58.5%，省内摄影游客约占 17.5%。

总之，温福高铁是宁德打造沿海路衍经济圈的关键驱动力。从旅游产业角度看，以霞浦县为代表的宁德沿海地区丰富的旅游资源将得到更高效的开发与利用。便捷的高铁交通将进一步缩短游客与景区的时空距离，吸引更多国内外游客前来，不仅能扩大旅游市场规模，还能提升旅游产业的服务质量与经济效益。大量游客的涌入将带动餐饮、住宿、购物等相关服务业的发展，促进产业融合，形成以旅游为核心的产业集群。从区域协同发展角度看，设站将加强宁德与周边城市的联系，促进区域间资源共享、优势互补。有助于推动福鼎市的生态临港产业与其他地区的产业对接，加快福安市国家新型工业化产业示范基地的建设步伐，带动宁德市域次中心城市的崛起，进而构建起沿海地区紧密联系的经济发展带，形成沿海路衍经济圈。同时，高铁设站还将拉动投资，吸引更多的资金、技术和人才向宁德沿海地区集聚，为新兴产业的培育和发展创造良好条件，推动区域经济的多元化发展，助力宁德市更好地完成各项战略使命，实现经济社会的高质量发展。

温福高铁宁德段路衍经济圈：基于人口红利与经济数据的发展观察

温福高铁宁德段路衍经济圈主要集中于福鼎市、霞浦县、福安市和蕉城区四个县（市、区）。人口红利作为产生路衍经济的重要条件，在该区域经济发展中有着不可忽视的作用。下面将依据相关统计数据，深入剖析这四个县市的经济发展状况。

根据福建省和宁德市统计局公布的数据，宁德市 2023 年全年实现地区生产总值（GDP）3807.33亿元。其中，蕉城区1340.10亿元，福安市835.64亿元，福鼎市562.43亿元，霞浦县371.53亿元。四区县市2023年GDP总量达3109.7亿元，占宁德市2023年GDP总量的81.68%，在宁德市经济发展中占据主导地位。具体各县（市、区）2023年GDP总量及2022年末常住人口情况如表4.3所示。

表4.3　2023年宁德市各县（市、区）GDP总量情况

排行	区域	2023年GDP总量/亿元	2022年末常住人口/万人
1	蕉城区	1340.10	64.6
2	福安市	835.64	60.5
3	福鼎市	562.43	56.2
4	霞浦县	371.53	47.9
5	古田县	253.87	31.5
6	屏南县	129.30	13.7
7	寿宁县	115.17	17.4
8	周宁县	112.31	14.6
9	柘荣县	86.99	9.2

注：宁德市2022年末常住人口为315.6万人。

各主要县（市、区）的经济结构与发展情况如下。

蕉城区：《2023年宁德市蕉城区国民经济和社会发展统计公报》显示，全年实现地区生产总值1340.1亿元（含东侨），比上年增长10.4%。分产业看，第一产业增加值43.89亿元，增长3.8%；第二产业增加值955.93亿元，增长13.7%；第三产业增加值340.28亿元，增长2.0%。人均地区生产总值206169元，比上年增长4.4%。第一产业增加值占地区生产总值的比重为3.3%，比上年回落0.8个百分点；第二产业增加值比重为71.3%，比上年回落0.3个百分点；第三产业

增加值比重为25.4%，比上年提升1.1个百分点。蕉城区第二产业占据主导地位，不过第三产业比重有所上升，显示出产业结构在逐步优化。

福安市：《2023年福安市国民经济和社会发展统计公报》显示，全年实现地区生产总值835.64亿元，比上年增长10.3%。其中，第一产业增加值为62.44亿元，增长3.0%；第二产业增加值512.98亿元，增长12.1%；第三产业增加值260.22亿元，增长8.8%。第一产业增加值占地区生产总值的比重为7.5%，第二产业增加值比重为61.4%，第三产业增加值比重为31.1%。

福鼎市：《2023年福鼎市国民经济和社会发展统计公报》显示，全年实现地区生产总值562.43亿元；按可比价计算，比上年增长13.5%。其中，第一产业增加值81.05亿元，增长3.2%；第二产业增加值310.58亿元，增长23.3%；第三产业增加值170.80亿元，增长2.5%。第一产业增加值占地区生产总值的比重为14.4%，第二产业增加值比重为55.2%，第三产业增加值比重为30.4%。全年人均地区生产总值99545元，比上年增长12.1%。可以看出，福鼎市第二产业增长强劲，是推动经济增长的主要动力。

霞浦县：《2023年霞浦县国民经济和社会发展统计公报》显示：全县生产总值371.53亿元，按可比价格计算，同比增长2.3%。分产业看，第一产业增加值96.92亿元，增长4.0%；第二产业增加值116.47亿元，下降2.8%；第三产业增加值158.14亿元，增长5.7%。三大产业结构比为26.1∶31.3∶42.6。

综合来看，温福高铁宁德段路衍经济圈所涉及的四个主要县（市、区）在经济规模、产业结构等方面各有特点。人口红利为路衍经济发展提供了基础条件，而各地区的经济发展状况又为路衍经济的进一步拓展提供了不同的方向和机遇。随着温福高铁的建设与运营，该区域有望借助交通优势，整合人口与经济资源，推动路衍经济圈的蓬勃发展。

六、国防安全战略发展的需要

（一）沿海高铁的国防战略意义

我国沿海高铁的建设意义非凡，它不仅有力推动国家经济发展以及区域经济一体化进程，更在国家战略中占据着不可或缺的关键位置。随着中国高铁网络持续扩张与完善，尤其是沿海地区的高铁布局，为军事运输开辟了快速且高效的通道。高铁强大的运输能力令人瞩目，其能够直接高速运输99%的陆军主战武器，并且在未来，通过轻量化设计的专用车厢，每列8组的有效载荷有望超过200吨，这使高铁当之无愧地成为国防运输的核心工具。此外，高铁的建设与发展是国家综合实力提升的显著标志，对增强国家军事和政治影响力发挥着积极作用。

从战略层面看，高铁在物资和人员快速运输方面优势巨大，能够在短时间内高效完成目标转移任务，为快速响应与部署军事力量提供坚实保障。尽管在战役战术层面，高铁作用的充分发挥需要与陆军配套进行战场和装备建设，但这并不影响其在整体国防战略中的重要地位。沿海高铁的建设与发展，也是国家对外战略的有机组成部分。随着中国经济崛起与国际地位提升，沿海高铁在提升国家综合实力的同时，悄然改变着中国对外战略格局，为国家军事和政治安全筑牢根基。

（二）"八纵八横"高铁网的国防价值

"八纵八横"高铁网作为中国高速铁路发展的宏伟规划以及国家长期规划的重要内容，致力于连接全国50万人口以上的城市，极大地促进了各地经济文化交流，维护国家稳定。其中的陆桥通道更是迈向世界、接轨全球的重要纽带，对国家国防战略意义深远。

从军事和国防视角审视，高速铁路堪称战争神器，其在运输量和速度方面的突出优势，对赢得战争胜利起着举足轻重的作用。在提高部队远程快速投送能力、实现军事战斗力迅速集结、灵活机动部署，以及战时军事运输的组织管理、保障模式、抢建抢修、提升部队生存能力等诸多方面，高速铁路都具有不可替代的价值。在战争爆发或地区局势紧张升级时，战略性调动军事运输涵盖公路、铁路、空中和水上等多种方式。尽管军用运输飞机和大型运输舰能够协同运输兵力和装备，但全国庞大的高速铁路网极大地增强了我国军队作战的机动能力，使其能够借助高铁实现跨区域的战役战术调动。

高速铁路在运输部队和后勤物资方面优势明显，一节高铁车厢可承担60吨军用物资运输，按常规16节车厢拖挂计算，一次可为前线补充960吨军用物资，甚至可拖挂至30节车厢。在战争状态下，高铁能够迅速部署部队、运送军用物资、武器及其他军用火力。即便不进行改装，运行中的复兴号也可运输轻装步兵以及各类步兵轻武器，如轻重枪械、89反坦克火箭发射器、87自动榴弹发射器、反坦克导弹、单兵防空导弹等。未来，在设计建造高铁车站时，还应充分考虑新型武器装备的装卸载需求，合理规划货场面积、空间容量以及进出道路，甚至可设想将射程达1.5万公里、能运载10枚核弹头的东风-41洲际导弹部署在时速350公里的高铁平台上。

（三）高铁运输的多重战略意义

解决运输能力瓶颈：长期以来，中国铁路网在规模和质量上难以满足经济社会发展需求，繁忙干线运输能力紧张，客运短缺，货运受限。发展高速铁路，能够实现客货分线运输，减少客货干扰，释放既有线货运能力，发展重载运输，为国民经济平稳较快发展提供充足的运力支撑。

推动区域协调发展：在我国工业化和城镇化加速发展阶段，高速铁路助力城镇人口流动，优化中心城市与卫星城镇布局，强化中心城市辐射带动作用，形成相邻城市"同城"效应。同时，缩短区域和城乡时空距离，促进劳动力、人才、信息等要素流动，带动产业转移，增强农村经济活力。

构建可持续交通体系：铁路运输在占地、节能、环保等方面优势突出，发展高速铁路契合构建资源节约、环境友好、可持续综合交通体系的需求。

提升国家战略影响力：从全球发展、国家经济、领土完整及国防安全战略高度来看，铁路自诞生起就是保护领土的有效工具。以京广高铁为例，其通车对促进人员流动、推动沿线经济社会发展、实施中部崛起和西部大开发战略具有重要的政治、经济和军事意义。

促进沿线经济繁荣：京广高铁郑州至武汉段促使沿线城市重新评估定位与布局，带动城市发展，在优化资源配置、促进区域经济协调发展、降低物流成本、构建综合运输体系、推进城镇一体化等方面发挥巨大作用。

强化南北运输通道：京广高铁郑州至武汉段贯通郑州至西安、武汉至广州、广州至深圳高铁，形成纵贯南北、连接西部的大能力高铁通道，为旅客提供更优质的出行条件。同时，释放既有线货运能力，缓解运能紧张，完善铁路网结构，与既有京广线、京港澳高速公路共同构成联系珠三角、港澳与中西部地区的高速、大能力运输通道。

（四）"海上丝绸之路"高铁的战略意义

建设21世纪"海上丝绸之路"和共建"一带一路"构想影响深远。海上丝绸之路经济带通过环渤海、长三角、海峡西岸、珠三角、北部湾等地的港口、滨海地带和岛屿连接太平洋、印度洋沿岸国家或地区。我国发布的《推动共建丝绸之路经济带和21世纪海上丝绸之路的愿景与行动》，旨在推动沿线各国开展广泛、深入的区域合作，打造开放、包容、均衡、普惠的区域经济合作框架，实现共同发展。

2016年是中国高铁"走出去"的关键之年，众多高铁项目稳步推进，如中老铁路、中泰铁路、印尼雅万铁路等。以中老铁路为例，全长 1035 公里，从设计、技术、施工到运营管理均采用中国标准。该铁路连接中国云南省昆明市与老挝万象市，是中方主导投资建设、共同运营且与中国铁路网直接连通的跨国铁路。虽设计时速 160 公里（部分区段预留 200 公里/小时条件），沿线客流量未达高速客运专线标准，但兼顾货运需求，有利于促进沿线经济、商业、工业发展，加强中老经济文化合作交流。

中国高铁"走出去"战略具有重要军事意义。一方面，提升了解放军的战略投射能力，扩大了中国地区影响力，对美国及西方国家在相关地区的利益产生重大军事和战略影响；另一方面，通过加强与周边国家的铁路合作，如中老铁路，可有效抵御外部势力干扰，维护地区政治局势稳定。例如，中国与东南亚国家的密切合作，减少了美国插手东南亚事务的机会，巩固了地区间的和平稳定。

霞浦设站的国防战略地位剖析

一、霞浦的历史军事要冲地位

霞浦县地理位置特殊，地处我国海岸中部、东海南部之滨、东南海疆咽喉的战略要地，位于台湾海峡西北岸，与台湾北部、钓鱼岛构成等腰三角形。

霞浦建县历史长达 1742 年，元代设福宁州，清代改为福宁府，曾是闽东的政治、经济、文化中心，辖六县，素有"闽浙要冲""海滨邹鲁"之称。其军事地位由来已久，三国时吴国在霞浦城关松山设"温麻船屯"，从事造船与海防保卫；唐初在闽东北海域设宁远镇，松山港成为重要港口。以长春镇大京村为例，元末明初，日本倭寇频繁侵扰霞浦沿海，大京村屡遭劫难。元延祐四年（1317年），巡检司刘参将在大京海域巡逻时，因船只触礁遭倭寇围攻，损失惨重。明洪武三年（1370年），倭寇入侵霞浦南乡，大京损失巨大。为抵御倭寇，洪武二十五年（1392年），朱元璋下令在闽地要害处建卫所城，大京设千户所并建城堡。大京城堡城墙依山而建，由坚固花岗岩筑成，临海城墙外有护城河环绕，虽历经六百年风雨，仍坚固屹立，见证着明朝军民抗击倭寇的英勇事迹。

霞浦三沙港与台湾基隆港相距126海里，渔船往来便捷，且两地语言相通、习俗相近、海上作业区域相同、交往频繁。20世纪初，孙中山先生将三沙规划为全国十三个渔业港之一，列入《建国方略》。1959年10月，中国人民解放军福州军区守备第七师在霞浦县组建，师部驻霞浦城关，下辖三个团分别驻扎在三沙、吕峡、下浒。曾在霞浦县三沙镇担任守备第七师94团政委的宋渭清老将军，后担任济南军区政委，被授予上将军衔。

二、霞浦设站的军事战略必要性

军方明确指出，温福高铁应途经霞浦并设站，相关部门在温福高铁站址方案中，应积极贯彻国防要求，推动经济建设与国防建设协调发展。其必要性体现在以下三个方面：

国防安全需求：东南沿海地区经济发达、海洋资源丰富、对外贸易活跃，福建作为东南沿海重要省份，与台湾隔海相望，战略和军事地位极为重要。霞浦县驻有多支部队，解放军在东南沿海全时待战，频繁开展实弹演习，应对外部潜在威胁。例如，漳州至汕头时速350公里沿海高铁在福建省东山县设站，显著提升了东南沿海的军事防

第四章
温福高铁建设宁德境内设站诉求及必要性分析

御能力。当前，我国面临复杂严峻的外部环境，美国等西方势力及其盟友可能对我国发动战争，战火逼近东南沿海。高铁建设需适应这一形势，统筹发展与安全、经济建设与国防建设，加强重大基础设施统筹，合理设置高铁站点，提高高铁国防建设价值，更好地服务军事斗争。

战略备战需求：战略投送能力是现代化军队的核心能力之一，关乎国家安全与发展利益。海上战略投送受区域和速度限制，空中战略投送虽速度快但规模受限。而高铁在提高部队远程快速投送能力、实现军事战斗力迅速集结、灵活机动部署以及战时军事运输组织管理等方面具有重大战略意义。霞浦地理位置特殊，设置高铁站尤为迫切。

战争制胜需求：在战争状态下，高铁是争取战争主动权、赢得胜利的关键保障。高铁能够迅速运输轻装步兵和各类步兵轻武器，为部队争取宝贵时间。既有200公里/小时温福铁路与350公里/小时温福高速铁路在运载装备、运输军队上存在时间差，这在战场上可能产生决定性影响。解放军在"跨越2009"跨区演习中，成功利用高铁输送某摩步师先遣作战集团，充分证明了高铁在远程投送兵力方面的快捷与高效。例如，武广高铁从内陆向福建东南沿海方向机动仅需半天时间，凸显了高铁在战争状态下的重要作用。

综上所述，为适应未来复杂军事斗争，实现国家安全战略、领土完整统一、"一带一路"及"开发三都澳"构想，温福高速铁路在霞浦设站的方案科学合理，是顺应国防安全战略发展需求的历史必然选择。

第五章　温福高铁宁德段线站位设计方案分析

铁路的设计、建设与运营，不仅是国家发展的重要基础设施，更是国家繁荣和安全的重要保障。铁路建设的均衡发展应遵循推动经济发展、服务军事战略、促进区域平衡、提升人民生活水平这四项基本要求：一是推动经济发展。铁路作为一种关键的交通方式，能够有力地促进国家经济发展。凭借铁路，大量货物和人员得以便捷运输，从而推动商品流通与促进市场交易。铁路连通国内各个地区，让资源和产业得到更优配置与利用，进而促进区域经济的协调发展。二是服务军事战略。铁路在军事战略中具有极其重要的意义。它能够快速调动军队及装备，为军事物资运输提供支持，增强国家的军事实力与防御能力。因此，铁路的建设和运营对国家的安全及国防战略至关重要。三是促进区域平衡。铁路连接不同地区，能够减少区域间交通不平衡的状况。对于相对落后地区而言，铁路的接入有助于其融入国家发展的浪潮，实现资源流动与市场对接，从而推动区域的均衡发展。四是提升人民生活水平。铁路为全体人民提供了更多出行选择，既能够让人方便快捷地抵达目的地，又可降低旅行成本。铁路网络的建设与运营，方便了人们出行，增进了人与人之间的联系和交流，提升了人民的生活水平。

铁路项目选线设计、车站选址是一项综合性的工作，牵涉面广，政策性强，具有较强的科学性、综合性、实践性和艺术性。尤其是高速铁路选线设计、车站选址，其设计质量、合理定位、科学决策、融合发展，直接关系到工程质量、工程造价及其适用性、安全性、舒适性、可靠性、耐久性、发展性，应综合考虑政治、军事、技术、经济、安全、地质、环保等诸方面的因素。近年来，高速铁路建设速度目标值高，技术标准高，且随着高桥长隧修建技术发展和线站位选址理念也发生了较大变化。高速铁路选线设计、车站选址，更加注重国防安全、经济发展、资源开发、环境保护、交通协调、站城融合等。本章以宁德境内温福高铁线路走向及车站选址设计方案为研究对象，深入剖析福鼎至宁德段线站位选址建设方案。

第一节　高铁线路总体设计

我国铁路依据运输性质，分为客运专线铁路、客货共线铁路和货运专线三类。其等级划分综合考虑在路网中的作用、性质、主要运输任务、旅客列车设计行车速度以及近远期客货运量等因素，且每一级铁路都规定了旅客列车和（或）货物列车的最高设计速度。

客运专线铁路主要用于旅客运输，指列车在主要区间能以 250 公里/小时及以上速度运行的标准轨距铁路。新建客运专线铁路依其在铁路网中的作用、性质、旅客列车设计行车速度，分为高速铁路和快速铁路。其中，高速铁路在客运专线网中发挥骨干作用，新建铁路最高设计行车速度达 250 公里/小时及以上。此类铁路多建于经济特别发达、人口稠密、客运量大之地，连接重要政治、经济中心城市，政治经济意义重大。其主要承担旅客运输任务，列车最小行车间隔3分钟，密度20列/小时，定员1600余人/列，每小时最大输运能力超2×32000人，能够实现大量、高速、高密度运输。快速铁路在客运专线网中起联络、辅助作用，为区域或地区服务，最高设计行车速度160~200公里/小时，包括新建及提速改造的既有铁路，一般客货共线运行。此类铁路常建于经济发达、人口稠密、客运量大的区域，连接省会及大中城市，意义重要。其采用旅客列车与跨线旅客列车混合运行模式，新建200公里/小时客运专线，跨线旅客列车运行速度不低于160公里/小时。

一、高铁选线设计基本特征

高速铁路是现代铁路工程高新技术成就的集中体现，也是衡量我国铁路工程现代化水平的重要标准，其实现依赖高质量的工程设计施工、技术装备、安全养护以及营运管理等方面。我国在高速铁路前期技术研究与工程设计施工中，呈现出以下主要特点：路网规模庞大，覆盖地域广阔；地理、地质和气候条件复杂多样；跨区域高速铁路、区域快速铁路以及城际快速铁路等不同速度级别的客运专线和客货共线铁路，在技术、经济、运营、安全及需求等方面存在显著差异；具备全天候运行、运能大、速度快、能耗低、污染小、安全系数高、土地利用率高等优势。

铁路选线设计作为铁路工程建设的先导与基础，是一项综合性极强的工作，涉及面广，政策性突出，具有较高的科学性、技术性和艺术性。与普通铁路不同，高速铁路不仅要求列车运行速度快、旅客舒适度高，还具备高速度、高密度、高舒适性、高安全性和高环保性等特征。它对线路平面设计参数、纵断面设计参数以及技术和质量标准有着严格要求。在选线设计过程中，需尽可能满足载客量大、输送能力强、速度较快、安全性好、舒适便捷等需求。相较于普通铁路，高速铁路的特征主要体现在以下五个方面。

1. 安全性好

高速铁路在全封闭环境中自动化运行，且拥有一系列完善的安全保障系统，其安全程度是其他任何交通工具都无法比拟的。自1964年日本东海道新干线建成通车（列车运营速度达210公里/小时）以来，高速铁路问世已60余年。在这期间，全世界仅发生过两次营运事故：其一，是1998年6月3日德国的ICE884高速列车在改建线路上行驶时发生的事故；其二，是2011年7月23日中国的甬温铁路事故。除此之外，各国高速铁路均未发生过重大行车事故，也未因事故导致人员伤亡，这在各种现代交通运输方式中极为罕见。中国、德国、日本、法国等主要高速铁路国家，每天要发出上千对高速列车。德国、日本、法国三国在35年间共运送了50亿人次旅客。即便将当年德国高速铁路事故中遇难101人、重伤88人、轻伤106人的情况计算在内，其事故率及人员伤亡率也远远低于其他现代交通运输方式。因此，高速铁路被世人公认为是最安全的交通运输方式。

2. 速度较快

速度快是高速铁路技术水平的最主要标志，世界各国都持续致力于提高列车的运行速度。法国、德国、日本、意大利、西班牙等国高速列车的最高运行时速分别达到300公里、280公里、300公里、250

公里、270公里。经过进一步改进提升，这些国家高速列车的运行时速有望达到350~400公里。而中国高速列车的最高时速可达486公里。

对于高速铁路而言，除了运行速度较快这一特点，乘客往往更关注旅行时间，而旅行时间实际上由旅行速度所决定。以北京到上海为例，在正常天气状况下，乘坐飞机从城区前往机场、完成安检及候机，全程耗时约5小时。若乘坐高铁直达列车，全程时间为5~6小时，乘坐高铁与飞机所需的时间大致相当，且高铁准点率高，不会耽误行程。再与高速公路作对比，以上海至南京为例，沪宁高速公路全长274公里，在高速公路上的行驶时间约为3.3小时，加上进出上海、南京市区各需约1.7小时，整个旅行全程时间为5小时；而乘坐高铁列车，仅需1.2小时。

3. 舒适便捷

高速铁路通常每隔3~4分钟就发出一趟列车，乘客基本能够实现随到随走，无需长时间候车。高速铁路列车内部布置舒适宜人，设施完备，座席宽敞。列车具备出色的减震隔音性能，运行平稳，车内环境舒适安静，无论是读书还是办公，乘客都不会感到不便，反而如同享受一段愉快的旅程。为方便旅客出行，高速铁路列车的运行实现了规范化、规律化和固定化，这是其他任何现代交通运输方式都无法比拟的优势。

4. 输送能力强

高速铁路拥有强大的运输能力，这是它极为突出的优势。在我国，高速铁路在运营安排上极为高效，能够实现极短的最小行车间隔，每日在预留出充足的维修时间后,依旧可以密集地开行众多对旅客列车。每一趟列车都能搭载数量可观的乘客,年均单向输送能力可达上亿人。

5. 高密度性

在当前阶段,国内外在建的高速铁路,其追踪间隔时间大多集中在 3 分钟左右,并且正朝着 2.5 分钟的方向发展,这一特性在客流高峰时段尤为显著。以京沪高速铁路为例,它于 2008 年 4 月 18 日开工建设,2011 年 6 月 30 日全线建成通车,运营速度达 350 公里 / 小时,其追踪间隔时间为 3 分钟。

这种高密度的行车模式,对沿线路基、桥梁、隧道等建筑结构体及其结构形式的质量安全提出了极高要求。相关建筑结构体必须具备高稳定性与高可靠性,才能在架设和安装过程中,始终将误差维持在高精度的可控范围内。同时,在高速铁路运营期间,也必须保证高精度的维护保养工作。唯有如此,才能充分彰显高速铁路的独特优势,保障高速列车在高密度运行状态下安全、正常地行驶。

二、高铁选线设计总体要求

新建温福高铁,作为国家综合立体交通网主骨架"长三角—粤港澳主轴"以及铁路中长期规划里沿海高铁主通道的关键构成部分,设计时速达 350 公里,主要承担中长途旅客列车的开行任务,服务中长途客流。鉴于此项目的重要地位与特殊功能,其高铁选线设计务必契合一系列严格且全面的总体要求,需在安全、地质、环境、效益及综合考量等多方面遵循相应原则,以实现线路功能完善、技术经济合理、环境影响最小、综合效益最佳的目标,并充分满足地方发展需求。

1. 安全选线

影响高速铁路选线的因素繁多,诸如沿线的政治经济情况、运输需求、客货运量、技术标准、自然条件等。安全因素理应成为选线设计的首要考量。选线设计务必将行车安全置于其他一切条件之上,为切实保障高速铁路的安全运营,行车安全性应作为首要条件与关键因素。经济及其他因素在选线时仅作为次要因素,不可将其当作全部重点。同时,选线设计还应选取地形地质和水文条件较为优良的铁路线路。

2. 地质选线

工程地质、水文地质条件是决定线路走向和控制点位置的重要依据,也是高速铁路安全运行的首要保障。若选线不当,将会对施工及运营带来严重后果。高速铁路属于高标准、高质量、高安全的运行线路,地质选线旨在选择安全可靠、经济合理的线路走向方案。尤其是在地质水文条件较为复杂的艰险山岭地区,在前期研究和设计阶段始终坚持地质选线原则极为重要。其基本原则为:尽量绕避容易发生滑坡、坍塌、断层破碎带、突水突泥、软弱地层等重大不良地质区域和特殊岩土地层;若因特殊原因实在无法避免,应尽量避重就轻、绕道而行,并采取必要且安全可靠的工程措施,以确保线路安全。

隧道地质灾害案例

由笔者原单位中铁第十二工程局集团有限公司承建施工的厦门至深圳快速铁路梁山隧道(位于福建省云霄县境内),是厦深铁路的控制性工程，进口里程DK94+000，出口里程DK103+888，隧道全长9.888公里。隧道范围属低山地貌，地形起伏较大，洞身最大埋深680米，山顶山峰突兀，山势高耸，岩石裸露，沿节理有强烈的风化剥落和流水切割，形成奇峰深壑，并发育较奇特的石蛋地貌。隧道分进口、出口、1号斜井、2号斜井四个作业面施工。1号斜井长641米，与主洞相交于DK96+023；2号斜井长2526米，与主洞相交于DK99+403。位于1号斜井和主洞范围，设计为L7断层破碎带。主洞于2009年3月14日施工至DK96+505掌子面（距洞口2505米）时突然发生突水突泥，并先后4次发生大规模突水突泥灾害，涌泥石量约3万立方米，主洞230米长被涌泥石全断面、半断面充填，洞内至洞顶地表塌陷深坑达270米，地表塌陷漏斗状坑深约46米。主洞左侧迂回导洞于2010年3月21日发生多次间歇性、规模不一的突水突泥，涌泥石量约1.8万方，导致150米长迂回导洞被涌泥石全断面充填，100米长主洞被涌泥石全断面、半断面充填，原地表塌陷坑底第二次发生坍塌，漏斗加深约15米。

一、成因分析

该隧道在2009年3月至2010年3月期间，主洞和迂回导洞先后发生了10多次规模大小不等的间歇性降水突泥地质灾害，总涌泥石量约达4.8万立方米，充填已完成初期支护、二次钢筋混凝土衬砌的主洞长达330米，在福建省隧道工程施工中尚属首例。分析该地质灾害，主要成因如下。

（一）主洞突水突泥成因

L7断层埋深大，岩体富水软弱，施工开挖揭露打破了原来的压力平衡，形成地下临空通道，进而发生突水突泥。局部突泥石引起施工作业断面临空面扩大，导致更大的泥水压力破坏完整岩壁，并进一步诱发大规模突泥。

（二）迂回导洞突水突泥成因

2009年3月14日DK96+505发生多次突水突泥后，为探明软弱层性质，在主洞左侧采用导洞迂回方案，在导洞内软弱地层进行了全断面注浆并施工了大管棚，迂回导洞在穿越软弱地层时于2010年3月再次发生突水突泥。左侧迂回导洞全断面帷幕注浆后进行的钻孔取芯及开挖揭示总体注浆效果较好，但由于闪长玢岩黏性较高，局部注浆效果不佳，在较大动水压力作用下，注浆盲区逐渐淘蚀并发生管涌导致整体破坏，再次发生了大规模突水突泥地质灾害。

二、灾害处理

厦深铁路梁山隧道涌泥发生后，立即采取地表警戒监测、临时回填、水系封闭等应急处理措施。2009年4月20日，根据原铁道部工管中心在施工现场组织召开的厦深线梁山隧道1#斜井工区涌突泥处理方案研究会议要求，为靠近涌泥软弱带查清其工程地质特征，设置左侧迂回导坑。通过左侧迂回导坑超前探测，结合地表调查、EH4物探等多种勘探手段查明：L7软弱带极富水，洞身至地表风化深度大于270米，夹层厚度约25米，横向延伸长度约2.3公里，夹层物质为全风化花岗岩夹辉绿岩、闪长玢岩，呈砂状、土状。通过探明的软弱带性状分析，结合正洞DK96+505处涌泥软弱带大断面帷幕注浆的处理经验，为迂回通过软弱带后开辟正洞施工工作面，确保工期，研究了在迂回导坑内采用"全断面帷幕注浆＋大管棚超前支护"方式对该软弱带进行处理。

左侧迂回导坑实施全断面超前帷幕注浆预加固及大管棚超前支护工程处理措施后，开始掘进施工。2010年3月28日，迂回导坑开挖进入软弱带7.5米时，再次发生多次间歇性、规模不一的突水涌泥，涌泥总量约1.8万立方米，导致150米长迂回导坑被涌泥全断面充填，100米长正洞被涌泥半断面或全断面充填；原地表塌陷区坑底再次发生坍塌沉降，漏斗加深约15米。根据左侧迂回导坑帷幕注浆后的钻孔取芯检查情况及开挖揭示情况，软弱夹层中总体注浆效果较好，但由于闪长玢岩黏性较高，局部注浆效果不佳，在动水作用下，注浆盲区松散物质逐渐淘蚀并管涌，导致注浆加固体整体破坏。

左侧迂回导坑涌泥发生后，针对正洞预加固方案，开展了帷幕注浆加固、旋喷注浆加固、冻结法等多方案研究及比选，并从工程准备体系、围岩加固体系、衬砌结构体系、施工技术试验、施工技术专题研讨会等方面进行深入研究，最后确定DK96+505软弱带处理采用以"水平旋喷注浆与管棚超前支护相结合"为主的预加固方案。

施工过程中，原铁道部建设司和工管中心等有关领导在施工现场组织参建各方召开专题会议。会议进一步明确梁山隧道L7软弱带加固方案、2#斜井工区平导和1#斜井工区右侧迂回导坑方案实施的可行性。为确保隧道通过L7软弱带工程措施和结构安全的可靠性，还联合高校对该软弱带施工加固方案及运营期间的安全性进行多工况检算，并结合现场施工进展及安全性验算报告，停止了右侧迂回导坑的施工，将其仅作为永久泄水通道。同时，对正洞"全环水平旋喷注浆＋拱墙超前大管棚"超前预加固方案进行检算研究，优化了三层衬砌结构的施工方法，进行了旋喷效果检验，制定了施工、运营期间的监测方案及施工应急预案。正洞DK96+505处L7软弱带采用"全环水平旋喷注浆预加固＋拱墙大管棚超前支护及补注浆"综合超前预加固施工方案，主要采取以下预加固措施。

（一）周边水平旋喷加固

在设计衬砌结构开挖轮廓线外拱墙范围设置4环水平旋喷注浆预加固，旋喷体厚1.55米，仰拱底部设置2环水平旋喷注浆预加固，旋喷体厚0.85米。旋喷钻孔长40米，环向外倾角2.5%，旋喷钻孔应进入软弱带对侧推测界面5米，软弱带内最小旋喷体直径500毫米，环向中心间距为0.35米，咬合设计值为0.15米；相邻环水平旋喷体中心间距0.35米，交错布置，相互咬合。

（二）掌子面水平旋喷加固

为改良正洞软弱带涌泥体，提高掌子面的稳定性及抗冲蚀能力，为未开挖段之加固圈提供预支撑，同时为加固圈末端可能设置的补旋喷加固环提供稳定施作条件。水平旋喷加固圈施工完毕后，于正洞掌子面施作水平旋喷桩加固补强。掌子面水平旋喷体旋喷钻孔至软弱带对侧基岩，最小旋喷直径500毫米，桩体布置间距1.2×1.2米，交错布置。

（三）大管棚

利用拱墙内环水平旋喷体作为管棚施作条件，在拱墙水平旋喷注浆加固圈内环拱墙范围钻设双层φ159毫米大管棚超前支护。超前大管棚采用φ159毫米钢花管（壁厚6毫米，内设钢筋笼），每根长40米，管棚进入大里程侧完整基岩不小于5米，环向间距0.3米，共设106根，压注1：1水泥浆。管棚外倾角不大于3%，同时通过钻孔检验旋喷注浆效果，对旋喷加固薄弱区针对性进行注浆补加固。

施工过程中，应对每根桩从钻孔至成桩做详细记录，内容包括施工日期、开钻时间、结束时间、旋喷压力、旋喷提升速度、桩长、注浆量等。若监测发现因遇孤石或其他异常情况引起桩位偏差，应分析计算出其偏差的位置及方向，及时补桩加固；若施工中因机械故障或其他原因停机，导致发生断桩或短桩现象，应立即重复旋喷加固或重新钻孔旋喷做补桩处理。施工过程还利用水文监测孔的残留管孔，继续对旋喷加固体内的土体进行监测，若每环水平旋喷桩施作完成后，观测水文孔内出水量，分析出水情况及范围，若判释出水点附近未形成加固帷幕，则立即进行针对性补桩处理。

（四）水平旋喷加固圈施工效果检测

为确保水平旋喷加固圈施工效果的实现，必须加强水平旋喷实施过程中的施工记录分析和实施后的效果检查，利用管棚钻孔以及旋喷体中的检查钻孔来进行效果检查。主要是通过检查孔观测法及岩芯检测法，检测其水泥结石体抗压强度、均匀性、连续性，判释旋喷加固圈的加固效果。旋喷加固效果应达到三项质量标准：桩体抗压强度平均值不小于3MPa，最小值不小于2.5MPa；检测孔及开挖后掌子面及侧壁不允许有股流；旋喷桩加固体的钻孔取芯率不小于70%。若钻孔检验旋喷效果不满足设计质量要求，则在周边补设检查孔检测确定加固薄弱区范围及情况，并视情况对加固薄弱区针对性进行补桩旋喷加固或注浆补加固，采用复合加固方式保证固结圈加固效果。具体检测及补强主要采取以下措施。

一是旋喷固结圈内检查孔检测及补强。在加固圈内上下左右均匀设置4个检查孔取岩芯检测，并分段取长度150毫米、直径不小于100毫米的岩芯进行强度试验，要求旋喷体抗压强度不小于3.0MPa，若检测未达到设计强度或旋喷体存在长度大于1米的盲区，应及时进行复旋喷补强；正洞水平旋喷桩加固圈施工完毕并达到设计强度后，施作拱墙φ159毫米超前大管棚预支护，将管棚钻孔作为检查孔，并均匀取部分检查孔为取芯孔，通过检查孔观测法及岩芯检测法，检测其水泥结石体抗压强度、均匀性、连续性，判释旋喷加固圈加固效果，并做好记录分析，若钻孔检验旋喷效果满足设计要求，即施作管棚超前注浆加固；若检查孔揭示加固薄弱区，则在周边补设检查孔检测确定加固薄弱区范围及情况，并视情况对加固薄弱区针对性进行补桩旋喷加固或注浆补加固，采用复合加固方式保证固结圈加固效果。

二是水文观测孔监测。施工完毕后，观测掌子面内水文观测孔，若出水量未达到止水要求，分析出水原因、方向及范围，若可判释加固薄弱区，则适当补桩旋喷加固或通过超前大管棚针对性补注浆加固，并做好记录。

三是开挖过程中对加固薄弱区进行超前检测验证及补强加固预案。正洞"水平旋喷注浆加固圈＋拱墙大管棚超前支护及补注浆"的综合预加固措施施工完毕后，通过多种手段进行效果检测评判，针对加固薄弱区采用补桩旋喷及补注浆结合的复合加固措施补强，并做好记录后，方可进行正洞开挖施工；正洞开挖施工过程中，对加固薄弱区进行超前钻孔检查验证，并检测其加固效果，若检测发现未达到加固效果，即视情况增设超前管棚加强支护或φ42毫米超前小导管局部补注浆加固；若开挖发现异常处，应立即停止开挖，做好封堵应急措施，对前方情况进行超前钻孔检测验证，若发现存在加固薄弱区则立即施作局部补注浆加固，必要时应先进行封堵确保安全，再行施作补加固方案；若开挖至水平旋喷加固范围20~30米段，超前探测揭示前方加固圈未达到预期加固帷幕效果，可预留5米止浆盘，于加固圈内补充施作两环拱墙水平旋喷短桩。预案设计旋喷钻孔长20米，最小旋喷直径500毫米，旋喷体抗压强度不小于3.0MPa。拱墙共设置2环水平旋喷桩179根，总长3580米。

（五）预加固方案的实施

为确保加固方案的可行性、措施的可实施性，在正洞涌泥体及右侧迂回导坑L7软弱带对水平旋喷的成桩效果、工艺、工效及可能存在的问题进行工艺性试验，主要实施工法如下。

一是涌泥体水平旋喷试验。至2010年6月底，施工共计完成13根总计559米水平旋喷桩，根据试验要求及目的，对工艺试验成桩效果，包括单桩成桩直径、群桩咬合情况（结石体固结状况，尤其是咬合重叠部位的水泥与土体的固结情况等）、桩的强度，成桩桩体沿桩长范围的变化情况进行检查，结果试桩0~25.6米的连续性较好，成桩及咬合效果较好。25.6~32.4米的连续性较差，分为咬合较好的两大部分。同时采用极限破坏方式对水泥体试件进行试验，桩长8.9~32.4米之间的试件平均抗压强度为3.2MPa。

通过工艺试验得出结论，为确保正洞L7软弱带旋喷加固效果，可通过增大喷射压力、增大喷嘴直径及适当减缓拔杆速度的调整来进一步确保桩径。在25MPa参数下,考虑到试验桩平均直径达到0.5米,建议选用0.5米作为软弱层水平旋喷桩的合理直径。为获取在软弱带类似的旋喷工艺及旋喷有效性方面的情况,根据工艺性试桩结论及建议,选取旋喷压力30MPa、浆液流量70~100L/min、拔杆速度10~20cm/min、旋转速度15r/min,在右侧迂回导坑工作室内进行水平旋喷试验,试验环境为L7软弱带,通过工艺试验,对水平旋喷工艺进行了改进。

二是正洞L7软弱带水平旋喷加固施工。按照"水平旋喷注浆加固圈＋拱墙大管棚超前支护及补注浆"的综合预加固方案,施工单位根据施工现场隧道断面大的特点,灵活采取分部弧形台架与矩形台架方法进行旋喷加固,并按照改进后的施工工艺在正洞L7软弱带进行水平旋喷施工。旋喷施工主要参数为:浆液(425普通硅酸盐水泥)水灰比1:1;旋喷压力30~35MPa;拔杆速度15cm/min;浆液流量70~100L/min;旋转速度15r/min。

梁山隧道正洞L7软弱带水平旋喷分为上、下断面及隧底三部分进行加固。加固圈内拱墙4环、隧底2环水平旋喷共计477根,总长19080米;掌子面补强共设置水平旋喷体105根,总长4200m;旋喷加固长度均为40米/根;至2011年8月14日全部完成水平旋喷582根。拱墙加固圈内设置2层Φ159管棚,管间距0.3m,每层管棚均为106根,40m/根,第一层拱墙管棚106根与第二层管棚拱部56根已经施工完成。

(六)掌子面预加固效果检测

梁山隧道1#斜井正洞L7软弱带掌子面水平旋喷加固,检测完成19个孔内成像孔及9个取芯孔,加固圈外取芯孔2个,成像孔2个。

至2011年5月,完成上半断面孔内成像检验孔8个,取芯孔5个,下半断面孔内成像检验孔2个;至2011年9月,完成隧底孔内成像检验孔5个,取芯孔2个;至2011年11月,完成水平旋喷加固圈外取芯孔2个;至2012年1月,完成下半断面孔内成像检验孔4个,取芯孔2个;至2012年2月,完成水平旋喷加固圈外成像孔2个,局部取芯。主要检验手段为:取芯检测;孔内成像;管棚钻孔记录分析;水文对比。通过上述手段获取的资料,对实施的水平旋喷加固圈进行强度、连续性、水文特征等进行分析检验。取芯检测主要作用为抗压强度及旋喷体连续性验证,并辅以钻孔记录进行水文特性分析、加固范围检验;抗压强度检测在9个取芯检测孔中对其中5个孔的芯样进行了强度检验,检验方式分别为强度试验及点荷载试验,根据强度检验资料显示,各孔芯样抗压强度测试均达到并超过3.0MPa;

检测孔的渗漏水情况检测是根据9个取芯孔的观测记录,各取芯孔无明显出水情况,只有少量渗水,无连续股水流出,满足检测孔及开挖后掌子面及侧壁不允许有股流的设计要求;芯样采取率是对9个孔进行了取芯检测,在0~23.5米范围各孔芯样采取率达到80%~85%,在23.5~32.5米范围各孔芯样平均采取率为50%~60%,32.5米以后基本均进入岩质地段,采取率达到80%~90%,平均取芯率基本达到70%,基本满足旋喷桩加固体的钻孔取芯率不小于70%的设计要求。

3. 环境选线

坚持高速铁路环境选线，是实现高速铁路与区域环境可持续协调发展的关键。所谓环境选线是一个综合性概念，并非单纯指环保选线，而是涵盖自然环境、社会环境、人文环境、经济环境等多个方面。其应当遵循的一般原则为：强化高速铁路与区域、城市规划的协调，避免对人文景观、自然景观、文物古迹以及民族文化遗产造成破坏，注重对自然资源和生态环境的保护等。

高速铁路的环境影响因素，主要是噪声污染与振动。其中，噪声包括列车运行的集电系噪声、车辆上部空气动力噪声，以及车辆下部车轮与轨道接触摩擦产生的振动噪声。另外，在施工阶段，还存在沿线原生态破坏、路基爆破、桥梁隧道施工等影响因素。对此，高速铁路选线设计应充分考量噪声等因素对周边环境的影响，尽量避开对噪声和振动敏感的区域，例如军事保密区、居民区、风景名胜区、生态环境保护区、教学区等，以此降低对周边复杂环境的负面影响。

4. 效益选线

投资的目的在于获取最大效益。线路走向方案和车站布点需进行科学合理、实事求是的经济分析，与经济效益紧密挂钩，尽可能让线路途经重要的政治和经济据点。要在实现路线最短、线路顺直、运行时间最短、工程投资最省的同时，满足高速运行要求并节约建设维养成本。例如北京至上海（京沪）高速铁路安徽省宿州市（地市级）路段，针对高速铁路线路是否绕经宿州市区，以及宿州设站到市区的距离问题，对大店西、大店东、经宿州三个方案进行了技术经济比较。综合比较得出以下结论：大店东方案相较于经宿州方案，路线更顺直，线路里程短 13 公里，工程投资节省 3.6 亿元；相较于大店西方案，线路里程短 1.1 公里，工程投资节省 0.7 亿元。同时考虑到宿州至大店公路交通便利，且宿州市本身客流量不大，普通铁路列车在高速铁路建成后仍正常运行。因此，为缩短线路长度、运行时间并节省工程投资，择优选用了大店东路线走向方案。

5. 综合选线

在高速铁路选线过程中，必须坚持综合选线原则，特别是在地质条件复杂的山岭峡谷地区以及经过社会敏感地区进行选线设计时。首先，要针对跨越峡谷河流的高墩大跨特殊结构桥梁、穿越山岭的长大隧道等重难点工程开展多方案比选，让重难点隧道、桥梁工程处于工程地质、环境条件较为理想的线路位置。在重视环境选线与地质选线的同时，还需综合考量线路功能、工程投资、安全节能、城镇规划等因素，以实现线路功能完备、技术经济合理、环境影响最小、综合效益最佳，并契合地方发展需求。此外，要着重关注工程选线，充分考虑重难点工程的组织实施，确保各项工程布局合理、风险可控，保障施工和运营安全。

我国《高速铁路设计规范》规定了高速铁路综合选线设计应遵循以下六个原则：①符合铁路网规划，与城市总体规划及其他交通方式、农田水利和其他工程建设相协调，做到布局合理；②行经主要城市以吸引客流、方便旅客出行；③符合环境保护、水土保持、土地节约及文物保护的要求；④绕避各类不良地质体，无法绕避时应在详细地质勘察的基础上，结合特殊岩土、不良地质的特征，做好工程整治措施，保障运营安全；⑤结合地形地质条件，优化线路平、纵断面，减少拆迁工程量，合理确定工程类型，统筹考虑边坡防护及防排水工程，做好工程方案比较；⑥考虑既有交通走廊、高压电力线、重要地下管线、军用设施及易燃、易爆或放射性物品等危险物品的影响。

三、高铁选线设计技术标准

铁路主要技术标准，是指对铁路通过能力、输送能力、工程造价、运营安全、经济效益，以及选定其他有关技术条件有显著影响的技术标准和设备类型。我国目前高速铁路、客运专线的主要技术标准涵盖铁路等级、设计速度、正线数目、正线线间距、最大坡度、最小曲线半径、到发线有效长度、列车运行控制方式、调度指挥方式和最小间隔时分。高速铁路通常修建在客运量较大的地区，列车开行方式要求实现高密度、小编组、安全、准时、快速，按一次修建双线铁路进行设计。下面主要阐述高速铁路线形的线路平面与纵断面技术标准。

1. 线路平面与纵断面设计基本要求

一是必须确保行车过程中不发生断钩、不脱轨、不中途停车、不运行迟缓等情况，同时满足乘客乘车舒适性要求，保障安全与行车平顺。

二是要综合考量工程和运营的基本需求，既要减少工程数量、降低工程造价、节约运营成本，又要为施工、运营、维修创造有利条件。从降低工程造价的角度来看，线路若能顺地面爬行较为理想，但这样线路起伏弯曲过度，会给运营带来困难，致使运营成本增加；从节约运营成本的角度出发，线路越平直越好，然而这必然会增加工程数量，提高工程造价。所以，在设计时必须依据设计线路的特点以及设计路段的具体状况，正确处理好这两者之间的矛盾。

三是既要满足各类建筑物的技术要求，又要确保它们之间协调配合、总体布置合理。高速铁路沿线需修建车站、桥梁、隧道、路基等大量建筑工程，线路平面和纵断面设计不仅关系到这些建筑工程的类型选择与工程数量，还会影响其安全稳定性及运营条件。因此，在设计时，不但要考虑各类建筑物对线路的技术要求，还要从整体上保证它们相互协调、布置合理，符合平面、纵、横技术标准。

2. 线路平面设计要点

线路平面组成与线形要求：线路平面由直线、圆曲线、缓和曲线组成；对于双线、多线铁路，还需要考虑线间距及线间距加宽问题。铁路车辆导向轮旋转时，与车身纵轴在平面上反映出三种关系，即角度为零、角度为常数和角度为变数三种状态，各自对应不同的行驶轨迹线与曲率。

平面线形应满足列车运行轨迹的以下特点：一是列车运行轨迹应当连续且圆顺，在任何一点都不出现中断、错头和破折等情况；二是曲率连续，运行轨迹上任意一点不会出现直弯、折角，也不会出现两个不同的曲率值；三是曲率的变化率连续，轨迹上任意一点不会出现两个不同的曲率变化率值。

满足上述三个条件的线路平面，是由曲线和与之相切的直线组成，且由圆曲线和缓和曲线构成的曲率连续的曲线线路。我国高速铁路推荐的设计速度分别为350公里/小时、300公里/小时、250公里/小时。工程和运营实践表明，当客运专线的中速列车和高速列车的速度之比小于0.6时，会增加基础工程建设投资，降低铁路输送能力。设计线路各路段坡度不同，列车通过速度也不同。在坡度陡峻的困难地段，上坡时速度受动车组动力制约，下坡时速度受动车组制动限制。在平原微丘地区，曲线半径大小通常对工程量影响不大，为创造良好运营条件、节省运营费用，应选定较大的最小曲线半径。以福建省宁德市山岳地区为例，其地形复杂，曲线半径大小对工程量影响显著。在紧坡地段，若选定较小的最小曲线半径，虽能适应地形、减少工程数量，但不利于行车速度提升和行车安全；而曲线半径过大，坡度减缓则会导致线路额外展长，进而增大工程数量和工程投资。

工程和运营实践证明，最小曲线半径不仅影响行车安全、旅客舒适度等行车质量指标，还影响行车速度、运行时间等运营技术指标，以及工程投资、运营支出和经济效益等经济指标。曲线半径过小，不但会限制行车速度，还会增加运营支出和线路维修工作量。最小曲线半径应根据铁路等级、路段旅客列车设计行车速度和工程条件进行比选确定，且不得小于高速铁路线路设计规范规定的值。

3. 平面曲线半径技术标准

高速铁路平、纵断面设计应重视线路空间曲线的平顺性，符合旅客乘坐舒适度的要求。我国高速铁路平面曲线半径在《高速铁路设计规范》（TB10621-2014J1942-2014）规定如下。

设计速度350公里/小时最小值为：有砟轨道一般地段5000米、

困难地段 4500 米；无砟轨道一般地段 5000 米，困难地段 4000 米；最大值 12000 米。

设计速度 300 公里/小时最小值为：有砟轨道一般地段 3500 米，困难地段 3000 米；无砟轨道一般地段 3200 米、困难地段 2800 米；最大值 12000 米。

设计速度 250 公里/小时最小值为：有砟轨道一般地段 3500 米，困难地段 3000 米；无砟轨道一般地段 3200 米，困难地段 2800 米；最大值 12000 米。

4. 纵断面设计技术标准

高速铁路线路纵断面，是沿着铁路中心线竖直剖切然后展开所形成的形态。由于自然因素的影响以及经济性要求，线路纵断面呈现为一条有起伏的空间线，由长度不同、陡缓各异的坡段组成。纵断面设计线由直线和竖曲线构成，直线分为上坡和下坡，通过坡度和坡段水平长度来体现。在直线的坡度转折处，为实现平顺过渡，需要设置竖曲线。根据坡度转折形式的不同，竖曲线分为凹形和凸形，其大小通过半径和水平长度来表示。

为使纵断面设计经济合理，应在全面掌握勘测资料的基础上，结合选（定）线的纵坡方案，经过综合分析、反复比较，确定合理的纵断面设计方案。纵断面设计的总体要求为：①满足高速铁路设计规范的规定。②保证车辆能以一定速度安全、平稳地行驶。纵坡应具有一定的平顺性，起伏不宜过大且不宜过于频繁。尽量避免采用极限纵坡值，合理安排缓和坡段，不宜连续采用极限长度的陡坡夹最短长度的缓坡。

在连续上坡或下坡路段，应避免设置反坡段，越岭线垭口附近的纵坡应尽量缓和一些。③对沿线地形、地貌、地质、水文、气候以及地下建筑物、排水等进行综合考虑，视具体情况处理，以确保线路的稳定。④考虑线路纵坡设计的填挖平衡，尽量将挖方运至就近路段填方，以减少借方和废方，降低造价并节省用地。⑤对于海域滩涂、地下水、池塘、湖泊等分布较广的平原微丘区，除应满足最小纵坡要求外，还需满足最小填土高度要求，以保证路基稳定。⑥对于连接段纵坡，如大中桥引线及隧道两端接线等，纵坡应和缓，避免产生突变，以减轻过渡段的动力响应，保证桥梁、隧道的稳定。⑦在实地调查的基础上，充分考虑道路、农田水利等方面的要求，设计合理的纵断面。

高速铁路最大坡度是具有全局性意义的铁路主要技术标准。它对设计线路的通过能力、输送能力、工程投资、运营费用，以及运输质量有着重要影响，有时甚至能决定线路的走向。最大坡度应依据铁路等级、地形类别、牵引种类和运输要求，同时考虑与邻接铁路牵引定数的协调性，经过全面分析与技术经济比选后，慎重确定，且其值不得大于高速铁路设计规范所规定的数值。

高速铁路最大坡度技术标准如下：高速线路纵断面区间正线的最大坡度不宜大于20‰，在困难条件下经技术经济比较后不应大于30‰；动车组走行线的最大坡度不宜大于30‰，困难条件下不应大于35‰。当动车组走行线的最大坡度大于30‰时，宜铺设无砟轨道。

正线宜设计为较长的坡段。一般条件下，最小坡段长度不应小于900米；困难条件下，不应小于600米；列车全部停站的车站两端，最小坡段长度不应小于400米。最小坡段长度不宜连续采用，困难条件下更不应连续采用。动车组走行线最小坡段长度不宜小于 200 米，且竖曲线不应重叠。根据《高速铁路设计规范》（TB10621-2014J1942-2014）5.3.3 规定：当最大设计坡度采用 15‰ 时，坡段长度不宜大于 10 公里；采用 20‰ 时，坡段长度不宜大于 6 公里；采用 25‰ 时，坡段长度不宜大于 4 公里；采用 30‰ 时，坡段长度不宜大于 3 公里。

第二节 温福高铁宁德段线路方案设计

温福高铁宁德段的线路方案设计，对于区域交通格局优化、经济发展推动意义重大。其设计布线的总体思路基于多维度的审慎权衡，力求在满足功能定位与运能需求的基础上，实现线路规划的科学性、经济性与可持续性。

在规划线路走向时，将串联沿线重点经济区域作为核心导向。通过打造顺直短捷的线路，配合合理的站点布局，不仅能有效降低工程投资，还能为后续的安全运营筑牢根基，并在建设全程贯彻环保理念。与城市总体规划的深度融合是另一关键要点，确保高速铁路途经城市时，能充分发挥吸引客流的作用，为既有线路分担客运压力，全方位提升铁路运输的竞争力与经济效益。鉴于高速铁路自身技术标准严苛、工程投资巨大的特性，在选线设计过程中，沿线复杂地形、不良地质状况以及枢纽总体规划等要素，均成为左右方案优劣的关键考量因素。不仅如此，保障选线设计方案的稳定性亦是重中之重，需全面权衡环境适应性、工程可靠性、投资合理性与社会稳定性等多方面因素，同时兼顾多方利益诉求，寻求各方利益的最大公约数，以保障项目的顺利推进与长期效益。

在整个设计过程中，始终秉持路网选线、安全选线、环保选线、地质选线和经济选线等综合选线原则。设计理念突出"以人为本"，将方便、快捷、舒适的出行体验与综合交通服务品质的提升紧密相连；同时，将"节能、节地、节水、节材和环境保护"的绿色建设理念贯穿始终，高度契合国家可持续发展战略的宏观要求。

从路网布局的宏观视角出发，温福高铁宁德段致力于扩大路网覆盖范围，充分利用既有资源。新建时速350公里的温福高速铁路与既有时速200公里的温福快速铁路相互配合，通过错位覆盖沿线城镇的创新模式，实现路网覆盖面的有效拓展，为区域交通互联互通与协同发展注入强大动力。

一、温福高铁宁德段沿线主要经济节点的分布特征

（一）区域经济分布概况

1. 宁德市

宁德市现辖蕉城区、福安市、福鼎市、霞浦县、古田县、屏南县、寿宁县、周宁县、柘荣县等9个县（市、区）以及东侨经济技术开发区，共计125个乡镇（街道办事处）。截至2023年，宁德市常住人口为315.7万人，城镇化率达59%。境内土地面积1.3452万平方公里，建成区面积120平方公里；海域面积4.46万平方公里，浅海滩涂面积

9.34万公顷，海岸线长达1046公里，约占全省海岸线长度的三分之一。区域内拥有岛、礁、沙、滩、岬角、水道等各类地貌共1215个，大小港湾29个。三都澳海域面积714平方公里，10米以上的深水水域面积达174平方公里，深水岸线长88公里，主航道水深30～115米，50万吨级巨轮可全天候自由作业，堪称建设大型物流港、储备港和中转港的天然良港。

宁德地处东南沿海，地形以山地、丘陵为主，地势呈现西、北部高，东、南部低，中部隆起的态势，大致呈"门"形的梯状地势。这里自然资源极为丰富，集"山海川岛湖林洞"于一体，涵盖了旅游资源、港口资源、矿产资源和水产资源等多个类别。

港口资源：宁德市自北至南，有20多个港湾分布于海岸线上，港口优势显著。其中，三都澳港和沙埕港极具代表性，占全福建省6处天然深水港湾的三分之一。宁德的港口按用途大致可分为三类：货运港，以赛岐港为典型代表，还包括赛岐、漳湾、沙埕、桐山、姚家屿、古岭下等；渔港和商港，如沙埕、三沙和古镇；军港，主要指三都澳港。按片区划分，可分为三都澳港区、三沙港区、沙埕港区和赛江港区等4个港区。

农林资源：宁德市气候温暖湿润，土地肥沃，为优质农副产品的生产提供了良好条件。宁德是中国重点产茶区之一，截至目前，茶园面积达94.95万亩，拥有省级以上名茶产品30多种。全市耕地保有量为219万亩，森林蓄积量4371.65万立方米，森林覆盖率达66.99%，资源环境承载力持续增强。

水产资源：宁德市海洋地理位置优越，水域常年平均水温在

11~29℃，素有"天然鱼仓"的美誉。海域内水产资源丰富，约有600多种，其中鱼类500多种，虾类、蟹类60多种，贝类70多种，藻类10多种。

水电资源：宁德市雨量充沛，水电资源十分充足。境内河流多呈西北—东南走向，形成独流诸河，较大的河流有24条。其中，最大的交溪和霍童溪两条水系的干流及其10条较大的支流，占全市流域总面积的65.5%。地下水资源约占水资源总量的14%。水能资源理论蓄存量191.64万千瓦，可开发利用装机容量131.09万千瓦，占理论蓄存量的68.87%。

矿产资源：宁德市属火山岩地带，矿产资源丰富，非金属矿储量较为可观，金属矿次之。现已发现矿产资源51种，其中已探明一定储量的有18种，主要矿种包括银、铅、锌、钨、钼、铜、高岭土、叶蜡石、伊利石、钾长岩、饰面用花岗石、矿泉水等。已探明固体矿产矿床（点）178处，具有小型规模以上矿产地9处。

旅游资源：宁德群山环绕，山川秀丽，海域辽阔，岛屿星罗棋布，融合"山、海、川、岛"的旅游资源极为丰富。境内屏南白水洋鸳鸯溪、福鼎太姥山先后荣膺国家5A级景区；周宁县九龙漈鲤鱼溪、福安白云山分别成功创建4A级景区。目前，宁德市拥有1个世界地质公园，3个国家级风景名胜区，1个国家湿地公园，6个省级风景名胜区，9个A级景区其中4A级景区3个，2个国家农业观光旅游示范点。

生态资源：宁德地处东南沿海，属中亚热带海洋性季风气候，雨水充沛，四季分明，海洋性季风气候特征明显，沿海和内陆温差较大，气候类型多样。年平均气温15.7~20.3℃，平均年降水量1508~2680

毫米，年日照时数1211.4~1517.9小时。全市生态环境质量保持优良水平，空气污染指数API平均为51，优良天数比例达100%；饮用水水源地水质达标率100%；交溪、霍童溪、古田溪、闽江段、敖江双口渡水质状况良好，功能达标率为100%。

2. 蕉城区

蕉城区作为宁德市委、市政府的驻地，地理位置优越，地处鹫峰山南麓、三都澳之滨。其东与霞浦县隔海相望，东北与福安市相连，北接周宁县，西倚屏南县、古田县，南邻福州市罗源县。区域经纬度范围介于东经119°8′30″~119°51′、北纬26°30′36″~26°58′之间，东西宽70公里，南北长50公里，土地面积达1537.17平方公里，海岸线总长211公里，海域总面积280平方公里。

蕉城区下辖11镇3乡2街道办事处以及1个省级开发区（三都澳经济开发区）。作为闽东地区的政治、经济、金融、文化、信息与交通中心，也是海峡西岸经济区东北翼中心城市核心区和环三都澳区域中心城市核心区，蕉城区凭借其兼具"山、海、川、岛"特色的旅游风光，成为一座适宜人居的港湾城市，并以闻名世界的天然深水良港三都澳而享誉国内外。

在经济发展方面，2024年蕉城区实现地区生产总值1286.35亿元。分产业来看，第一产业增加值43.50亿元，第二产业增加值834.65亿元，第三产业增加值408.20亿元，三大产业结构比为3.4∶64.9∶31.7。从增长趋势来看，近年来蕉城区经济持续发展，产业结构不断优化升级，第二产业在经济总量中占比较大，且工业等领域发展迅速，为区域经济增长提供了强劲动力；第三产业发展态势良好，占比逐渐提升，在经济发展中的地位日益重要。

人口方面，截至2023年，全区常住人口数为64.6万人，其中城镇人口数为47.1万人，城镇化率达到70.05%，相较于以往，城镇化进程稳步推进，城镇人口规模持续扩大，城镇化率呈上升趋势，反映出蕉城区在城市建设和发展过程中，对人口的吸纳和集聚能力不断增强。

3. 福安市

福安市，地处福建省东北部，是由宁德市代管的县级市。其坐落于鹫峰山脉东南坡，太姥山脉西南部以及洞宫山脉东南延伸部分，总面积达1880平方公里。福安市东邻柘荣县、霞浦县，西连周宁县，北接寿宁县，南接宁德市。2019年3月，福安市被列入第一批革命文物保护利用片区县名单；同年11月，获评"四好农村路"全国示范县，同时成为全国农民合作社质量提升整县推进试点单位。

福安市的白马港为国家一类开放口岸。原有泊位23个，年货物通过能力约613万吨，旅客运送量达3万人次。自2012年起，陆续新建了鼎信3.5万吨级专用码头和铭可达3万吨级物流码头，进一步提升了港口的吞吐能力。交通网络方面，沈海高速公路和温福铁路横贯福安市南部沿海区域，宁上高速公路、福寿高速公路，以及沈海高速复线分别穿过西部、北部区域，并在城区交会，为区域内外的交通往来提供了极大便利。

经济数据显示，2024年福安市全年地区生产总值（GDP）达到918.7亿元，同比增长9.3%，经济发展态势强劲。分产业来看，第一产业增加值为64.54亿元,增长3.8%,农业基础稳固,在保障粮食安全和农产品供应方面发挥着重要作用;第二产业增加值达568.84亿元,增速高达13.6%,成为拉动经济增长的主要动力,其中不锈钢新材料产业全年完成产值2200亿元,增长8.7%,规上工业总产值达2505亿元,增长7.6%,工业用电量115亿千瓦时,居全省第二;第三产业增加值为285.33亿元,增长2.0%,在消费市场、服务业等方面稳步发展,为经济增长提供有力支撑。三大产业结构比为7.0∶61.9∶31.1。

人口方面,截至2024年初,福安市常住人口为59.9万人,城镇化率达到67.79%,城镇人口40.6万人,乡村人口19.3万人。户籍人口数为67.2072万人,其中男性35.4384万人,女性31.7688万人。

4. 霞浦县

霞浦县,隶属于宁德市,地处福建省东北部、台湾海峡西北岸,曾长期作为闽东的政治、经济、文化中心。这里是中国东南沿海海峡西岸经济区东北翼的重要港口城市,是经中华人民共和国国务院批准的沿海经济开放县,也是福建最早开放的对台贸易口岸,素有"闽浙要冲""海滨邹鲁"的美誉,更以"中国海带之乡""中国紫菜之乡"闻名遐迩。

霞浦县呈半岛型沿海区域,山海资源极为丰富,东南港湾众多,主要涵盖"两洋三湾四港",即东吾洋、官井洋,三沙湾、福宁湾、牙城湾,三沙港、东冲港、吕峡港、盐田港。全县陆地面积为1716平方公里;海域面积为29592.6平方公里,占全省的21.76%;海岸线长达505公里,占全省的八分之一;拥有海洋渔场28897平方公里,占全省的30.17%；浅海滩涂696平方公里，占全省的23.76%；大小岛屿400多个，深水岸线60.6公里，可建造1万~50万吨码头泊位183个，这些数据均位居福建省各沿海县（市）首位。尤其是溪南、三沙、北壁等乡镇，拥有宝贵的天然深水岸线以及充裕的土地后备资源，在发展石化加工、船舶修造、能源生产等重化产业方面具备显著优势。

在经济发展方面，2024年霞浦县全县地区生产总值达382.37亿元，同比增长2.1%。分产业来看，第一产业稳步增长，增加值为74.24亿元，增长4.3%。其中渔业产值155.36亿元，同比增长3.2%。农业产值18.82亿元，同比增长3.5%。畜牧业产值4.42亿元，同比下降6.2%。林业产值1.97亿元，同比增长6.6%。农林牧渔服务业产值2.34亿元，同比增长5.4%；第二产业增加值为82.37亿元，增长3.8%，不过从规模以上工业总体情况看，全县23个行业大类有8个行业增加值同比增长，其中6个行业增加值同比增速在两位数以上，占比较大的锂电新能源及水产品加工业分别下降15.8%、15.4%；第三产业增加值130.68亿元，下降0.9%。三大产业结构调整为19.4∶21.5∶59.1。

在居民收入方面，根据宁德市2024年国民经济和社会发展统计公报相关数据趋势估算，结合霞浦县自身经济发展态势，2024年霞浦县城镇居民人均可支配收入约为46511元（参考全市城镇居民人均可支配收入增长趋势），农村居民人均可支配收入约为26396元（参考全市农村居民人均可支配收入增长趋势）。

人口方面，截至2024年初，霞浦县常住人口数约为47.5万人（户籍人口约60.3万），城镇化率约为62.5%（根据近年来城镇化发展趋势估算），城镇常住人口约为 29.7 万人。

5. 柘荣县

柘荣县，作为福建省宁德市下辖的内陆山区县，位于福建省东北部。其东接福鼎，西连福安，北邻浙江省泰顺县，南靠霞浦。县域面积 538 平方公里，山地面积广阔，达 509.16 平方公里，占全县总面积的 94.6%。境内峰峦叠嶂，地势起伏较大，最高点东山顶海拔 1480 米，平均海拔约 600 米（城关海拔 680 米）。柘荣县是国务院批准对外开放的全国 55 个县市之一，也是国家级生态示范区，享有"中国太子参之乡""中国民间文化艺术之乡（剪纸）""中国长寿之乡"等诸多美誉。

在历史沿革方面，柘荣县在宋、明、清及民国时期，皆属福宁府霞浦县管辖。1945 年 10 月 1 日，柘荣县正式设置。此后，其建制历经多次调整：1956 年 8 月 12 日，柘荣县建制撤销；1961 年 10 月 15 日，恢复县建制；1970 年 7 月 1 日，建制再次裁撤；1975 年 3 月 15 日，最终恢复县建制并延续至今。

经济数据显示，2023 年，柘荣县经济呈现稳健发展态势。全年地区生产总值达到 86.99 亿元。从产业结构来看，第一产业增加值为 10.38 亿元，增长 4.1%，主要得益于当地特色农业的稳步发展，如太子参等特色农产品的种植规模与品质不断提升；第二产业增加值为 33.81 亿元，不过由于产业结构调整、市场竞争等因素，出现了 6.1% 的下降；第三产业增加值为 42.80 亿元，增长 5.6%，其中商贸、旅游等服务业发展迅速，为经济增长注入了新活力。

人口方面，截至 2024 年初，柘荣县常住人口稳定在 9.2 万人，其中城镇常住人口 5.9 万人，常住人口城镇化率为 64.2%。尽管县域面积不大、人口总量较少，但柘荣县在经济发展、文化传承、生态保护等方面积极探索，走出了一条具有自身特色的发展之路，未来发展潜力巨大。

6. 福鼎市

福鼎市，作为福建省宁德市代管的县级市，地理位置优越，地处福建省东北部。其东南濒临东海，东北接壤浙江省苍南县，西北毗邻浙江省泰顺县，西与柘荣县相连，南和霞浦县相接。福鼎市陆地面积 1526.31 平方公里，海域面积广袤，达 14959.7 平方公里，拥有长达 432.7 公里的海岸线。行政区划方面，福鼎市辖 16 个乡镇、街道办事处以及 1 个开发区，共计 281 个村（居）民委员会。

经济数据显示，2024 年福鼎市经济发展态势良好，全年实现地区生产总值 596.36 亿元，同比增长 5.9%。从产业结构来看，第一产业增加值为 83.27 亿元，增长 2.9%，对 GDP 增长的贡献率为 6.3%，拉动 GDP 增长 0.4 个百分点。在农业领域，全年农业产值 38.98 亿元，增长 4.0%，其中特色农产品如福鼎白茶产业持续发展，茶产业综合产值超 150 亿元，福鼎市上榜全国茶业重点县域、茶业践行新质生产力县域、胡润国茶百亿县；林业产值 3.66 亿元，增长 6.0%；牧业产值 2.78 亿元，下降 12.2%；渔业产值 98.92 亿元，增长 3.2%；农林牧渔服务业产值 1.43 亿元，增长 5.3%。第二产业增加值为 303.10 亿元，增长 9.7%，对 GDP 增长的贡献率高达 87.9%，拉动 GDP 增长 5.2 个百分点。规上工业增加值前九大行业中，有 6 个行业增速同比增长，电力、热力生产和供应业增长4.4%，计算机、通信和其他电子设备制造业增长115.3%，橡胶和塑料制品业增长3.1%，黑色金属冶炼和压延加工业增长101.9%，金属制品业增长2.4%，铁路、船舶、航空航天和其他运输设备制造业增长38.6%。"3+X"先进制造业体系不断完善，省级工业龙头企业数量居宁德首位，福鼎时代5号超级工厂动工建设，锂电配套供应商增加至35家，锂电新能源入选省级县域重点产业链。第三产业增加值为209.99亿元，增长1.0%，对GDP增长的贡献率为5.8%，拉动GDP增长0.3个百分点。在旅游方面，太姥山、牛郎岗等景区提档升级，茶BA、太姥山洞道穿越等赛事活动火热，全市新增4A级景区1个，太姥山获评全国优秀文旅景区，福鼎入选中国十大茶旅目的地、中国县域旅游发展潜力百强县（市）。现代服务业与先进制造业融合发展，沙埕港冷链物流建成投用，云鼎时代广场、羽润环湾大酒店开始营业，全年新增限上商贸企业21家，普惠型小微企业贷款余额居宁德第一。

在人口方面，截至2024年初，福鼎市常住人口为56.8万人，城镇化率达到66.15%，城镇人口37.57万人，乡村人口19.23万人，户籍人口60.2688万人，其中男性31.1958万人，女性29.073万人。

（二）重点区域交通网络构成

1. 福安市赛岐镇区域交通网络

赛岐镇隶属于福建省宁德市福安市，地处闽东地理中心，距福安市城区11公里。它是闽东交通枢纽，也是闽东最大的建制镇，是闽东发展外向型经济的重要窗口,更是环三都澳经济圈的关键组成部分。赛岐镇镇域面积78.6平方公里,其中陆地面积73.5平方公里,海域面积5平方公里。全镇辖7个社区、24个行政村。截至2023年,常住人口总数为54511人。此外,赛岐镇还拥有一个省级经济开发区——闽东赛岐经济开发区。

赛岐镇地理位置优越,交通网络发达。沈海高速公路、宁上高速公路穿境而过;国道228线、国道353线、国道237线在此交会,为区域内外的交通往来提供了极大便利。

赛岐镇的港口资源优势显著。其下游的白马港,长2.9公里,宽2至4公里,深20至40米,可容纳万吨级轮船进出,是天然的避风良港。水域面积达5508万平方米,海岸线长60公里,素有"黄金水道"之称。通过水路,从赛岐出发,至上海438海里,至沙埕港92海里,至福州港94海里,至香港554海里,在区域水运体系中占据重要地位。

2. 霞浦区域交通网络

霞浦区域现有及规划建设的交通运输情况如下。

铁路:已建成温福铁路,设计速度200公里/小时,采用客货混运模式。规划中的城际铁路将缩短与周边城市的时空距离;白马铁路支线信息暂未公开,预计与港口、产业园区衔接,促进货物运输;温福高铁也在规划中,大概率沿既有温福铁路线路,从福鼎经霞浦至宁德市区,建成后将提升霞浦的交通地位。

公路:沈海高速公路已通车,是国家高速网干线,贯穿霞浦南部沿海。宁上高速公路宁德霞浦至福安段正在建设,路线起于霞浦县东冲半岛下浒镇赤壁岙村,终于福安湾坞枢纽互通式立交,全长约39.8公里,采用双向四车道高速公路标准,设计速度为100公里/小时。沈海高速公路复线已建成,提升了区域的高速通行能力。国道228线和353线在霞浦交通中起着重要作用,其中,国道228线霞浦段部分路段正在建设,如梅花(福鼎界)至古镇段全长约7.9公里,采用二级公路标准;三沙石头鼻至沙江沙塘里段全长约20.6公里,采用一级公路标准。

港口:霞浦拥有众多天然良港,已建成1万～50万吨级深水泊位超180个,是发展临港产业和对外贸易的重要依托,通过完善的集疏运体系与铁路、公路实现无缝衔接。

航空:水门军民两用机场处于规划建设阶段,建成后将提升区域航空运输能力,促进旅游业及相关产业发展,加强与国内外城市的联系。

3. 柘荣区域交通网络

柘荣作为宁德市的内陆山区县,交通网络建设对其发展意义重大。目前,已形成以公路为主,连接周边的交通格局。

公路是柘荣交通的核心。沈海高速复线(G1523甬莞高速)穿境而过,让柘荣融入全国高速网,方便特色农产品、工业制品运输,也利于游客往来,推动产业发展。104国道承担大量客货运输,稳固了与区域内及福鼎等邻县的交流。省道201(联7线)从霞浦经柘荣城关通往浙江泰顺,拓展了对外通道。霞浦经柘荣至浙江景宁的高速公路也在规划中。

铁路方面,柘荣尚无建成铁路,但温福高铁规划带来机遇。若赛岐设站,柘荣城关距该站高速里程约52公里,距霞浦高铁站(柏洋乡)

约 20 公里，未来有望借此连接长三角、珠三角。

航空上，柘荣虽无本地机场，但通过公路与约 130 公里外的温州龙湾国际机场、约 160 公里远的福州长乐国际机场实现"空陆联运"。此外，柘荣城关距福鼎动车站，104 国道里程约 28 公里，高速约 25 公里，出行方式有多元化选择。柘荣交通网络不断完善，正打破山区发展瓶颈，助力区域经济发展与民生改善。

温福高速宁德段途经的行政区域包括宁德市（地级市），以及蕉城区、福安市、福鼎市、霞浦县、柘荣县（县级行政单位，蕉城区属市辖区）。福鼎至宁德的航空线路呈东北—西南走向。柘荣县城和福安市区位于航空线西侧，柘荣县城中心距航空线 14 公里，福安市区中心距航空线 22 公里；霞浦县城则在航空线东侧，县城中心距航空线约 19 公里。这三座城市在航空线两侧呈三角形分布。

总之，在温福高速规划中，需重点考虑多种控制因素，如设站区域的海拔、线路最大坡度限制，交溪和赛江等主要河流的跨越，特长隧道与高桥墩的建设，以及既有温福铁路站点的改扩建等。

二、温福高铁宁德段路线平、纵面方案设计

（一）拟推荐主要技术标准

高速铁路选线研究是一项极为关键的工作，其总体设计与选线质量，对项目的工程规模、投资成本、建设难度、安全环保水平及运营维护状况，有着直接影响。诸多因素会左右线路方案的制定，涵盖政

治、经济、国防、城乡规划、生态环境、客流分布,以及对快速、便捷、安全、舒适出行体验的考量,此外还包括地形地貌、不良地质条件,以及线路短顺直缓等技术指标。

在高速铁路选线与方案比选时,需秉持综合规划、地质适配、环保优先、安全可靠的原则,同时兼顾沿线的政治经济要点。理想的线路应尽量避开地形高程障碍,串联经济带中客流量大的城市,还应能为既有温福铁路分流或拓展客运能力。在满足线路功能定位、运能需求,确保列车达速运行的前提下,线路在串联沿线重要经济节点的同时,应力求短顺,实现最优选线。

推荐新建温福高铁设计时速为350公里,主要技术标准如表5.1所示。

表5.1 新建温福高铁主要技术标准推荐

序号	主要技术标准	推荐意见	序号	主要技术标准	推荐意见
1	铁路等级	高速铁路	6	最大坡度	一般20‰,困难25‰
2	设计速度	350公里/小时	7	到发线有效长度	650米
3	正线数目	双线	8	列车运行控制方式	自动控制
4	正线线间距	5.0米	9	调度指挥方式	调度集中
5	最小曲线半径	一般7000米,困难5500米	10	最小行车间隔	按3分钟设计

在我国高速铁路建设中,正线平面曲线半径的设计需遵循严格规范。选线设计时,应根据实际地形条件,合理选用与设计速度适配的平曲线半径。在难以绕避的困难地段,需对曲线半径最小值开展技术经济比选后,再行采用。具体标准如表5.2和表5.3所示。

表 5.2　平曲线半径表

设计速度/公里/小时			350	300	250
最小值/米	有砟轨道	一般	7000	5000	3500
		困难	6000	4500	3000
	无砟轨道	一般	7000	5000	3200
		困难	5500	4000	2800
最大值			12000		

注：困难最小值应进行技术经济比选后采用；车站两端减、加速地段的最小曲线半径应结合行车速度曲线合理选用。

表 5.3　缓和曲线长度表

设计速度/公里/小时			350	300	250
最小值/米	有砟轨道	一般	7000	5000	3500
		困难	6000	4500	3000
	无砟轨道	一般	7000	5000	3200
		困难	5500	4000	2800
最大值			12000		

注：困难最小值应进行技术经济比选后采用；车站两端减、加速地段的最小曲线半径应结合行车速度曲线合理选用。

（二）路线平面方案设计

1. 路线走向方案

温福高铁从福鼎至宁德之间，主要研究了以下三个路线走向方案。

山区方案Ⅰ（北线，方案Ⅰ）：从既有浙江苍南站出发，新建柘荣高铁站（坐落于柘荣城关北侧），再新建福安南站（福安溪北洋），终点为宁德站。该方案在福鼎区域不设站点。

山区方案Ⅱ（中线，方案Ⅱ）：起点为福鼎站并站，随后新建霞浦西站（位于柏洋乡），接着新建福安东站（赛岐镇象怀村），最后到达宁德站。

沿海方案（南线，方案Ⅲ）：线路从既有温福铁路福鼎站引出并站，途经霞浦站并站，之后新建福安东站（选址于赛岐镇泥湾村），最终抵达宁德站。

2. 路线走向方案分析

（1）沿海方案（方案Ⅲ，推荐方案）。

线路走向：线路从福鼎站引出，基本沿既有温福铁路走向铺设引线，接入既有温福动车站。为充分利用既有站点资源，福鼎、霞浦、宁德等既有温福铁路车站均采用改扩建方式。考虑到太姥山站客流量较少，现有车站能满足中短途客流需求，且绕行距离较长，因此自福鼎站并站后，线路设计一条12.02公里的特长隧道，穿越太姥山脉，之后直达福鼎市点头镇，再与霞浦既有温福站并站，设置高速场。此外，也可在距离既有温福动车站以南约8公里的崇儒乡江边村，设立霞浦高铁北站。线路继续向西延伸,在赛岐镇泥湾村附近设立福安高铁东站。该站点靠近长岐村拟建的G228长岐互通立交，立交主线为宁上高速公路。福安高铁东站距福安市甘棠镇约4.5公里，距福安市区宁上高速公路约19公里，距宁上高速赛岐收费站约8.8公里，距温福铁路福安动车站及沈海高速湾坞收费站约10公里，能有效覆盖赛岐—甘棠组团及福安市区的客流。

工程规模：该方案起点桩号为A3K107+000，终点为宁德站，桩号A3K216+030，线路全长109.03公里。其中，桥梁长度18.89公里，隧道长度81.91公里，桥隧总长度100.30公里，桥隧比达91.8%。重点工程为12.02公里的特长隧道，静态投资159.96亿元。

站点设置：(1)福鼎站（接轨站）。采用既有站并站方案，在既有站西侧设置高速场。车站北侧引线时，需迁建货场、综合工区等既有铁路设施。该方案可与既有铁路共用通道，充分利用既有铁路资源，实现土地的高效利用。(2)霞浦高铁站。位于霞浦县崇儒乡江边村，距既有温福动车站约8公里。该站临近既有站点，且规划建设一级快速公路，有利于吸引客流，推动霞浦旅游客流量的增长。(3)宁德站（接轨站）：同样采用既有站并站方案，在宁德站对侧并站，增设一座高速车场。宁德站地处城区中心，与城市规划高度契合，方便旅客出行，同时能充分利用既有设施和城市配套工程，集约交通资源。

(2)山区方案Ⅱ。

线路走向：线路从苍南站引出，沿既有铁路西侧向南铺设引线，在既有温福铁路福鼎站西侧并场设站。之后经过点头镇，建设8.975公里的磻溪隧道，在柏洋乡（西溪水库下游附近）设立霞浦北站。线路直达赛岐镇象怀村或溪柄镇，设立福安东站，随后跨越宁上高速公路和赛江，从八都东侧经过，最终抵达宁德站。

工程规模：方案起点位于既有温福铁路福鼎站，桩号A2K107+000，终点为既有温福铁路宁德站，桩号A2K224+305，线路全长117.305公里。其中，桥梁长度22.06公里，隧道长度76.95公里，桥隧总长度99.01公里，桥隧比84.40%。重点工程为10.9公里的特长隧道，静态投资

160.16 亿元。

站点设置：①霞浦高铁北站。位于霞浦县柏洋乡，距既有温福霞浦动车站，按拟建霞柘高速公路里程计算约 30 公里，距柘荣县城关约 20 公里。霞浦至柘荣高速公路已被列入福建省 2022 年邻县通高速公路建设项目计划，目前前期工程可行性研究工作即将完成。②福安高铁北站。距宁上高速公路赛岐收费站约 4 公里，距福安老城区高速公路 15 公里，距既有温福福安动车站 16 公里。

（3）山区方案 I。

线路走向：线路从苍南站引出后，基本沿甬莞高速公路左右两侧行进，经过南溪水库西侧（上游），穿越二级水源保护区，在柘荣县城关北侧设立高铁柘荣站。线路在富溪镇与黄柏乡之间跨越甬莞高速公路，在福安市城南侧跨越宁上高速公路，在溪北洋开发区附近设立福安高铁南站。之后，线路跨越 104 国道，沿甬莞高速公路东侧前行，经八都接入宁德既有温福动车站。

工程规模：方案起点桩号 A2K107+000，终点宁德站桩号 A2K219+000，线路全长 112 公里。其中，桥梁长度 13.88 公里，隧道长度 79.88 公里，桥隧总长度 93.76 公里，桥隧比 83.71%。重点工程为 16.95 公里的特长隧道，静态投资 157.65 亿元。

（三）线路纵断面方案设计

1. 中线纵断面设计方案

中线方案线起点桩号 A1K101+000，既有温福铁路福鼎站桩号

A1K119+752.87，路肩设计标高 22.83 米；霞浦北站桩号 A1K162+573.15，路肩设计标高 202.56 米；福安南站桩号 A1K189+715.35，路肩设计标高 22.80 米；终点宁德站桩号 A1K224+305，路肩设计标高 14.02 米；福鼎站至霞浦北站站距 42.8203 公里，两站之间高差 179.73 米；霞浦北站至福安南站站距 27.142 公里，两站之间高差 179.76 米；福安南站至宁德站站距 35.234 公里，两站之间高差 18.78 米；最小纵坡 3‰，最大纵坡 19‰。图 5.1 为中线方案纵断面关系图。

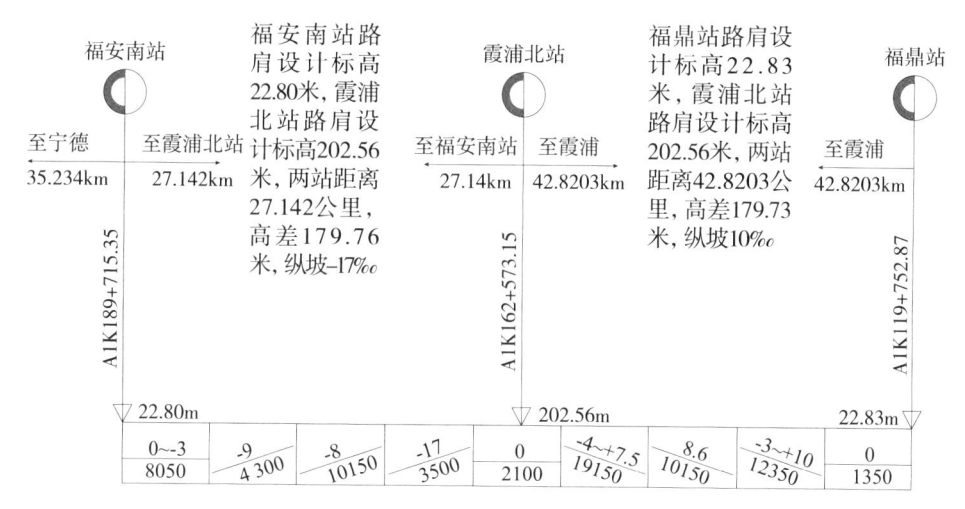

图 5.1　中线方案纵断面关系图

2. 北线纵断面设计方案

该线路起点福鼎市贯岭镇，桩号 A2K108+547.00，路肩设计标高 52.09 米；柘荣高铁站桩号 A2K143+850.10，路肩设计标高 688.24 米；福安高铁站桩号 A2K178+361.364，路肩设计标高 40.69 米；终点宁德站桩号 A2K219+000，路肩设计标高 14.02 米；福鼎站至柘荣高铁站站距 35.304 公里，两站之间高差 636.15 米；柘荣高铁站至福安高铁站站距 34.513 公里，两站之间高差 644.55 米；福安高铁站至宁德站站距 41.28 公里，两站之间高差 26.60 米；最小纵坡 3‰，最大纵坡 25‰。图 5.2 为北线方案纵断面设计方案示意图。

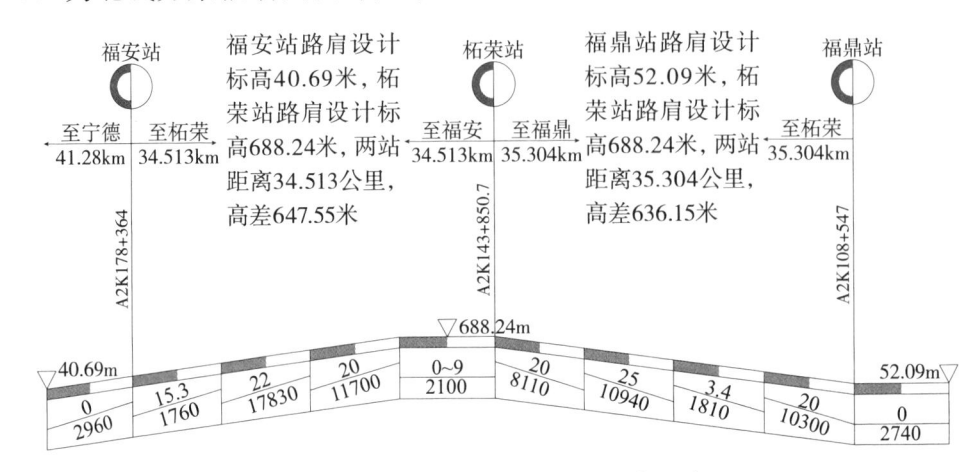

图 5.2　北线方案纵断面设计方案示意图

3. 南线（沿海）纵断面设计方案

该线起点桩号 A3K101+000，既有温福铁路福鼎站桩号 A3K119+787.50，路肩设计标高 22.83 米；既有温福铁路霞浦站桩号 A3K162+573.15，路肩设计标高 21.94 米；既有温福铁路福安站桩号 A3K199+600，路肩设计标高 56.49 米；终点既有温福铁路宁德站桩号 A3K226+030，路肩设计标高 14.02 米；既有温福铁路福鼎站至霞浦站站距 47.5005 公里，两站之间高差 3.52 米；既有温福铁路霞浦站至福安站站距 31.312 公里，两站之间高差 34.55 米；既有温福铁路福安站至宁德站站距 27.0756 公里，两站之间高差 42.47 米；最小纵坡 1.5‰，最大纵坡 13‰。图 5.3 为南线（沿海）方案纵断面关系图。

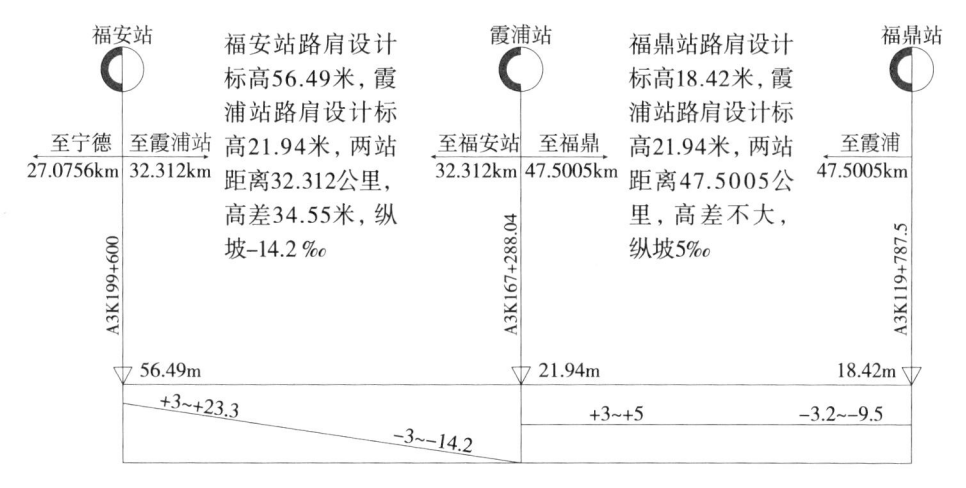

图 5.3　南线（沿海）方案纵断面关系图

三、工程数量、投资估算和经济指标

1. 主要工程数量

中线方案桥梁、隧道工程：中线方案桥梁总长 22.06 公里，其中 2 公里以上桥梁 3 座：19#大桥 3.75 公里、22#大桥 2.805 公里、28#大桥 2.625 公里；隧道长度 76.95 公里，其中 5 公里以上隧道 4 座：11#磻溪隧道 8.975 公里、13#杯溪隧道 9.21 公里、17#隧道 9.26 公里、23#甘棠隧道 10.875 公里；中线方案全长约 117.305 公里，桥隧总长 97.01 公里，桥隧比 84.40%；路基长 18.20 公里；轨道长 117.305 公里；征地 1592.94 亩。中线方案大中桥工点表如表 5.4 所示，中线方案隧道工点表如表 5.5 所示。

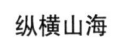

表5.4 中线方案大中桥工点表

序号	桥梁名称	中心里程	桥梁全长/米	附注
1	01#大中桥	A1K107+842.5	605	
2	02#大中桥	A1K108+725	760	
3	04#大中桥	A1K112+680	570	
4	05#大中桥	A1K113+495	90	
5	06#大中桥	A1K116+485	70	
6	07#大中桥	A1K120+325	340	
7	08#大中桥	A1K122+305	270	
8	09#大中桥	A1K124+675	740	
9	10#大中桥	A1K126+142.5	545	
10	11#大中桥	A1K130+885	170	
11	12#大中桥	A1K132+777.5	645	
12	13#大中桥	A1K142+855	240	
13	14#大中桥	A1K148+615	660	
14	15#大中桥	A1K158+910	500	
15	16#大中桥	A1K163+807.5	435	
16	17#大中桥	A1K166+740	990	
17	18#大中桥	A1K167+712.5	335	
18	19#大中桥	A1K184+050	3750	
19	20#大中桥	A1K186+530	700	
20	21#大中桥	A1K192+325	800	
21	22#大中桥	A1K195+607.5	2805	
22	23#大中桥	A1K211+397.5	745	
23	24#大中桥	A1K213+170	620	

续表

序号	桥梁名称	中心里程	桥梁全长/米	附注
24	25#大中桥	A1K215+422.5	155	
25	26#大中桥	A1K216+190	850	
26	27#大中桥	A1K217+165	130	
27	28#大中桥	A1K219+367.5	2625	
28	29#大中桥	A1K222+920	910	

表5.5 中线方案隧道工点表

序号	隧道名称	进口里程	隧道全长/米	附注
1	02#隧道	A1K109+170	3160	
2	03#隧道	A1K113+695	2695	
3	04#隧道	A1K116+585	1260	
4	05#隧道	A1K118+370	600	
5	06#隧道	A1K120+560	510	
6	07#隧道	A1K122+540	1445	
7	08#隧道	A1K125+220	340	
8	09#隧道	A1K126+520	4235	
9	10#隧道	A1K131+030	1345	
10	11#磻溪隧道	A1K133+715	8975	
11	12#隧道	A1K143+095	4845	
12	13#杯溪隧道	A1K148+990	9210	
13	14#隧道	A1K159+695	2470	
14	15#隧道	A1K164+720	1475	
15	16#隧道	A1K167+275	230	
16	17#隧道	A1K167+920	9260	

续表

序号	隧道名称	进口里程	隧道全长/米	附注
17	18#隧道	A1K178+500	3535	
18	19#隧道	A1K187+000	1260	
19	20#隧道	A1K189+955	1590	
20	21#隧道	A1K192+785	885	
21	22#隧道	A1K193+875	695	
22	23#甘棠隧道	A1K198+085	10875	
23	24#隧道	A1K211+295	580	
24	25#隧道	A1K213+815	1450	
25	26#隧道	A1K217+335	580	
26	27#隧道	A1K220+870	1440	

北线方案桥梁、隧道工程：北线方案桥梁总长13.88公里，其中2公里以上桥梁1座，即19#大桥2.61公里；隧道长79.88公里，其中5公里以上隧道6座：02#隧道9.565公里、04#隧道8.79公里、05#隧道6.75公里、07#隧道16.95公里、10#隧道5.375公里、12#隧道11.67公里；北线方案全长约112公里，桥隧总长93.76公里，桥隧比83.71%；路基长17.34公里；轨道长112公里；征地1468.43亩。北线方案大中桥工点表如表5.6所示，北线方案隧道工点表如表5.7所示。

表5.6 北线方案大中桥工点表

序号	桥梁名称	中心里程	桥梁全长/米	附注
1	01#大中桥	A3K107+8725.5	555	
2	02#大中桥	A3K109+382.5	895	
3	03#大中桥	A3K110+362.5	585	

续表

序号	桥梁名称	中心里程	桥梁全长/米	附注
4	04#大中桥	A3K120+845	520	
5	05#大中桥	A3K121+990	400	
6	06#大中桥	A3K122+502.5	1105	
7	07#大中桥	A3K124+357.5	95	
8	08#大中桥	A3K134+042.5	175	
9	10#大中桥	A3K146+037.5	195	
10	11#大中桥	A3K156+207.5	145	
11	12#大中桥	A3K173+835	940	
12	14#大中桥	A3K179+265	530	
13	15#大中桥	A3K179+997.5	155	
14	16#大中桥	A3K180+952.5	685	
15	17#大中桥	A3K182+567.5	525	
16	18#大中桥	A3K184+487.5	745	
17	19#大中桥	A3K190+582.5	255	
18	20#大中桥	A3K191+487.5	355	
19	21#大中桥	A3K193+830	180	
20	22#大中桥	A3K207+107.5	655	
21	23#大中桥	A3K207+852.6	525	
22	24#大中桥	A3K210+117.5	185	
23	25#大中桥	A3K210+880	860	
24	26#大中桥	A3K211+867.5	75	
25	27#大中桥	A3K214+065	2610	
26	28#大中桥	A3K217+615	920	

表 5.7 北线方案隧道工点表

序号	隧道名称	进口里程	隧道全长/米	附注
1	02#隧道	A3K110+965	9565	
2	03#隧道	A3K122+835	1415	
3	04#隧道	A3K124+465	8790	
4	05#隧道	A3K164+680	6750	
5	06#隧道	A3K146+990	9100	
6	07#隧道	A3K156+325	16950	
7	08#隧道	A3K174+350	3430	
8	09#隧道	A3K182+905	1105	
9	10#隧道	A3K184+955	5375	
10	11#隧道	A3K191+765	1355	
11	12#隧道	A3K194+000	11670	
12	13#隧道	A3K205+975	655	
13	14#隧道	A3K208+265	1685	
14	15#隧道	A3K212+020	595	
15	16#隧道	A3K215+570	1440	

南线方案桥梁、隧道工程：南线方案桥梁总长 18.39 公里，其中 2 公里以上桥梁 1 座，即 23#大中桥 2.095 公里；隧道长 81.91 公里，其中 5 公里以上隧道 5 座：11#隧道 6.07 公里、12#太姥山隧道 12.02 公里、13#隧道 8.27 公里、14#隧道 6.87 公里、15#隧道 13.345 公里；南线方案全长约 119.03 公里，桥隧总长 104.30 公里，桥隧比 87.62%；路基长 7.09 公里；轨道长 119.03 公里；征地 1379.64 亩。南线方案大中桥工点表如表 5.8 所示，南线方案隧道工点表如表 5.9 所示。

表 5.8 南线方案大中桥工点表

序号	桥梁名称	中心里程	桥梁全长/米	附注
1	01#大中桥	A2K107+842.5	605	
2	02#大中桥	A2K108+725	760	
3	04#大中桥	A2K112+677.5	495	
4	06#大中桥	A2K120+335	320	
5	07#大中桥	A2K122+275	370	
6	08#大中桥	A2K124+980	850	
7	09#大中桥	A2K129+202.5	565	
8	10#大中桥	A2K131+297.5	105	
9	11#大中桥	A2K131+672.5	35	
10	12#大中桥	A2K137+907.5	35	
11	13#大中桥	A2K150+340	390	
12	14#大中桥	A2K159+175	450	
13	15#大中桥	A2K168+285	1300	
14	16#大中桥	A2K169+765	1140	
15	17#大中桥	A2K184+325	450	
16	18#大中桥	A2K186+447.5	195	
17	19#大中桥	A2K189+577.5	135	
18	20#大中桥	A2K191+982.5	415	
19	21#大中桥	A2195+670	240	
20	22#大中桥	A2K199+870	270	
21	23#大中桥	A2K203+442.5	2095	
22	24#大中桥	A2K205+087.5	335	
23	25#大中桥	A2K212+595	220	

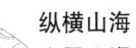

续表

序号	桥梁名称	中心里程	桥梁全长/米	附注
24	26#大中桥	A2K213+035	300	
25	27#大中桥	A2K213+925	950	
26	28#大中桥	A2K214+967.5	585	
27	29#大中桥	A2K217+697.5	1315	
28	31#大中桥	A2K221+130	2540	
29	32#大中桥	A2K224+647.5	925	

表5.9 南线方案隧道工点表

序号	隧道名称	中心里程	隧道全长/米	附注
1	02#隧道	A2K109+170	3180	
2	03#隧道	A2K113+015	340	
3	04#隧道	A2K113+630	2780	
4	05#隧道	A2K116+570	1285	
5	06#隧道	A2K118+365	625	
6	07#隧道	A2K120+560	505	
7	08#隧道	A2K122+535	1535	
8	09#隧道	A2K125+620	3195	
9	10#隧道	A2K129+550	1545	
10	11#隧道	A2K131+745	6070	
11	12#太姥山隧道	A2K138+025	12020	
12	13#隧道	A2K150+610	8270	
13	14#隧道	A2K159+450	6870	
14	15#隧道	A2K170+705	13345	

续表

序号	隧道名称	中心里程	隧道全长/米	附注
15	16#隧道	A2K184+635	1670	
16	17#隧道	A2K186+600	2885	
17	18#隧道	A2K189+695	1885	
18	19#隧道	A2K192+290	3200	
19	20#隧道	A2K195+900	3435	
20	21#隧道	A2K200+075	1680	
21	22#隧道	A2K205+595	4185	
22	23#隧道	A2K209+960	2415	
23	24#隧道	A2K214+415	145	
24	25#隧道	A2K215+570	320	
25	26#隧道	A2K216+465	495	
26	27#隧道	A2K218+100	460	
27	28#隧道	A2K222+600	1440	

2. 主要投资估算比较

中线方案全长约117.305公里，静态投资160.16亿元，每公里造价约1.365亿元；北线方案全长约112公里，静态投资157.65亿元，每公里造价1.41亿元；南线方案全长约109.03公里，静态投资159.96亿元，每公里造价1.467亿元。

3. 主要技术经济比较

新建温福高速铁路北线、中线、南线三个路线走向方案的主要技术经济比较如表5.10所示。

表 5.10　北线、中线、南线走向方案主要技术经济比较

	单位	北线方案	中线方案	南线方案
比较里程范围	—	A3K107+000～ A3K219+000	A1K107+000～ A1K224+305	A2K107+000～ A1K226+030
线路长度	公里	112	117.305	109.03
线路长度差值	公里	2.97	8.23	—
征地	亩	1468.43	1592.94	1379.64
桥梁	公里	13.88	22.06	18.39
隧道	公里	79.88	76.95	81.91
路基	公里	17.34	18.29	9.00
桥隧总长	公里	93.76	99.01	100.30
桥隧比	%	83.71	84.40	91.76
重点工程	公里	16.95公里、 11.7公里长隧道	10.9公里长隧道	12公里 长隧道
轨道	公里	112	117.305	109.03
六至十二章	亿元	37.67	36.87	40.03
静态投资	亿元	157.65	160.16	159.96
差额	亿元	-2.51	—	7.8

4. 工程规模比较

中线方案全长约 117.305 公里，桥梁与隧道合计长度 97.01 公里，桥隧比 84.40%；路基长 18.31 公里，轨道长 117.305 公里，需征地 1592.94 亩。北线方案全长约 112 公里，桥梁与隧道合计长度 93.76 公里，桥隧比 84.40%；路基长 18.24 公里，轨道长 112 公里，需征地 1468.43 亩。南线方案全长约 109.03 公里，桥梁与隧道合计长度 94.30 公里，桥隧

比 90.3%；路基长 14.73 公里，轨道长 109.03 公里，需征地 1379.64 亩。

对三个路线方案进行综合比较分析发现：路线长度上，南线方案较北线方案短 2.298 公里，较中线方案短 8.275 公里；桥隧长度方面，中线方案较北线方案长 3.25 公里，南线方案较北线方案短 2.71 公里。不过，北线方案所经区域地形复杂，隧道工程规模偏大，施工风险和施工难度相较于中、南线方案更高。经研究，推荐采用沿海方案为优选方案。

综上比较可知，三个方案静态投资估算相差不大，每公里造价均在 1.4 亿元人民币左右，十分接近，在造价层面基本无可比性。北线和南线方案的线路长度较为接近，中线和北线方案在工程数量、工程投资等主要经济指标上，差异也不大。中、南线方案的平面和纵面技术指标更合理，优于北线方案。北线方案中，特长隧道需要增设辅助工程措施，这不仅加大了施工投资，还导致运营养护维修成本高昂、抢险救灾难度增大，对未来高铁升级提速增效更为不利。中线和北线方案均需新建霞浦站、柘荣站和福安站，地方政府需配套建设一定规模的交通基础设施。南线方案（沿海方案）则可利用既有车站客运设施，较好地实现客运集中，达到降低运营管理成本的目的。而且，该方案的交通基础配套设施基本完善，仅需新建福安东站。

推荐方案：沿海方案具备线路顺直、线形好、纵坡小、行车舒适、投资省、环境影响小、技术可行、运营风险小，以及抢险救灾时交通通畅等优点。相较其他方案优势突出，因此推荐沿海方案。

四、线路方案设计技术分析

1. 从工程实施重难点方面分析

山区路线方案从福鼎站经柘荣城关至福安溪北洋高铁站路段，是本研究项目三个路线走向设计方案中的重难点路段。

为便于在柘荣县城关设高铁站，山区方案Ⅰ在福鼎贯岭镇设福鼎高铁站，中心桩号 A3K108+547，路肩设计高程为 52.09 米；方案Ⅱ起点在福鼎既有温福动车站，中心桩 A3K119+78.50，路肩设计高程为 28.56 米，柘荣站中心桩号 A3K143+850.70，路肩设计高程为 688.24 米。福鼎站至柘荣站距离为 35.304 公里，高差达 636.15 米，且隧道设置在最大纵坡 +25‰ 坡道上；福安站中心桩号 A3K178+363.7，路肩设计高程 40.69 米，柘荣站至福安站间两站距离为 34.513 公里，高差达 647.55 米，且隧道设置在最大纵坡 −22‰ 坡道上。

经柘荣、福安北线方案，柘荣县海拔较高，区段范围内线路纵断面坡度较大，铁路爬坡较为困难，长隧道、高墩桥梁较多。方案Ⅰ有 8 公里以上隧道 6 座：9.565 公里 / 座、8.79 公里 / 座、6.75 公里 / 座、9.10 公里 / 座、16.95 公里 / 座、11.67 公里 / 座；方案Ⅱ有 20 公里以上的隧道 1 座、80 米以上的高架桥 2 座。由于地形地质条件复杂，特长隧道反坡施工作业施工难度相对较大，施工安全风险相对较高。而经中线方案，最长 9 公里隧道 1 座，5.38 公里隧道 3 座，桥梁高墩小于北线方案，中线和南线方案隧道施工难度及安全风险相对小于北线方案。

2. 从站址条件、交通出行、吸引客流方面分析

（1）中线方案：霞浦高铁站距离霞浦市中心5.6公里，福安赛岐高铁站距福安市中心15公里。该区域地貌、地形、地质条件相对较好，适合设站。福安高铁站方案Ⅰ设在赛岐镇泥湾村，方案Ⅱ设在赛岐镇象怀村。4条高速公路、4条国道主干线经过福安城区、城阳、赛岐、甘棠、溪柄、下白石、溪尾、湾坞、松罗、溪潭、穆云、穆阳、坂中、康厝等13个乡镇，且这些乡镇均紧邻赛岐。湾坞、下白石、康厝、坂中、福安市区（城阳）高速里程出口距赛岐分别为19公里、22公里、19公里、27公里、11公里，均在30分钟交通圈内；其他乡镇均在40分钟交通圈内。赛岐出口距寿宁、柘荣、周宁三个山区县高速公路里程分别为66公里、62公里、79公里，距浙江省泰顺县76公里，均在60分钟交通圈以内。以上情况均满足相邻大中城市间1~4小时交通圈、城市群内0.5~2小时交通圈的国家铁路交通运输指标值要求，具有较强的客流吸引能力。

（2）南线并站方案：霞浦站距市中心4公里，方便市民出行；新建的福安东站距福安市老城区约18公里，距离较为合适，同样方便市民出行。既有霞浦动车站温州端右侧进站地段存在一处滑坡体，长度达200多米。山体虽已稳定，不宜改建，但车站货场南侧为政府计划用地，适合作为设站条件。

（3）北线方案：柘荣站距柘荣县中心1.5公里，具备设站条件；福安溪北洋新区距市中心6公里，符合设站条件。溪北村站址位于交溪、甬莞高速与G104国道之间（距市中心1.5公里），地块狭长，设站条件较差，发展空间有限，不适合设站。该站吸引周宁县（人口12.3万，

已有衢宁客货共线铁路）、寿宁县（人口 17 万）、浙江省泰顺县（人口 25.59 万）等地客流的条件有限。

3. 从带动经济增长点方面分析

福鼎、霞浦、福安从城市发展程度、经济体量和人口规模来看，属于较大的经济据点；柘荣县地处内陆，人口规模和经济体量相对较小。柘荣县已有国道 104 和甬莞高速这 2 条便捷交通通道，到既有温福铁路福鼎站只需 30 分钟车程。温福高速铁路作为高速铁路通道，经济据点的人口规模和客流是其重要支撑；并且霞浦、福安均被列入福州都市圈和环三都澳湾区沿海经济快速发展圈。因此，走中线方案具有较强的经济与客流支撑。

4. 从城市规划方面分析

2021 年 4 月发布的《宁德市环三都澳湾区经济发展规划》指出，三都澳湾区包括三都澳、福宁湾和沙埕湾三个湾区，核心区包括蕉城区、福安市、霞浦县、福鼎市以及东侨经济技术开发区，实施"蕉城—福安—霞浦—福鼎"同城化发展，中心城区由环湾组团城市向枕江面海"T"字形带状城市转变。福安白马片区（湾坞、下白石）、霞浦溪南半岛片区被列入宁德市环三都澳"一城四片区"新型城市规划。该区域拥有锂电新能源、新能源汽车、不锈钢新材料、铜材料四个千亿产业集群，片区内设有海洋高新技术、高端装备制造、节能环保等战略性新兴产业，将打造全球领先的锂电新能源科技走廊。

宁德市构筑三都澳临港产业发展高地，推动"县域经济"向"都市区经济"转型，打造驱动沿海高质量发展的"黄金产业带"。宁德市做大锂电新能源、新能源汽车、不锈钢新材料、铜材料四大主导产业链群，聚集一批成长性高、引领性强的先进制造业、新兴产业和现代服务业大项目、大产业、大集群，形成一二三产业多链条以及海洋高新技术、高端装备制造、节能环保等战略性新兴产业，构建湾区制造业体系，推动宁德迈入"万亿工业时代"。

福安市以"十四五"期间赛江组团、白马港组团作为三都澳开发的核心载体为重点，不锈钢新材料产业成为宁德市首个千亿产业集群。湾坞半岛青拓系列项目成为中国乃至全世界单体最大的不锈钢生产及深加工的重要制造基地，聚力打造全球知名的先进制造业地标——"不锈钢之都"。到2025年，赛江、白马港两个组团将实现不锈钢产业产值达到2300亿元，再造一个千亿产值规模。

5. 从执行设计规范方面分析

《高速铁路设计规范》（TB10621-2014）5.3.3条明确规定：最大设计坡度采用15‰时，坡段长度不宜大于10公里；最大设计坡度采用20‰时，坡段长度不宜大于6公里；最大设计坡度采用25‰时，坡段长度不宜大于4公里；最大设计坡度采用30‰时，坡段长度不宜大于3公里。福鼎至柘荣站连续上坡，坡度为+20‰的坡段长10.3公里、+25‰的坡段长10.9公里；柘荣至福安站连续下坡，坡度为-20‰的坡段长11.7公里、-22‰的坡段长17.83公里；福鼎经柘荣至福安段隧道内最大坡段达25‰。以上最大坡度均不满足《高速铁路设计规范》（TB10621-2014）5.3.3条的规定要求。

6. 从特长隧道建设方案安全风险方面分析

温福高速铁路福鼎至宁德段山区线路走向受地形条件限制，桥隧比例高。中线和北线有 8 公里以上隧道 8 座，南线有 3 座。由于柘荣城区海拔较高，福鼎站至柘荣站长度为 35.30 公里，高差达 636.15 米；柘荣站至福安站长度为 34.513 公里，高差达 647.55 米。这两个区段线路纵断面坡度较大，铁路爬坡较为困难。柘荣地段有一座长 16.95 公里的特长隧道，还有三座长度大于 10 公里的特长隧道。16.95 公里特长隧道纵坡为 22‰ 的反坡施工，若遇构造破碎带、节理密集带和地下水富集等不良地质条件，会存在施工难度大、安全风险高、环境保护风险高等问题。

中国铁路隧道建设在数量和规模上均处于世界领先地位，已形成全球最大的高速铁路网。截至 2024 年底，中国已投入运营的高速铁路总长超过 4.8 万公里，投入运营的铁路隧道超 1.9 万座，总长超 2.5 万公里，共建设高速铁路隧道约 4700 座，总长约 8000 公里，其中长度大于 10 公里的特长隧道有 120 余座，总长度约为 1500 公里。这些特长隧道在高速铁路建设中发挥了关键作用，不仅缩短了线路距离，还提高了列车运行的稳定性和安全性。

温福高铁宁德境内地形地貌、工程地质、水文地质条件复杂，存在不良地质开挖支护困难、工程质量标准要求严格、施工难度大、施工安全风险高、平导或斜（竖）井及辅助导坑施工环境条件差、周边生态环境脆弱、水环保要求高等难、重、险技术特点，属于高风险工程。其还具有一次性不可逆修建、投资大、周期长、不确定因素多、损失后果严重、风险关系复杂等安全风险特点。国内外已建和在建铁路隧道工程中发生过大量安全风险事故，造成了巨大的经济损失和人员伤亡，延误了建设工期，产生了不良的社会影响。

温福高铁宁德段特长隧道工程安全风险控制分析

一、安全设计与风险控制

（一）可行性研究阶段

隧道风险处理应以规避风险为主。对于极高、高度风险隧道，应提出线路优化调整方案。长或特长隧道以及地质条件特别复杂的隧道，应进行深入的地质调查，开展以地质为核心的综合选线方案，合理确定隧道通过的平面和纵断面位置。

当隧道下穿风景名胜区、自然保护区、地下水敏感区、河流水库区、不良地质区时，应进行多方案比选，选择风险较小的路线方案。优先选择绕避重大不良地质体发育区、活动断裂带或大型构造带。

（二）初步设计和施工图设计阶段

铁路隧道工程应优化路线设计方案，提出合理的施工方法及切实可靠的工程措施，为施工图设计和施工阶段的风险管理创造条件。需评价地层岩性、岩层产状、地质构造、岩石力学参数、地下水位、地下水补给、隧道涌水量等因素对突水突泥及塌方的影响；评估矿山法开挖工法、支护体系、堵排水措施、地下水水压对衬砌结构的影响，以及超前预注浆等防坍塌、防大变形工程措施，还有高地应力、高水压、高地温、断层破碎带、复杂地层等特殊地段的工程处理措施；同时，提出针对性的超前综合地质预报方法和监控量测技术要求。

（三）加强勘察设计源头风险防范

隧道设计应开展风险评估，并优化风险控制措施，且该过程应贯穿于隧道设计和施工的全过程。隧道风险评估与控制旨在将各类可能发生的风险降低至合理且可接受的水平，为实现隧道工程在安全、稳定、质量、环境、工期、投资等方面的目标提供技术保障，其中应以安全和稳定风险评估与控制作为重点。

隧道设计应采取有效措施实施风险控制，尤其要高度重视具有突发性和灾难性的风险。隧道风险评估与控制需依据项目推进情况和环境变化，综合运用风险管理技术，对风险实施有效的动态管理。设计阶段的风险评估与控制应按照可行性研究、初步设计、施工图设计等阶段依次开展。隧道风险评估方法应根据各阶段风险特点，采用定性、定性与定量相结合或定量等方法。各设计阶段均需提交风险管理报告。对于极高风险等级工点以及复杂技术工点，应编制专项风险评估报告。同时，应贯彻执行国务院安全生产委员会办公室、住房城乡建设部、交通运输部、水利部、国务院国有资产监督管理委员会、国家铁路局、中国民用航空局、中国国家铁路集团有限公司《关于进一步加强隧道工程安全管理的指导意见》（安委办〔2023〕2号）的要求。严格依据法律法规和强制性标准开展勘察和设计工作，确保地质、水文等勘察成果真实准确，使隧道断面、支护措施和设计概算等科学合理，从勘察设计的源头防范化解安全风险，避免因勘察工作失误或设计不合理而引发生产安全事故。

（四）安全、通风、防灾与救援设计

特长隧道运营通风的对象、标准通风方式、通风计算方法及软件、通风系统的运行与控制、防灾救援模式及组织形式、辅助坑道综合利用等关键技术，迫切需要在可行性研究和设计阶段进行系统研究解决。

隧道安全是一个重大课题，主要与隧道基础设施、机车车辆和运营管理三方面因素有关。隧道中容易发生的危险事件有列车脱轨、火灾、列车或设备故障、恐怖袭击、乘客事故、危险品泄露等。其中，火灾因其易发性和危害性大，是隧道安全防护的重点。要降低隧道风险，首先要防止危险事件发生，其次是采取措施减少危险发生次数或减轻危险产生的后果。隧道的安全性取决于完备的安全设计，如事故预防计划、疏散计划及安全可靠的设备（应急系统等）。

防灾通风设计总体要求：隧道内紧急救援站应采取机械加压送风防烟措施；紧急出口、避难所应采取机械加压送风防烟措施；双洞隧道之间、单洞隧道与平行导坑之间的横通道作为人员疏散通道时，横通道应具有防烟功能。

通风机的设置总体规定：风机可采用射流风机或轴流风机，或者射流风机和轴流风机的组合；射流风机宜采用堆放式或壁龛式，正洞内不应采用拱顶吊装式；采用多台轴流风机时，宜并联设置；直接暴露在火灾现场的风机，应具备高温条件下连续工作的性能。

铁路隧道防灾救援设计规范，并没有通用的设计原则，而是针对具体的隧道工点进行设计，确保隧道的安全性是最重要的准则。隧道的基本安全设备或设计取决于隧道分类，但一般性原则对特长隧道并不适用。对特长隧道要设置极高的安全标准，进行质量可靠性和有效性分析，提出以定量风险分析为基础的安全要求。通风是隧道的安全要求之一，分为运营通风和防灾通风。运营通风包括正常运营和养护维修两种工况。在正常运营工况下，所有的横通道、通风道及疏散通道均处于关闭状态，利用列车的活塞效应进行自然换气。只有当隧道内温度超标需要降温时，才进行机械通风，采用纵向通风方式。在养护维修工况时，将隧道分段落关闭进行分段通风，采用纵向通风方式。

防灾通风以隧道内的紧急救援站为基础，分为两种工况：当列车停靠在紧急救援站时，采用半横向通风方式，即通过打开的应急门送入新风，利用救援站顶部的一个竖井排烟通风；当列车停靠在紧急救援站以外时，从安全隧道进行超压通风，事故隧道不通风（烟雾本身的分层有利于乘客疏散，如果通风反而会导致烟气混乱，影响下游人员，不利于乘客疏散），人员通过横通道疏散到安全隧道。对每一种可能出现的通风工况和运转条件均需要制定相应的通风方案，通风系统按照预先设定的通风方案运行，其控制以自动控制为主，人工控制为辅。包括供电、风机等在内的所有设备均有100%的备用率。

高速铁路特长隧道紧急救援站一般采用半横向通风方式，这样可以实现人、烟分离，营造的无烟环境将更有利于人员逃生疏散。国内目前多采用纵向通风方式，当火灾发生时，除了火灾发生在列车尾部的情况以外，都会有人员笼罩在烟雾之中，对人员的逃生疏散十分不利。

特长隧道通风系统的设计计算，常用的是空气动力学和热动力计算（模拟）的方法。这种方法能够准确模拟火灾发生位置、强度、时间及过程对隧道结构、洞内设备、列车、乘客及工作人员的不同影响。掌握了温度上升及发展、有害物质发生及扩散规律，有助于制定具有针对性的通风、防灾方案。可以通过对高温烟流分布、扩散状态进行模拟计算，找出最佳的风机设置位置、开关机时间、风流方向及大小等。对特长隧道的通风系统而言，防灾通风是最高要求。通风方案必须与紧急情况下的操作程序相适应，必须有助于自救阶段的疏散逃生、保证安全区域的安全条件，直到乘客及工作人员完全撤离。目前国内主要采用解析计算方法，可以计算出隧道需要通风量、通风设备数量及风机安装位置，能够满足通风设计的一般需要，但对烟雾扩散与控制、高温分布与控制、站台及疏散通道的能见度等问题则无法解决，与数值模拟计算方法有较大差距。

特长隧道在给人们带来方便快捷的同时，也带来了诸如防灾救援、运营通风和维护管理、辅助坑道设置及利用、施工方法和建设工期、环境保护等一系列问题，需要我们树立特长隧道系统工程的观念，最大程度地为人们（包括残障人士）提供各种方便。直接反映在隧道工程上的就是每座隧道尤其是长大隧道都把安全要求作为最高目标，在设计、施工、维护、运营的各个阶段都有非常具体的法律规定，并且必须遵守执行。隧道配置的通风及防灾救援系统应非常完善，方便人们在灾害发生时逃生、避难，即使花费巨资也在所不惜。

二、特长铁路隧道施工主要安全风险

特长铁路隧道施工主要安全风险包括：隧道工程规模、纵坡长度与坡率、地形地貌、隧道埋深、地层岩性、地质构造、洞内断层破碎带、不良地质、特殊岩土、地下补给径流排泄条件、地下水分布特征及类型、浅埋偏压、洞口危岩落石及软弱富水围岩等。

在选线设计时，若为缩小隧道长度而对洞口处理不当，可能导致边坡失稳；隧道内存在突水突泥、坍方、火灾、爆炸等风险；若忽略列车运行时对隧底的破坏作用，仰拱或铺底设计强度不足，会造成隧道变形裂损；长或特长单向排水沟深度不足，会导致隧底排水不畅，进而产生道床翻浆冒泥；隧道围岩应力重分布，会使围岩失稳，导致结构裂损破坏。其中，坍方风险发生频次最高、占事故总量的比例最高、危害也最大，而突水突泥事故发生频次则相对较少。

突水涌泥是施工安全风险问题。隧道突水涌泥是隧道施工过程中常见的一种地质灾害。突水涌泥是指在地下工程开挖过程中，由于构造富水带或渗流击穿隧道洞壁，从而产生水流、泥流突然涌出的现象。隧道突水涌泥严重危及隧道施工安全，影响施工进度。若在隧道施工过程中不能妥善处理突水涌泥灾害，常常会使隧道建成后的运营环境恶劣，地表环境恶化，给人民群众的生产、生活造成重大损失。国内隧道施工中，因突水涌泥地质灾害事故时有发生，给国家和人民生命财产带来了巨大损失。

三、特长铁路隧道营运主要安全风险

对三个路线方案进行比较：北线路线方案因受柘荣城关高海拔影响，自福鼎站起点经柘荣至福安站，形成桥梁、隧道上下坡的"人"字形大纵坡。其中，福鼎至柘荣连续上坡，坡率为20‰～25‰，长度达29.35公里；柘荣至福安站连续下坡，坡率分别为20‰、22‰，长度为29.53公里。由于机车车辆与轨道结构在平纵断面关键点处的动力相互作用较为显著，这严重影响了列车运行的安全性以及旅客乘坐的舒适性。尤其是在竖曲线起点处，轮轨垂向作用力以及车体垂向加速度都会达到最大值，进而影响乘客的舒适性。

特长大隧道受地下水的不利影响严重，对施工运营过程中的排水、通风要求较高。若处理不当，隧道完工后可能影响铁路行车安全，甚至导致衬砌受压掉片，易造成运输安全隐患。

此外，还有隧道病害对运营安全的影响。隧道主要病害包括：拱部开裂掉块、敲击空响（打开后为空洞、厚度不足）、修补脱落、衬砌钢筋数量不足或位置不正确、渗漏水或涌水、混凝土不密实、环向止水带切割混凝土以及隧道基础沉降异常等。

营运隧道的安全预防措施如下：①禁止危险列车进入隧道。②利用双洞结构、列车信号和自动控制系统，防止列车碰撞。③限制渡线数目并优化布置，使列车出轨风险最小化。④通过设置紧急救援站，每隔325米设置一个横通道以及配备防灾通风系统，为乘客提供安全区域，便于乘客自救。⑤只允许符合要求的列车通过隧道，以确保列车在紧急情况下能够到达下一个救援站或驶出隧道。⑥在隧道口配备有特别装备的救援列车，制定简单、标准的紧急管理程序，并定期演练。⑦在养护维修期间，工人仅在关闭的1个隧道中作业，以此防止事故发生。⑧在基础设施方面，需设置救援通道、逃生照明、紧急电话、洞内紧急救援站、洞外救援道路、集合平台（含直升机着陆可能性）、消防供水等。

在紧急情况下，按以下行为准则组织救援：①列车自动控制系统阻止危险列车进入隧道。②发生火灾的客运列车，应尽量拉出隧道或到下一个应急车站停靠。③发生火灾的货运列车,不允许在隧道内停靠,必须拉到洞外。④乘客疏散及救援须由其他列车执行,救援列车必须通过安全通道进入隧道。⑤自我救援具有第一优先权。⑥除通风系统外,信号、灯光等系统必须能正常工作。⑦火灾警报发出后,严禁任何列车再进入隧道。火灾列车前面的列车迅速驶出隧道,后面的列车立即停车;在另一条隧道内行驶的列车,减速驶离隧道或停靠在应急车站。⑧在疏散列车到达前,应向乘客告知疏散程序。⑨打开逃生门,通过信号系统引导乘客到达应急车站或另一条隧道,乘客进入疏散列车完成疏散。⑩进行灭火,避免或尽力降低损坏程度。

火灾发生后,最重要的是将乘客及工作人员疏散至安全区域。根据模拟计算,500～1000名乘客疏散完成需要70～90分钟。隧道通风方式可分为自然通风和机械通风,通风方式的选择应依据技术经济条件,综合考虑安全、效果、维修、防灾救援等因素后确定。铁路隧道运营通风应使隧道内具有符合卫生标准的空气环境,保证隧道中的旅客、乘务人员、维护人员免受有害气体的危害,减少有害气体、湿气、高温等对隧道衬砌及有关设备的腐蚀和影响。铁路隧道防灾通风应在火灾情况下,能控制烟雾扩散方向,保障疏散救援安全。

运营通风应与防灾通风统筹考虑。当运营通风与防灾通风系统合用时,应采用可靠的防火安全措施,并应符合防灾通风系统的有关要求。隧道内照明设置应满足养护维修、紧急情况下人员疏散及救援人员通行的要求。铁路运营隧道内空气卫生及温湿度标准应满足有关要求。

隧道防灾通风应与防灾疏散救援工程及应急疏散方案紧密结合，根据疏散点位置、人员疏散路线及疏散方向进行防排烟气流组织设计。

特长隧道客车发生火灾时安全疏散措施的必要性：高速铁路隧道内由于空间相对封闭、人流密集、通道极少、疏散条件差，增加了列车发生火灾事故的安全隐患。一旦发生火灾，产生的热烟气较难控制排出，且火灾不易扑救，容易造成较大的人员伤亡事故。例如，1972年11月6日，日本北陆隧道内列车餐车引发火灾，造成30人死亡，715人轻重伤。因此，高速铁路隧道列车发生火灾时人员能否安全疏散，对保障乘客及工作人员的生命安全具有重要意义。

高速铁路隧道火灾发生后的前几分钟，其影响相对较小。以250公里/小时计算，1分钟内列车行驶距离可达4公里。因此，在距离隧道出口不远的情况下（建议温福高铁隧道长度不超过10公里），列车发生火灾后，应尽量使列车驶离隧道，在隧道外实施消防及救援，除非列车丧失牵引力。因为在隧道里停车，难以得到有效救援，可能会造成惨重伤亡；若能在短时间内把列车开出隧道或开到车站，则可能会大大减少人员伤亡。

车厢内发生火灾后，由于高速客车具有较好的气密性，火灾烟气先在车厢内蔓延。火源所在车厢的乘客可以向相邻车厢疏散，待疏散完毕后，关闭火源所在车厢的门，防止火灾向相邻车厢蔓延。

火灾过程大体分为起火、火灾增大、充分发展、火势减弱、熄灭等阶段。人员疏散一般要经历觉察到火灾、行动准备、疏散行动、疏散到安全场所等阶段。每节车厢都设有用来砸碎玻璃的消防锤，但在列车停下来之前，不要将玻璃砸碎，否则运动列车产生的风会扩大火势，加速蔓延。而且高速列车一般需要1分多钟才能停下来，即使砸碎玻璃，也要等列车停下来才能逃生。

火灾环境对人员的危害主要体现在高温、遮光、有毒三个方面：①高温。若隧道内某处2米高度的气体温度超过100℃，或地面高度处辐射热通量超过2.5kW/平方米，认为该位置已达到了火灾危险状态。②遮光。依据澳大利亚《消防工程师指引》，若隧道内某处能见度小于10米，认为该位置已达到了火灾危险状态。③烟气毒性。火灾中的热分解产物与燃烧材料有关，不同组分的生成量很难确定，对人体的影响也有较大差异，在消防安全分析预测中很难比较准确地定量描述。在工程应用中通常采用一种有效的简化处理方法，如果烟气的光密度不大于0.10D/米（即反射发光物体能见度不小于约10米），则视为各种毒性燃烧产物的体积分数在30分钟内不会达到人体的耐受极限。因此，此判据可以和烟气遮光性判据结合使用。

当隧道内某个位置达到上述三个方面的任何一个方面时，便认为该处已经达到了火灾的危险状态，达到危险状态的时刻减去着火时刻便是该位置的可用人员安全疏散时间（ASET）。

以高速铁路广深港客运专线狮子洋隧道为例，介绍高速铁路隧道发生火灾时人员安全疏散的方法。狮子洋隧道全长10.8公里，采用盾构法施工，盾构段全长9.277公里，结构内径9.8米，外径10米，隧道最大纵坡2‰。隧道采用纵向通风方式，火灾通风纵向风速不小于3米/秒，隧道内横通道的间距不大于500米，轨面最低点前后一倍车长范围内横通道间距加密至300米。

隧道内起火后5.5分钟,隧道内能见度10米的前锋下降至2米高度处,距火源60米,随后开始向两边蔓延,蔓延速度由开始的0.7米/秒逐渐降至0.3米/秒。隧道的坡度导致烟气在隧道内蔓延不对称,在浮力的作用下,烟气向上坡方向蔓延的速度大于向下坡方向的蔓延速度。

从狮子洋隧道运营中发生的火灾事故可以得出以下经验:列车起火后应尽量开出隧道,在隧道外实施消防及救援;火灾初期不要砸碎窗户玻璃,防止火借风势迅速蔓延。起火车厢的乘客疏散至相邻车厢后,关闭起火车厢的门,将火灾限制在一定范围;当一个横通道发生堵塞时,乘客应往下一个横通道疏散,而不是盲目地等待;若机车因火灾而失去牵引力,被迫停在隧道中,这种情况对人员的危害性最大。若火灾发生在车头或车尾,需疏散的人员集中在火源一侧,配合适当的通风方式,火灾烟气将不会对人员安全构成威胁;但当火灾发生在列车中部时,需疏散的人员分布在火源两侧,为使烟气以较小的速度向两边蔓延,保证人员安全,将不开启通风设施。列车火灾的火源功率与列车携带的可燃物的种类和数量有关,人员从开始撤离至到达安全地所需的时间,取决于行程距离、逃生路径和人员数量等。

四、特长铁路隧道安全风险的主要特点

随着大规模铁路隧道建设的推进,在施工过程中,由于设计、地质、施工等多种因素,致使隧道事故频发。造成隧道工程事故的主要类型如下:①坍塌事故,约占事故总数的40%;②物体打击事故,约占事故总数的25%;③高处坠落事故,约占事故总数的

15%；④触电事故，约占事故总数的 10%；⑤其他事故，约占事故总数的 10%。

造成铁路隧道工程事故的原因主要包括四个方面：①设计原因。设计选线不合理，勘测深度不够，未能充分考虑地质条件的复杂性，导致隧道支护结构承受力不足等。②地质原因。隧道穿越断层、破碎带、挤压破碎带、节理密集带等地质结构时，易因应力释放导致围岩失稳而发生坍塌；同时，岩溶、地下水的作用也会加剧岩体的失稳，引发坍塌、涌水、突泥等情况。③技术原因。技术力量不足，缺乏精确的超前地质勘测手段，对复杂地质安全风险认识不足，施工组织设计及专项安全施工方案缺乏针对性等。④施工原因。施工方法选择不当，工序安排不合理，支护不及时，结构不牢固，以及违章作业等。

温福高铁宁德段特长铁路隧道安全风险的主要特点如下：一是具有隐蔽性。隧道工程的质量问题较为突出，危害极大，开通后的安全风险也很高。铁路隧道建成后，只能看到外部衬砌的外观质量情况，对于其背后是否存在脱空、衬砌厚度是否满足设计要求等，均无法直观发现。二是具有突发性。铁路隧道安全风险事故及隐患往往具有不确定性。例如，施工阶段的突泥突水、坍塌以及营运时期拱部开裂掉块、渗漏水等现象的发生，在事发前无法及时准确判断。当事故发生后，往往会造成人员伤亡或行车中断等事故。三是具有复杂性。地质与水文条件、地理环境复杂多变，营运时突发情况及风险辨识、重大风险分析、控制措施不到位等，导致铁路隧道事故频发。四是具有反复性。营运铁路隧道的渗漏水病害现象，在我国已开通的铁路隧道工程中占有一定比重。这类病害一般情况下都难以得到根治。虽然铁路工务维养部门在长期的铁路隧道病害整治工作中，经过多年探索，已掌握了一套行之有效的病害治理办法和治理标准，但由于营运隧道行车的需要，治理病害的方法仍然局限于突击式局部修补，而无法达到根治的目的。

五、经柘荣、福安溪北洋 F7 线延伸方案建议

福鼎高铁站应考虑在既有温福铁路福鼎站增设高铁场。既有温福铁路福鼎站呈北南走向，而沿柘荣方向的展线为东西走向。与既有温福铁路福鼎站并站后，需另行展线，转向西前往柘荣方向。宁德市规划的宁德至福安市溪北洋开发区城际铁路 F7 线，可延伸经柘荣县至福鼎，并设站于高铁场。建议其设计时速为 200～250 公里。

采用宁德市规划的城际铁路 F7 线宁德至福安市溪北洋方案，线路从福安市溪北洋延伸，途经柘荣县富溪镇并设站，终点为既有温福铁路福鼎站并站高铁站，线路全长约 114.35 公里。其中，福安市溪北洋至柘荣县富溪镇站段，线路长约 41.36 公里，设有隧道 30.73 公里 /10 座、桥梁 6.76 公里 /7 座（单座桥梁长 1.68 公里，墩高 80.5 米），路基长约 3.87 公里，桥隧总长 37.49 公里，桥隧比达 90.6%。

该方案线路自福鼎站引出，出站后转向西，途经柘荣县；自柘荣站引出后，向西南方向延伸，上跨交溪与宁上高速，在溪北洋开发区设福安南站；出站后先后上跨穆阳溪、省道 302，然后沿甬莞高速公路东侧向南，往宁德方向延伸，至既有温福铁路宁德站站房对侧设宁德站

高速场。

《交通强国建设纲要》明确提出，要合理统筹安排设计600公里/小时级高速磁悬浮系统、设计400公里/小时级高速轮轨客运列车系统、低真空管（隧）道高速列车等技术储备的研发工作。鉴于柘荣县高山海拔高的特点，为实现城关设站目标，笔者建议福鼎—柘荣—福安—宁德城际铁路F7线可采用磁悬浮高速列车建设方案。高速磁悬浮系统是一种极具发展前景的轨道交通技术，在速度达到400公里/小时以上时，优势显著，代表着科技发展的前沿方向。其具有适应地形能力强、选线灵活、乘坐舒适安全，以及对沿线周边环境或景区影响小等优势。磁悬浮列车运行无磨损、爬坡能力强、通过曲线半径小、加速减速快，尤其适合在山岭区长大纵坡路段运行。

第三节　高铁站选址总体设计

在铁路系统中，车站占据着重要地位。全部车站的站线长度，约占铁路通车里程的40%。在铁路建设投资方面，车站投资同样占比巨大。车站对铁路工程造价、通过能力、服务水平，乃至农田占用等方面，都有着重大影响。

车站的作用集中体现在客货运作业与技术作业两个方面。一方面，车站是办理旅客运输和货物运输的关键场所，旅客乘降，货物的托运、装卸、交付、保管等作业，均在此完成。另一方面，铁路运输的各类技术作业，像列车接发、会让、越行，列车解体编组，机车乘务更换，车辆检查修理以及货运检查等，也都在车站开展。

目前，我国铁路拥有约8000座大小车站，依据不同分类标准，可划分为不同类型。按车站承担的任务和在铁路运输中的地位，可分为特等站、一等站、二等站、三等站、四等站、五等站；按车站提供的技术作业，可分为会让站、越行站、中间站、区段站和编组站；按车站提供的客货运业务性质，可分为货运站、客运站和客货运站；按车场与站房的空间关系，可分为线侧站、高架站、地下站等类型。

高速铁路车站，简称高铁站，是高速铁路沿线设置的站点，为高速列车服务。高铁站位于高速铁路沿线，通常停靠高速列车或准高速列车。高铁站作为办理客运业务、供旅客上下车的场所，主要由站房、站场和站前广场三大部分组成。站场建筑涵盖站台、地下通道、跨线人行天桥；站前广场包含停车场、道路等设施；站房建筑则有候车大厅、客运室等功能区域。我国火车客运站历经了几代发展，第一代以北京站为代表，第二代以上海站为代表，第三代以广州南站为代表，雄安高铁站则代表了当前高铁站的现代化水平。

一、高铁客运站

1. 我国高铁客运站的基本划分

高速铁路是当代世界铁路的一项重大技术成就，集中体现了铁路在多个领域的技术进步，囊括新型牵引动力、制动、轮轨等一系列国家铁路先进科技成果，同时也反映出一个国家的科技和工业水平。根据我国高速铁路发展的实际情况，高速铁路作为客运专线铁路的一种类型，其设计速度为 250 公里 / 小时（含预留）及以上，运行动车组列车，初期运营速度不小于 200 公里 / 小时。具体而言，高速铁路设计速度分为 350 公里 / 小时、300 公里 / 小时、250 公里 / 小时三个级别。

高速铁路车站可按站房规模进行划分。特大型车站一般位于特大城市，客流量极大，旅客最高聚集人数大于 1 万人，高峰小时发送量大于 1 万人；大型车站一般位于大城市，客流量较大，旅客最高聚集人数小于 1 万人、大于 2000 人，高峰小时发送量小于 1 万人、大于 5000 人；中型车站多位于中等城市及地区行政区所在地，客流量相对较多，旅客最高聚集人数小于 2000 人、大于 400 人，高峰小时发送量小于 5000 人、大于 1000 人；小型车站的旅客最高聚集人数小于 400 人、大于 50 人，高峰小时发送量小于 1000 人。

除高速铁路外，我国铁路还有城际铁路和客货共线铁路。城际铁路专门服务于相邻城市间或城市群，设计速度为 200 公里 / 小时及以下，是快速、便捷、高密度的客运专线铁路，其设计速度分为 200 公里 / 小时、160 公里 / 小时、120 公里 / 小时三个级别。客货共线铁路则是旅客列车与货物列车共线运营的铁路，旅客列车设计速度分为 250 公里 / 小时、200 公里 / 小时等多个档次，货物列车设计速度在 200 公里 / 小时以下。

2. 我国高速铁路发展历程和特色站点简介

1998 年 8 月 28 日，我国首条设计时速 200 公里的广深准高速铁路建成通车。2002 年 12 月 31 日，我国首条设计时速 430 公里的上海磁悬浮列车高速铁路示范运营线建成。2003 年 10 月 11 日，我国首条设计时速 250 公里的秦沈客运专线全段建成通车。2007 年 1 月 5 日，我国首条设计时速300公里的台湾高速铁路通车试运营。2008年8月1日，我国首条设计时速350公里的京津城际铁路开通运营。2009年12月26日，我国山区首条设计时速350公里的京广高速铁路武广段开通运营，自此，中国铁路迈入高速铁路时代。

2004年1月21日，国务院审议通过《中长期铁路网规划》，规划建设"四横四纵"客运专线，设计速度200公里/小时以上，中国正式进入标准化建设高速客运专线铁路阶段。此后，一大批干线高速铁路和城际高速铁路项目相继启动。2016年7月，国家批准《中长期铁路网规划（2016年调整版）》，规划调整建设"八纵八横"高速铁路，并确定到2020年，全国铁路营业里程达到12万公里以上，其中客运专线达到1.6万公里以上，复线率和电化率分别达到50%和60%以上，形成布局合理、结构清晰、功能完善、衔接顺畅的铁路网络，以满足国民经济和社会发展的运输需求，同时让主要技术装备达到或接近国际先进水平。事实上，到2020年，新建高速铁路超过1.6万公里，铁路快速客运网超过5万公里，加上其他新建铁路和既有线提速线路，全国铁路营业里程在12万公里以上。其间，秦沈线、京津城际线、石太客专线等30多条线路开通运营。2010年至2018年，中国在长三角、珠三角、环渤海等地区城市群建成高密度高铁路网，实现东部、中部、西部和东北四大板块之间高铁互联互通。2022年8月30日，我国首条跨海高铁——福厦高铁全线铺轨贯通。同年10月31日，世界最长海底高铁隧道——浙江省甬舟铁路金塘海底隧道开工建设；11月30日，世界最长高速铁路跨海大桥——南通至宁波高速铁路杭州湾跨海铁路大桥正式开工建设，标志着中国进入跨海高铁时代。

在高铁站建设方面,广州南站和雄安高铁站极具代表性。

广州南站是客运特等站,也是世界面积最大的火车站。作为我国大型现代化铁路客运站,它是华南地区最繁忙的高铁站,是粤港澳大湾区、泛珠江三角洲地区的铁路核心车站,连接着京广高铁、广深港高速铁路、广珠城轨、贵广高铁和南广快速铁路。广州南站与广州站、广州东站和广州北站,共同构成原铁道部规划的全国铁路四大客运枢纽之一——广州铁路客运枢纽,实现了高速铁路、城际铁路、快速铁路、地铁、公路等多种交通方式的无缝衔接。该站于2004年12月动工建设,2010年1月30日投入使用。截至2019年,站场总建筑面积61.5万平方米,站房总面积48.6万平方米,总投资130亿元人民币。站内设有15个站台(2个侧式站台+13个岛式站台)、28股道(全为到发线)、28个站台面。车站共四层,B1层为地铁站、停车场,1F层为进出站层、购票层,2F层为高架站台层、东落客平台,3F层为高架候车层、西落客平台。地上一层南端中转换乘区总占地面积21850平方米,设有9个换乘口、27台自助售取退功能一体机,配备充足的候车座椅、4个饮水处、10个旅客厕所,为从2至28站台出站换乘高铁(城际)列车的旅客,提供便捷换乘服务。地上二层自东向西依次为京广下行场、广深港场、京广上行场、广珠车场、贵广场、南广场。广州南站停靠动车组数量居全国之首,中转换乘旅客数量也最多,购买联程火车票的旅客到站后无需出站。2010年1月30日刚投入运营时,每日开行列车仅33对,全年发送旅客508.65万人次,到达旅客503.87万人次。到2019年,广州南站全年到发旅客1.88亿人次,日均到发旅客51.4万人次。其中,春运期间累计到发旅客2126.37万人次,日均到发 53.16 万人次，最高峰到发 67.14 万人次；五一期间累计到发旅客 335.8 万人次，日均到发 67.2 万人次，最高峰到发 75.29 万人次。2023 年 1 月 27 日，广州南站开行列车 1148 列（较 2010 年每日开行列车增加 1115 列），到达旅客 43.05 万人次，均创历史新高。

雄安高铁站是我国最新建成并投入运营的先进高铁站，被称作亚洲最大的高铁站。随着北京经济的持续发展，城市人口急剧增加，交通拥堵等问题日益突出，即便地铁系统长时间满负荷运行，也难以有效缓解交通压力。为疏解北京非首都功能，让北京回归行政中心定位，缓解人口过多带来的交通和经济发展压力，我国在雄安高铁站的建设上投入巨大。雄安高铁站秉持站城一体化理念，引入大量智能化服务，借助多套大数据系统，采用立体交通组织方式，实现人车分流、快慢分离，运营高效有序。该站共 5 层，站台上方为高铁通行结构，下方连接雄安公交体系和地铁系统，旅客通过扶梯或电梯，不出站就能从雄安高铁站进入雄安公交体系。雄安站位于河北省保定市雄县境内，是京雄城际铁路、京港高速铁路、津雄城际铁路、雄石城际铁路、雄忻高速铁路的交会车站。2018 年 12 月 1 日，雄安站开工建设；2020 年 4 月 30 日，主体结构封顶；2020 年 12 月 27 日，正式投入使用，建成共耗资约 300 亿元。截至 2020 年 12 月，雄安站线路站场总规模为 13 台 23 线，其中京雄、京港场规模 7 台 12 线，津雄场规模 4 台 7 线，雄安新区轨道交通与铁路并站设 2 台 4 线轨道交通站场。总建筑面积 47.52 万平方米，站房面积 15 万平方米，发电板安装面积 4.2 万平方米。站房建筑平面长 606 米，宽 355.5 米，高 47.2 米，屋盖面积 12 万平方米；京雄、京港场站房面积 9.92 万平方米，站台面积 45600 平方米，高架候车厅面积 18000 平方米；津雄场站房面积 5.08 万平方米。停车场总占地面积约 16.7 万平方米，其中南侧停车场面积约 8.8 万平方米，北侧停车场面积约 7.9 万平方米。

国外高速铁路特色站点简介

1825 年，英国建成世界上第一条铁路。相较于当时轮船、马车等主要运输方式，铁路运输在速度和运量上优势显著，迅速被各国交通运输领域采用，为各国国民经济发展作出重要贡献。1903 年 10 月 27 日，德国用电动机车创造了 210 公里/小时的试验速度，刷新历史纪录。1955 年 3 月，法国用 2 台电力机车牵引 3 辆客车进行实验，速度达到 331 公里/小时，再次改写高速铁路的速度纪录。1964 年，日本新干线以 210 公里/小时的速度成功实现商业运营，为世界铁路发展树立了典范，标志着世界铁路客运进入高速时代。1981 年，法国建成最高时速 270 公里的 TGV 东南新干线，开辟了低造价建造高速铁路的新路径，推动高速铁路的发展迈向新台阶。2007 年 4 月 3 日，法国创造了轮轨高速铁路 574.8 公里/小时的试验速度，缔造了当时的世界最高纪录。

高速铁路弥补了普通铁路速度较低的缺陷。与高速公路汽车运输和中长途航空运输相比，在旅客送达时间、安全性、舒适度等多个维度展现出明显竞争优势，被公认为是安全、高速、高效、经济、舒适且可持续发展的运输方式。国际铁路联盟（UIC）对高速铁路给出了公认定义：新线设计速度达到 250 公里/小时以上，既有线改造后速度达到 200 公里/小时以上的铁路，即为高速铁路。

第五章
温福高铁宁德段线站位设计方案分析

　　下面介绍国外一些具有先进特色的高速铁路站点。

　　日本东京站：东京站是日本最大的客运枢纽站，也是世界上最繁忙的火车站之一。每天到发客运列车约3800列，数量约为当年中国最大火车站北京西站的12倍，其中包括东京至大宫新干线310列、东海公司新干线295列、既有线3160列。其高速列车运行准点率位居世界前列，平均误点时间仅6.8秒。2007年，该站发送旅客达4.3亿人次，2020年日均客流量达271108人。东京站是日本极具代表性的铁路总站，堪称世界最大、最高效、智能化程度最高的火车站之一。

　　德国柏林中央车站：柏林中央车站被誉为"欧洲铁路的心脏"，每天有超1100列火车进出，运送30多万乘客前往德国及欧洲各地。这里会聚了往来于德国及欧洲的高速铁路、长途列车，以及地铁、城铁、电车、公交车、出租车和私家车等多种交通方式。该站占地面积1.5万平方米，仅为北京南站的三十分之一，地面轨道长320米，地下月台长450米。车站主体由高46米的双塔构成，整体为五层钢架玻璃结构建筑。其椭圆形玻璃大厅采用格状结构，由9117块玻璃面板拼接而成，玻璃天顶安装有1700平方米的太阳能电池。两座平行大楼将南北方向的顶盖架空，南北向铁路从地下穿过。站内设有54座自动扶梯和34架电梯。这座"庞大的玻璃宫殿"使用钢材85000吨、水泥50吨，其网状透明的大厅结构，堪称现代火车站建筑的经典范例。作为柏林的城市地标，尽管柏林中央车站规模巨大，但造型轻巧别致，是继帝国议会大厦和勃兰登堡门之后，柏林的第三座地标性建筑。

　　英国国王十字站：国王十字站是英国铁路干线东海岸主干线的南端终点站，西侧紧邻欧洲之星国际列车的终点站——圣潘可拉斯站，

> 这两个车站在伦敦地铁网中共享国王十字圣潘可拉斯站。2007年11月14日，重建后的圣潘可拉斯站取代滑铁卢国际火车站，成为欧洲之星在伦敦的新终点站，列车经停里尔欧洲站、布鲁塞尔南站。东海岸国家快速列车公司是国王十字站的"主运营商"。自2009年起，该公司运营的城际列车往返于东海岸主干线，沿途停靠彼得伯勒、唐克斯特、利兹等多个站点。

二、高铁站选址基本原则

高铁站作为现代交通体系的关键节点，其选址是否科学合理，不仅直接关系到高铁运输功能的高效发挥，还对城市空间布局、经济发展以及居民的生活产生深远影响。高铁站点在城市中的地位极为重要，常成为城市的集散中心、商业商务与服务中心。随着我国高速铁路的迅猛发展，沿线地区人民群众的出行服务水平得到显著提升。依托高铁车站推进周边区域的开发建设，有利于城市空间的有效拓展与内部结构的整合优化，也有利于调整和完善产业布局，推动交通、产业、城镇实现融合发展。近年来，一些地方借助高铁建设的有利契机，积极探索并推进高铁车站周边区域的开发建设，取得了一定的发展成效，部分高铁车站周边区域已成为城市中最具人气活力且发展最快的地区。

1. 我国高铁客运站设计规范基本原则

根据我国现行《高速铁路设计规范》，高速铁路客运站设计需遵循的基本原则如下。①引入铁路枢纽应与城市总体规划及铁路枢纽总体规划相协调；枢纽内客运站的数量应根据枢纽客运布局、枢纽客运量、引入线路数量、客车开行方案及既有设备配置等因素综合确定。②枢纽内有两个及以上客运站时，客运站分工应根据客车径路顺畅、点线能力协调、旅客乘降方便等原则，按引入方向、客车类别、客车开行方案等方式确定。③客运站选址应满足运输需求并与城市规划相协调，考虑地形地质条件、既有建筑物拆迁、土地资源开发和城市发展等因素，经综合比选后确定。④客运站应考虑与城市交通系统相协调，方便旅客换乘；车站分布应根据城市分布、客运量、运输组织、设计输送能力及养护维修、救援等技术作业要求，结合工程条件等因素综合研究确定，站间距离宜为30～60公里。⑤旅客车站设计应与城市其他交通方式有机结合，形成综合客运交通枢纽，并对铁路站场及毗邻地区特定范围内的土地实施综合开发。

2. 沿海高铁站点选址及周边区域开发建设的关键要求——以宁德相关规划思路为例

以宁德市重点经济区域为线路基本走向，客运站设计坚持"以人为本、安全便捷"的要求；以吸引客流以及既有温福快速铁路分流客运为原则；严格遵照执行国家发展改革委、自然资源部、住房城乡建设部、中国铁路总公司2018年4月24日发布的《关于推进高铁站周边区域合理开发建设的指导意见》（发改基础〔2018〕514号）有关规定要求。

（1）规划协调、布局合理。统一规划，整体部署，严格依据城市总体规划、土地利用总体规划、综合交通规划等编制高铁车站周边开发建设规划，合理确定开发规模和边界，优化车站选址方案及车站周边区域空间结构、人口产业分布，杜绝边建设、边规划。

（2）量力而行、有序建设。结合城市功能区划、区位优势、财力可能、人口资源环境条件等发展实际，根据规划确定开发目标、建设任务，兼顾当前和长远，合理把握建设节奏和时序，量力而行、循序渐进、有序发展，防止盲目追求规模和大干快上。

（3）站城一体、综合配套。充分发挥高铁车站的辐射带动作用，围绕人的城镇化，统筹生产、生活、生态空间布局，走特色化、差异化发展之路，完善基础设施及公共服务设施配套，促进产城融合、宜居宜业，避免高铁沿线产业布局同质化和单一房地产功能开发。

（4）市场运作、防范风险。按照市场化原则运作，创新投资、建设、运营、管理体制机制，强化政策支持保障，充分调动企业和社会资本的积极性，推进项目共建、资源共享，提升开发建设质量水平和效益，防范各种隐患、风险和损失。

（5）规划引领，有序开发。充分论证高铁车站周边开发建设的可行性、必要性，因城施策、因站而异推进高铁车站周边区域合理有序开发建设。对于既有站改造的高铁车站、位于中心城区或与既有产业园区等结合较好的高铁车站，有关城市要严格按照既有城市规划，结合城市功能提升和结构布局优化做好车站周边综合开发。对于城市外围新建的高铁车站周边具有开发潜力的，相关城市要依据城市总体规划、土地利用总体规划等统一布局，合理确定车站周边开发建设的功能定位、规模和边界，做好规划预留和控制，按照规划规范有序推进开发建设。要严格审查规划的合理性，定期评估规划实施情况和综合开发效益，把评估结果作为控制建设时序和分期建设的依据。

（6）合理确定选址和规模。高铁车站选址要符合土地利用总体规划和城市总体规划，切实处理好高铁通达性和高铁车站周边开发建设之间的关系，既要满足技术标准条件，又要服务地方发展。国家铁路总公司和地方政府要依据相关规范要求，在城市枢纽总图规划编制及项目实施阶段，深入研究论证高铁车站与城市发展的衔接问题，合理确定建设标准、线路走向、车站分布和建设规模。新建铁路选线应尽量减少对城市的分割，新建车站选址尽可能在中心城区或靠近城市建成区，确保人民群众顺利乘坐高铁出行。高铁车站建设要规模适当、经济适用，切忌贪大求洋、追求奢华。

（7）严格节约集约用地。高铁车站周边开发建设要落实最严格的耕地保护制度和节约集约用地制度，依法办理建设用地审批手续。有关城市要综合考虑人口集聚规模和吸纳就业情况，按照城镇建设用地增加规模同吸纳农业转移人口落户数量相挂钩要求，合理确定高铁车站周边用地规模、结构、布局及土地开发和供应时序，坚决防控单纯房地产化倾向。统筹地上地下空间复合利用，积极推广地下空间开发利用、轨道交通上盖物业综合开发等节地技术和模式，提升节约集约用地水平。要按照"框定总量、限定容量、盘活存量、做优增量、提高质量"要求，依据城市规划、土地利用总体规划和土地使用标准，对高铁站周边建设用地加强审查，严格土地用途管制。

（8）促进站城一体融合发展。高铁车站周边开发建设要突出产城融合、站城一体，与城市建成区合理分工，在城市功能布局、综合交通运输体系建设、基础设施共建共享等方面同步规划、协调推进。有关城市要结合自身资源禀赋、优势特色、发展定位等，甄选出发展基础条件优越、城市特色鲜明和发展潜力较大的产业，构建枢纽偏好型产业体系，避免沿线临近站点形成无序竞争、相互制约的局面。大城市高铁车站周边可研究有序发展高端服务业、商贸物流、商务会展等产业功能，中、小城市高铁车站应合理布局周边产业，稳妥发展商业零售、酒店、餐饮等产业功能。

（9）提升综合配套保障能力。高铁车站周边地区的开发建设必须贯彻落实以人为本的新型城镇化发展理念，营造宜居宜业环境，提高交通便利性和公共服务能力，增强产业、人口集聚效应。强化城市内外交通衔接，加强新建高铁车站城市公共交通配套线路和换乘设施建设，实现与城市建成区、城市其他重要综合交通枢纽之间的快速连接、便捷直达。同时，完善公共服务体系，配套建设医疗、教育、休闲、娱乐等场所和设施，增强生活服务功能，使人"愿意来""留得下""活得好"，不断提升人民群众的幸福感和获得感。

关于我国高铁站点选址的相关思考

一、部分高铁站点选址于城市外围

通过对我国京沪、京津、沪宁、沪杭、武广等高铁线沿线城市的统计分析可知，除沪宁高铁外，我国多数城市高铁站多设置在中心城区外围。以京沪高铁为例，沿线共设有21个车站，涉及20个设站城市（天津设有两个站）。其中，6个城市已经开通或正在建设城市轨道交通，且均与高铁站实现连接；1个城市有规划中的地铁线路将与高铁相连；4个城市与既有铁路线相连。

在其余13个城市中，高铁站距既有铁路站的距离如表5.11所示，相对于它们各自的城市规模而言，除廊坊、镇江和昆山外，到既有车站的距离都较远。

表 5.11　北京至上海高铁各站点概况

	是否与地铁相连接	是否与其他高铁相连接	是否与既有铁路相连接	距既有火车站距离 / 公里
北京	是	是	是	—
天津	是	是	是	—
南京	是	是	是	—
无锡	是	否	否	—
苏州	是	否	否	—
上海	是	是	不	—
济南	/	是	否	10
廊坊	/	/	否	1
沧州	/	/	否	10
德州	/	/	否	15
泰安	/	/	否	7
曲阜	/	/	否	6
枣庄	/	/	否	8
宿州	/	/	否	23
蚌埠	/	/	否	10
滁州	/	/	否	12
镇江	/	否	否	1.5
常州	/	否	否	8
昆山	/	是	否	2

注：表中所述地铁与高铁的连通情况，包含已开通及正在建设的情形；"/"表示该城市既无已开通或正在建设的地铁，也没有第二条高铁线路。鉴于我国既有火车站通常位于城市中心区域，故而在此以高铁站至既有火车站的距离，来表征其与市中心的关联。

二、中小城市外围高铁站点与市中心的关系

在部分高铁线路的规划与建设过程中，曾存在片面追求建设速度与运行速度的问题。例如，在高铁建设理念上，存在认为拆迁难度越小越好、线路越平直越好的倾向，这使得相关部门倾向于将线路规划偏离城市，避开沿线城市地区的拆迁以及对既有站场的改造。这一做法导致相当数量的高铁站点远离城市中心，民众前往高铁站点所需时间较长，出行乘车极为不便，这从上海至杭州高铁各站点抵达对应城市中心所需的时间可见一斑（见表5.12）。

表5.12 上海至杭州高铁各站点抵达对应市中心所需的时间

城市	至市中心距离/公里	至市中心的交通方式与时耗
上海（虹桥）	13	地铁，至人民广场约耗时40分钟
松江	6	公交，至松江城区中心约耗时30分钟
金山	30	距离金山区约30公里，公交耗时约4小时；距离枫泾镇约7公里，公交耗时约1小时
嘉善	4	公交，约耗时25分钟
嘉兴	8	公交，约耗时35分钟
桐乡	10	公交，约耗时35分钟
海宁	30	海宁站距余杭区约8公里，公交约耗时35分钟；而海宁市距桐乡站约13公里
余杭	5	公交，至余杭城区中心约耗时30分钟
杭州（东站）	6	公交，至杭州市政府约耗时30分钟

注：此表仅列出了高铁站设在城市外围且无地铁衔接的城市情况。所列时耗为平均值，即在平均路况条件下，依据各城市已公布的站点周边公交运营计划，并加上平均候车时间得出。该数据可能与实际情况存在较大出入。

在此情形下，若要充分发挥高铁的速度优势，就必须兴建更多的配套交通设施。然而，我国多数中、小城市以及部分大城市，受

经济发展水平和规划能力的限制，市内与高铁配套的交通设施建设相对滞后，或是建设时序不合理，能够在高铁站与市中心间建立起轨道交通线的城市为数不多。并且，很多城市交通拥堵较为严重，致使设在外围的高铁站与市中心联系不便，这在很大程度上抵消了高铁本身速度快这一优势。

三、站点周边开发与城市总体发展的关系

高铁站点周边开发规模应与城市自身规模相协调，城市应慎重选择适合自身条件的发展道路，仅为迎合高铁站点而强行拓展发展是不恰当的。由于我国高铁发展时间较短，高铁站点对周边地区的带动作用尚未充分显现。综合考虑相关城市的发展规划、站点选址和开发范围，现将我国部分高铁站点周边的开发情况划分为以下三种类型进行分析。

（一）带动大城市副中心发展

以上海为典型代表。上海作为区域中心城市，市域范围内分布着多个高铁站。其中，沪杭高铁位于上海中心城区的有上海站（地处市中心）和虹桥站（位于城市副中心）。虹桥站依托传统铁路线和两条地铁线，与市中心建立起便捷联系，并对周边地区产生较大的带动作用。虹桥地区作为区域性的机场、高铁、地铁枢纽，直接为整个长三角地区提供服务。

（二）带动中、小城市副中心发展

这类城市数量较多。它们一般自身规模较小，高铁站距离市中心相对较远。由于这类城市往往发展条件欠佳、网络地位较低，外围高铁站的建设可能会进一步分散发展力量，能否依照规划形成如此规模

的新中心难以预见。

（三）仅作为外围交通枢纽

由于高铁站所选位置与城市规划的发展方向不一致，或者距离原有城区过远，导致仅在高铁站周边进行小规模开发。这类城市以浙江省嘉兴市为典型代表。嘉兴城市规模虽然较大，但嘉兴南站按照总体规划，仅带动站点周边面积很小的区域发展。这种类似于机场的应用模式，在很大程度上将削弱高铁的带动作用。

经验表明，高铁站点利用原有铁路站点设立在城市中心，是最为便捷且有效的方式。国外的高铁站大多设置在市中心，因为这样能够最方便、最有效地利用现有的城市交通网络。只有在技术条件不允许的情况下，才考虑在城市外围设站。如果需要借助高铁站带动城市外围新节点的开发，通常也是在市中心已有一个高铁站的前提下，才会考虑在外围增设新站。新建高铁站点的选址，需要综合考虑城市规模、城市结构和发展阶段等因素来确定。大城市一般呈多中心结构，站点设置也通常有多个。位于城市外围的高铁站点，有可能带动新区域的开发，甚至形成城市新的发展中心，而这种开发能否成功，主要取决于其与城市交通网的连接紧密程度以及到达市中心的便捷程度。在众多中小城市中，高铁站大多位于城市外围地区。我国正处于城市化快速发展以及经济有巨大发展需求的阶段，存在借助新站点打造城市新区或新中心的可能性，但这需要有充足的公共交通作为支撑。

高铁客运站要与其他区域交通方式以及城市交通网络紧密配合，构建功能合理的综合交通体系。为充分发挥高铁对更大区域的带动

> 作用，将高铁与普通铁路网、高速公路网、机场相结合，形成功能合理的综合交通体系十分必要。地方性铁路网和城市轨道交通系统的建设至关重要，以传统铁路和市内轨道交通作为高铁出行的首末端方式，从运量匹配、换乘便利性、系统衔接等方面来看，都是扩展高铁服务范围的最合适选择。在综合考虑站点周边开发的各项内容和时序安排时，要注重站点周边开发的综合性，合理协调高铁建设、城市配套交通网络建设、站点周边商业、公共服务、居住等各项内容之间的关系，避免某一方面过度超前或滞后，造成运能或投资的浪费。

三、新建漳汕沿海高铁站分布规划与案例剖析

（一）漳汕沿海高铁站分布原则

结合城市与枢纽布局：按照客运专线特点，紧密结合重点城市、重要交通枢纽分布设站。车站应尽可能靠近中心城区，这样既有利于吸引客流，实现综合交通的有效衔接，又便于车站毗邻地区的土地综合开发，从而促进与城市的协同发展。

利用既有设施：充分利用既有运输设备设施，在条件允许时，尽量与既有车站并站设置，以此发挥中心站在路网中的功能作用。

满足养护需求：综合考虑维修工区及保养点的设置，确保满足养护维修的实际需要。

（二）合理的最大站间距离考量

1. 与运输能力相关的合理站间距

漳汕高铁开行速度为 350 公里/小时的同一速度等级列车，且列车在车站无因列车运行组织差异等因素导致的越行作业，此时区间通过能力主要受停站方案的影响。在合理安排停站方案的前提下，站间距离对区间通过能力的影响极小。

2. 与速度目标值相匹配的站间距离

通过计算机牵引计算模拟可知，列车在平坡上从 0 加速到 350 公里/小时以及减速的距离超过 30 公里。若考虑交错停站，同时要满足列车在区间的达速率在 50% 以上，站间距离不宜小于 30 公里，如此方能满足高速铁路的设计规范要求。

3. 养护维修需要的站间距离

结合我国高铁综合维修工区布点因素，考虑平均维修作业及附加时间、轨道车走行时间，站间距离不宜大于 60 公里。

综上分析，合理的最大站间距宜控制在 30~60 公里，并且应充分考虑养护维修以及防灾救援的需要，采取相应的保障措施。漳州站至汕头站高速铁路的运营里程为 170.035 公里，沿线分布着漳州、漳浦、东山县、诏安南、饶平南、汕头东（预留）、汕头等 7 座车站。其中，漳州、漳浦、汕头为既有站，东山县、诏安南、汕头东、饶平南为新建站。平均站间距离为 34.007 公里，最大站间距离为 45.992 公里（漳浦—东山县），最小站间距离为 16.79 公里（诏安南—饶平南）。车站分布概况如表 5.13 所示。

表 5.13 漳汕高铁车站中心里程及站间距离表

序号	车站	站中心里程	站间距/公里	车站性质	备注
1	漳州	CK2+808.8	45.574	客运站	与厦深铁路漳州站并站分场
2	漳浦	CK48+382	45.992	客运站	与厦深铁路漳浦站并站分场
3	东山县	CK94+735	20.424	客运站	新建车站
4	诏安南	CK114+660	16.79	客运站	新建车站
5	饶平南	C1K131+450	41.255	客运站	新建车站
6	汕头	DK166+380（汕汕高铁里程）		客运站	引入汕汕高铁新建高速车场

（三）新建接轨站、主要客运站规划

1. 漳州站

漳州站是厦门枢纽辅助客运站，也是漳州地区主要的客货运站。龙厦线在车站深圳端分方向引入，港尾铁路支线自福州端接轨。站内设有到发线 13 条（含正线 4 条），基本站台 1 座、中间站台 2 座。深圳端站房对侧设贯通式货场 1 座，货场设有货物装卸线 2 条、牵出线 1 条。车站福州端站房对侧设综合维修工区，站房按线侧下式布置，站房建筑面积为 29800 平方米。

漳汕沿海高铁引入漳州站采用在站房对侧新建车场的并站分场方案。结合车站作业量和工程实施条件，新建车场规模按4台11线（含正线）设计，近期按2台6线规模设计，预留2台5线（占用厦深铁路1条到发线）条件。新建漳汕车场近期设到发线6条（含正线2条），设（450×12×1.25）米岛式站台1座，设（450×11.5×1.25）米岛式站台1座。新建车场与既有车场等高，新建车场采用高架候车厅覆盖，同时新建1座跨线天桥将既有站房与高架候车厅连通，并延长既有地道。远期预留龙厦高铁外包引入条件，预留到发线5条（含正线2条），预留（450×12×1.25）米岛式站台2座。

漳汕沿海高铁重点对漳州站改扩建方案和本线进岛联络线方案展开研究，并对枢纽内重点区间通过能力、主要客运站作业能力、动车组检修存放能力的适应性进行分析。

2. 漳浦站

既有漳浦车站是厦深铁路办理客、货运作业的中间站，目前仅办理客运作业。车站采用横列式布置，设有到发线6条（含正线2条），其中货物列车到发线1条。设（450×9×1.25）米旅客基本站台及（450×10.5×1.25）米中间站台各1座，站台间设旅客地道1座，站台上设等长雨棚。站房对侧设贯通式货场，设贯通式货物装卸线1条、预留1条，设牵出线1条，牵出线有效长450米。站房设于线路左侧，按线侧平式布置，站房面积约4000平方米。

漳汕高铁按并站分场方式引入既有厦深铁路漳浦站，车站位于漳浦县西南侧，距离县城5.7公里。新建汕漳车场位于既有站房同侧，车场规模为 2 台 4 线；相应拆除并还建站房及生产生活房屋，新建站房面积为 15000 平方米。

3. 东山县站

新建东山县站位于漳州市东山县杏陈镇大产村南侧，毗邻疏港路，交通便利。车站为高架站，设到发线 4 条（含正线 2 条），设（450×8×1.25）米侧式站台 2 座。新建站房位于线路南侧，采用线侧下式布置，站房建筑面积 15000 平方米。

4. 诏安南站

诏安南站紧邻诏安县城南侧，距离县中心 1.8 公里，位于规划的闽粤经济合作区范围内。车站为高架车站，设到发线 5 条（含正线 2 条），设（450×12×1.25）米岛式站台 1 座，（450×8×1.25）米侧式站台 1 座。新建站房位于线路北侧，采用线侧下式布置，站房建筑面积 10000 平方米，漳州端采用小"八"字渡线布置。

（四）漳州站改扩建方案探讨

汕尾至漳州铁路自漳州站西端引入，对车站的改扩建研究了并站合场方案和并站分场方案。

1. 并站合场方案

漳汕沿海高铁与福厦沿海高铁按方向分别贯通并站合场引入既有漳州站，需对车站按 7 台 12 线规模进行相应改扩建，同时在车站两端预留龙厦高铁贯通引入条件。

2. 并站分场方案

漳汕沿海高铁与福厦高铁贯通并站分场引入既有漳州站南侧新建漳汕高铁车场，同时在新建车场预留龙厦高铁贯通引入条件。鉴于目前福厦沿海高铁向深圳方向延伸的正线桥墩已经实施到208省道附近（距离漳州站站中心约4.0公里），且福厦高铁同步实施了大寨尾隧道漳州端出168米（大寨尾隧道出口距离漳州站站中心约2.814公里），为减少福厦沿海高铁的废弃工程，节约工程投资，漳汕沿海高铁引入应与已建成通车的福厦漳汕沿海高铁拟定的正线线位贯通。

新建车场近远期办理通过高速动车组分别为60对/日和95对/日。同时考虑到在建福厦高铁正线左线与既有厦深铁路正线左线间距为104.302米，因此结合车站作业量和工程实施条件，新建车场规模按4台11线（含正线）设计，近期按2台6线规模设计，预留2台5线（占用厦深铁路1条到发线）条件。

（五）车场能力检算

漳州站以办理通过客车作业为主，辅助办理漳州地区旅客列车始发终到作业。从厦门枢纽主要客运站作业量表可以看出，漳州站近（远）期办理始发终到列车对数为8（12）对/日，办理通过列车对数为126（172）对/日（见表5.14）。由此可以分析出，规划年度漳州站漳汕车场办理本线、福厦高铁、龙厦高铁所有通过列车，列车对数近（远）期分别为60（95）对/日。经检算，漳州站新建车场满足能力需求。

表 5.14　研究年度漳州站分场作业量表　　　单位：对/日

车场	类型		2030年 动车组	2035年 动车组	2045年 动车组
厦深车场	始发	1、泉州方向（既有）	5	5	9
		2、泉州方向（高铁）	3	3	3
		合计	8	8	12
	通过	3、泉州（既有）—汕头（既有）	13	15	16
		4、龙岩（既有）—泉州方向（既有）	11	12	15
		5、龙岩（既有）—汕头方向（既有）	6	8	10
		6、龙岩（既有）—泉州方向（高铁）	7	3	
		7、枢纽始发龙岩、汕头方向	25	28	36
		合计	62	66	77
		合计	70	74	89
漳州车场	通过	1、泉州（高铁）—汕头（高铁）	23	28	33
		2、龙岩（高铁）—泉州方向（高铁）			10
		3、汕头（高铁）—南平方向（高铁）			4
		4、枢纽始发龙岩、汕头方向	17	32	48
		合计	40	60	95
		合计	40	60	95

（六）方案比选及推荐意见

合场方案虽然工程投资相对节省，但需拆除站房并大范围改建车站两端咽喉，施工过程中对既有线运营干扰极大，实施难度高。而且车站深圳端引入线路交叉疏解复杂，该方案的实施还会对福厦沿海高铁工程产生影响。而分场方案在施工期间对既有线运营无干扰，有利于运输组织，工程的可实施性更强。因此，研究推荐汕尾至漳州铁路引入漳州站按并站分场方案进行改扩建。

（七）厦门相关设施规划

1. 厦门北第二动车所

厦门北动车所规模为8线检查库、27条存车线。福厦高铁引入后，在厦门北新建第二动车运用所，规模为8线检查库、40条存车线，近期实施20条存车线。经检算，厦门北第二动车所需增设4条检查库线。根据福厦高铁厦门北第二动车所施工咨询图设计资料，厦门北第二动车所检查库部分已按照远期规模同步实施土建工程，可考虑直接在远期预留位置提前实施4条检查库线。

2. 厦门存车场

既有厦门客整所含洗车线1条、整备线6条、存车线4条、临修线1条。引入后，根据预测运量及运输组织方案，厦门客车技术整备所需升级为存车场，在预留位置新建存车线1条，同时电化7条客车整备线作为动车存车线。

（八）厦门枢纽方案规划

1. 枢纽客货运布局

规划年度，厦门枢纽将形成衔接福州、深圳、龙岩、鹰潭、南昌、安溪等方向，引入厦深铁路、福厦铁路、龙厦铁路、鹰厦铁路、福厦高铁、漳汕高铁、龙厦高铁、昌厦高铁等干线的放射状区域性铁路枢纽。

客运系统：形成以厦门北站、厦门站和厦门东站为主，高崎站和漳州站为辅的"三主两辅"格局。

货运系统：枢纽内依托东孚区段站，整合铁路货场，按"一个物流中心（集装箱办理站），五个专业性货场，二个港区车场"进行规划设计。

解编系统：枢纽内货物列车集中在东孚区段站进行解编作业。东孚区段站近期为二级三场站型，规划为二级四场站型；高崎站（Ⅱ场）维持既有规模不变，承担东渡港区车流的解编作业。

2. 福厦沿海高铁引入厦门枢纽工程

根据《中国铁路总公司福建省人民政府关于新建福州至厦门铁路初步设计的批复》（铁总鉴函〔2017〕464号），福厦高铁线路自翔安沿既有杭深铁路北侧引入厦门北站，与既有沿海通道并站分场设置。出站后沿沈海高速公路北侧跨九龙江后，近期按方向分别引入既有漳州站，远期与沿海客专贯通于既有车场南侧新设客专车场。

在厦门北站北侧新建客专车场，其规模为7台15线（含正线），预留福厦高铁至厦门北既有车场上、下行联络线。在厦门北站东北侧、在建厦门北动车运用所北侧新建厦门北第二动车运用所，其规模按检查库线8条，存车40条，临修及不落轮镟线2条，牵出线1条进行布置。近期设动车存车场，其规模按设存车线20条，临修及不落轮镟线2条，牵出线1条进行设计。

福厦高铁引入漳州地区正线工程预留往深圳方向延伸条件，设联络线按方向分别引入厦深铁路既有漳州站，联络线与龙厦铁路贯通。对既有车站进行改扩建，增设岛式站台1座，还建货物到发线1条，在西端新设动车存车场，设存车线6条。

3. 厦门枢纽站位及站型方案

漳汕高铁引入漳州站采用在站房对侧新建车场的并站分场方案。结合车站作业量和工程实施条件，新建车场规模按4台11线（含正线）设计，近期按2台6线规模设计，预留2台5线（占用厦深铁路1条到发线）条件。新建漳汕车场近期设到发线6条（含正线2条），设（450×12×1.25）米岛式站台1座，设（450×11.5×1.25）米岛式站台1座，新建车场与既有车场等高，延长既有天桥和地道。远期预留龙厦高铁外包引入条件，预留到发线5条（含正线2条），预留（450×12×1.25）米岛式站台2座。

第四节 温福高铁宁德段选址方案设计

高铁站选址绝非单纯的空间布局抉择，而是一项涵盖城市发展、交通衔接、经济成本、环境保护等诸多方面的系统工程。本节首先对沿海（南线）、中线、北线高铁站的选址方案设计展开分析；其次，对温福高铁宁德段的客流量进行了测算；最后，阐述了高铁站选址设计方案的技术要求。总的来说，这些方案设计与考量因素相互交织，各选址方案各有特点：南线着重于充分利用既有车站进行改扩建；中线在客流吸引方面优势显著；北线则面临诸如环保等方面的挑战。客流量测算为方案的筛选提供了关键的数据支撑，而技术要求从选址因素、基本要求、技术标准，延伸至运输组织、工程投入以及建设协调等多个维度，构建起了科学选址的架构。

第五章
温福高铁宁德段线站位设计方案分析

一、不同线路高铁站选址方案分析

（一）沿海（南线）高铁站选址方案设计

南线客运站选址设计方案充分利用既有温福铁路的福鼎、霞浦、宁德三个动车站进行改扩建，基本可满足改扩建建设功能需求，并在福安市赛岐镇泥湾村附近新建福安高铁东站。

1. 既有福鼎站

在既有温福福鼎动车站西侧并站设高铁场，能够充分利用既有温福铁路车站设施，最大限度节约用地，降低工程投资。不过，该设计方案在与既有站西侧并站时，车站北侧引线需要迁建货场、综合工区等既有铁路设施。

2. 既有霞浦站

既有温福铁路霞浦站距县城5公里，考虑到可利用既有铁路设施和城市配套，且邻近沈海高速公路6公里、水门军民两用机场二级公路10公里，交通便利，因此可采用并站方案。从较大客流条件来看，新增高速铁路站点有利于吸引和增长霞浦旅游客流量，且与县城核心区发展直接相关。既有霞浦站改建较为困难，主要原因是车站温州端右侧进站地段在原施工期为一处长200多米的滑坡体。温福铁路通车前，已按设计完成边坡抗滑桩工程，部分抗滑桩还增加了预应力锚索加强支撑。自温福铁路2009年开通运营以来，山体基本处于稳定状态，不适宜进行改建扰动山体。但既有车站货场北侧地势平坦开阔，且为霞浦县政府已征用地块，具备良好设站条件（见图5.4）。

图 5.4 霞浦既有站对侧工区图（货场）

3. 既有福安站

温福高铁引入既有福安站，该站位于福安市湾坞镇。既有福安站南侧，周边有白马港专用线、沈海高速公路，以及沈海高速与宁上高速的互通，与福安、霞浦、宁德的通达条件较好。车站南侧无线路引入空间，车站北侧空间相对宽敞，周边地势不高且相对平坦，具有车站改建条件，拆迁量也较小。然而，该方案存在不足，既有福安站距福安市区高速公路里程31公里，驾车含进出城单程时间约需40分钟，福安市区旅客乘车不便。并且既有站两端为隧道，改扩建空间和未来发展等条件受到一定限制，因此该站只作为货运站。经笔者研究发现，在距本站约12公里处的赛岐镇泥湾村具备设站条件，且邻近即将开工建设的G228国道立交互通，该立交互通主线桥梁与宁上高速公路主线相衔接，距福安市老城区高速公路里程仅18公里。

4. 既有宁德站（接轨站）

采用既有站并站方案，在宁德站对侧并站并新增高速车场。宁德站并站方案的车站位于城区中心，与城市规划契合度高，旅客出行便捷。同时，能充分利用既有设施和城市配套工程，最大限度地集约节约交通资源。

（二）中线高铁站选址方案设计

中线的选址方案为在既有温福福鼎动车站西侧并站设高铁场，霞浦高铁站拟设在霞浦县城关以北的柏洋乡，福安市站位选择在赛岐镇或溪柄镇，宁德站采用与既有温福铁路动车站并站方案。

1. 福鼎高铁站

在既有温福福鼎动车站西侧并站设高铁场，可与既有温福铁路共通道，充分利用既有铁路设施，最大程度地节约用地。不过，该方案在既有站西侧并站时，车站北侧引线需要迁建货场、综合工区等既有铁路设施。

2. 霞浦高铁站

线路自苍南站引出后，至既有福鼎站西侧并站，接着在霞浦县柏洋乡西宅村或卞洋村附近设霞浦北站，于福安市溪柄镇或赛岐镇象怀村附近设福安高铁东站，宁德站采用与既有温福铁路动车站并站设高速场的设计方案。在柏洋乡设高铁站，主要缺点是距霞浦城关约30公里、距柘荣城关约20公里（按高速公路里程），不利于霞浦县人民群众便捷出行，但对在福安市赛岐镇或溪柄镇设高铁站较为有利。福建省正推进交通强省建设,霞浦至柘荣邻县通高速公路的可行性研究阶段工作即将完成,霞浦县至柘荣城关高速公路里程约52公里。

另外,可在霞浦县水门乡茶岗村设霞浦高铁站,至福安市赛岐镇泥湾村附近设福安高铁站,宁德站采用与既有温福铁路动车站并站设高速场建设方案。在茶岗村设霞浦高铁站,距既有温福铁路霞浦站约10公里,紧邻水门军民两用机场,便于旅客转机(火车)换乘,未来对台湾群众回大陆观光旅游也有利,且该地地势开阔,交通便利,具备设站条件,主要不足是邻近军用机场。根据《高速铁路设计规范》要求,高速铁路与机场导航台等无线电台站之间的净空、距离等需符合相关标准,同时要考虑列车不同运行速度时的电磁辐射强度。

(三)北线高铁站选址方案设计

线路自苍南站引出,北线起点高铁站拟有两个方案:一是在福鼎市东侧贯岭镇新建(方案Ⅰ);二是利用既有温福铁路福鼎站设高铁场(方案Ⅱ)。之后,在柘荣县城关北侧设柘荣高铁站,在福安县城南侧溪北村附近的溪北洋开发区设福安高铁南站,终点宁德高铁站采用与既有温福铁路宁德站并站方案。

1. 福鼎高铁站

主要考虑以下两个设计方案:

方案Ⅰ:在福鼎市城东侧贯岭镇新建福鼎高铁站。然而,该设站方案不符合福鼎市城市规划。福鼎市的主要经济圈和长远规划重点在于加快环八尺门湾滨海新城建设,打造前岐佳阳、店下龙安片区产业带以及环沙埕湾旅游带,以促进国土空间朝着更加绿色安全、健康宜居、开放协调、富有活力的方向发展，形成开放式、网络化、集约型、生态化的国土空间总体发展格局。

方案Ⅱ：在既有温福铁路福鼎站设高铁场。既有温福铁路福鼎站呈北南走向，而沿柘荣方向展线为东西走向。与既有温福铁路福鼎站并站后，需另行展线，由东向西沿柘荣方向延伸，直至柘荣县富溪镇设柘荣高铁站。

2. 柘荣高铁站

柘荣县城关北侧地势开阔，具备设站条件。北线方案途经福鼎、柘荣、福安市，覆盖了柘荣的铁路空白区域，其覆盖范围和布局符合福建省"十四五"铁路网规划。但从环保方面分析，北线方案存在诸多问题。该方案共穿越3处水源保护区二级区、3处文物保护区、1处森林公园，其中还穿越福鼎南溪水库一级保护区上游，环评审批难度极大。由于长距离通过水源保护区，隧道施工可能导致地下水流失，这不仅会使隧道施工安全风险极高，甚至可能引发重特大工程事故，还会造成福鼎市城关居民的生产生活用水短缺，工程实施可行性极低。

3. 福安高铁站

福安高铁站位于溪北洋开发区。目前，开发区交通基础设施已基本配套完善，已建成从溪北洋直通城关的溪北洋双线隧道，距离城关较近，客流吸引能力较强，符合福安市城市规划。周宁县、寿宁县、泰顺县均位于福安市城区一小时交通圈范围内。按照溪北洋设站方案，福安东站站址距离福安市区5.5公里，距离周宁、寿宁、泰顺三县的距离分别为30公里、47公里、57公里。站址距离周宁较近，且车站距宁上高速出入口较近，因此，该站址除可直接吸引福安市区客流外，对周宁客流也有较好的吸引能力。不过，该站址至寿宁、泰顺两县距离较远，交通不便，对寿宁、泰顺地区的客流吸引能力较弱。

二、温福高铁宁德段高铁站客流量测算

（一）采用二次指数平滑法

1. 方法介绍

二次指数平滑法是一种加权移动预测方法，适用于数据较少且呈现变参数线性趋势的时间序列数据预测。该方法通过对历史数据进行二次迭代加权，从而给出依托时间线的客流预测结果。

二次指数平滑法主要计算公式为：

$$S_t^{(1)} = \alpha y_t + (1-\alpha) S_{(t-1)}^{(1)}$$

$$S_t^{(2)} = \alpha S_t^{(1)} + (1-\alpha) S_{(t-1)}^{(2)}$$

$$a_t = 2S_t^{(1)} - S_t^{(2)}$$

$$b_t = \frac{1}{1-\alpha}(S_t^{(1)} - S_t^{(2)})$$

$$\hat{F}_{t+m} = a_t + b_t m$$

$S_t^{(1)}$：第 t 期一次平滑指数；$S_t^{(2)}$：第 t 期二次平滑指数；

y_t：第 t 期的客流量；a_t、b_t：线性平滑模型参数；

$\hat{F}_{t+m}$：第 $t+m$ 期的预测值；m：超前预测期数；α：平滑常数（0–0.3）

在本研究中，为使数学模型的线性关系更为明晰，铁路客流数据

未纳入近年疫情期间的数据波动。系数取值范围一般在 0.05～0.3，鉴于地方铁路开通时间较短，历史数据样本较少，本研究取较大值 0.2，以赋予数据样本更大权重，减少预测误差。

2. 基于二次指数平滑法的客流计算及分析

本研究应用二次指数平滑法，结合历史数据，分别对霞浦县、福安市、柘荣县进行未来铁路客流量预测，为后续高速铁路选线提供参考。

（1）霞浦县 2030 年旅客发送量测算：相关数据及计算结果如表 5.15 所示。经计算，霞浦县在 2030 年铁路客流发送量约为 340.5 万人次。

表 5.15　霞浦指数平滑值计算表

年度	霞浦旅客发送量 / 万人	一次指数平滑值	二次指数平滑值
2015	125.9	125.9	125.9
2016	144.1	129.5	126.6
2017	160.5	135.7	128.4
2018	161.8	140.9	130.9
2019	172.8	147.3	134.2

（2）福安市 2030 年旅客发送量测算：相关数据及计算结果如表 5.16 所示。经测算，福安市 2030 年铁路客流发送量约为 107 万人。

表 5.16　福安指数平滑值计算表

年度	福安	一次指数平滑值	二次指数平滑值
2015	79.8	79.8	79.8
2016	95.5	82.9	80.4
2017	97.8	85.9	81.5
2018	104.7	89.7	83.2
2019	102.7	92.3	85.0

（3）柘荣县2030年旅客发送量测算：由于柘荣县缺乏现状铁路客流数据，本研究选取城市规模、经济体量、城镇化水平、人口规模与柘荣县相似的江西省九江市彭泽县进行对比研究。彭泽县常住人口约28万人，2021年全年GDP约为201亿元，人均GDP约为7.2万元；柘荣县常住人口约9.2万人，2021年全年GDP约为75.23亿元，人均GDP约8.1万元。两县地形地貌、交通区位、产业结构也较为相似。依据人口数量换算系数约为0.33（9.2万人÷28万人），经测算，2030年柘荣县旅客发送量约为4.9万人。

　　综上所述，温福高铁北线方案经宁德市区，串联福安、柘荣后抵达福鼎，宁德市区至福鼎市区间涉及的客流发送量约为112万人；中线方案经宁德市区，串联福安、霞浦后抵达福鼎，宁德市区至福鼎市区间涉及的客流发送量约为448万人，中线较北线区间涉及的客流发送量多约336万人。从客流总量的角度看，客流测算数据更支持中线方案，即在霞浦设站方案更为科学合理。

（二）采用乘车系数法

1. 方法介绍

　　乘车系数法，也称乘车率，指吸引范围内年人均乘车次数。其计算公式为：$K_{all} = P \cdot K$；式中，K_{all}为全年旅客发送量，P为吸引范围人口总数，K为乘车系数。该方法适用于预测车站旅客发送量，无论是大站还是中小站均适用。随着人们生活水平的不断提高，在吸引人口增长或不变的情况下，年人均乘车系数呈增长趋势。因此，确定乘车系数时，应考虑既有车站或相邻、相关、类似地区乘车系数的历年增长趋势及现状，本研究具体参考数据如表5.17和表5.18所示。

表5.17 铁路设计乘车系数参考指标

地区	东部	中部	西部
省级及以上城市	5.0~10.0	4.0~8.0	3.0~6.0
地（市）级城市	3.5~7.0	2.5~5.0	1.5~3.0
县（市）级城市	2.5~5.0	1.5~3.0	1.0~2.0
县级以下城镇	1.5~2.5	1.0~2.0	0.5~1.5
乡村	1.0~2.0	0.8~1.5	0.5~1.0

表5.18 环三都澳地区客流吸引范围及总量

吸引范围	系数	人口数/万人
柘荣城区	2	5.86
柘荣除城区以外	1.5	3.44
福安老城区	3.75	19.96
福安除老城区以外	2	21.94
霞浦城区	3.75	23.5
霞浦城区、溪南以外	1.5	16.77
赛甘、白马、溪南	2	26.27

2. 基于乘车系数法的客流分析

（1）宁德西部三县与温福高铁拟设站点距离：假定新设柘荣站（富溪）、福安北站（溪北）形成北线方案，寿宁至高铁站点可缩短30公里、20分钟（从90分钟缩短至70分钟），周宁至高铁站点可缩短25公里、15分钟（从70分钟缩短至55分钟），屏南至最近高铁站点的距离无变化（火车50分钟）。具体数据如表5.19所示。

表 5.19　宁德西部三县与温福高铁拟设站点距离一览表

城市	距福鼎站/公里	距霞浦站/公里	距福安站/公里	距宁德站/公里	距柘荣站/公里	距福安北站/公里
寿宁	120	130	100	115	90	70
周宁	125	110	80	90	85	55
屏南	185	140	105	100	145	110

注：寿宁、周宁、屏南距各站取点计算以县政府为起始，假定设"柘荣站、福安北站"，考虑三县与之的时空距离，以上时空距离均为百度地图实际路径、同一时刻数据。

（2）客流总量预测：周宁、寿宁、柘荣（七普人口 41.6 万），通过乘车系数法测算，客流总量约 80 万/年，出行路径为汽车至福安北、柘荣站。屏南（七普人口 13.9 万），客流总量约 28 万人/年，出行路径为汽车或火车至宁德站。新设柘荣站（富溪村）、福安北站（溪北村）的北线方案，虽可缩短周宁、寿宁、屏南三县 80 万客流至最近高铁站点单程 25~30 公里、15~20 分钟的时空距离，但可能会严重削弱沿海经济中心地区的客流。

（3）南北线路客流吸引对比：从南北两条路径对比客流吸引情况，北线为福鼎—柘荣—福安老城区—宁德，南线为福鼎—霞浦—福安南（赛岐）—宁德，两者客流吸引范围的差异主要在于中段设站区域不同，即柘荣+福安老城和霞浦+赛甘+白马+溪南。采用乘车系数法计算直接客流，其中乘车系数按照东部地区系数范围取中值。

北线客流吸引：柘荣站点范围客流发送量 $K_{á1} = 5.86 \tilde{A} 2 + 3.44 \tilde{A} 1.5 = 16.88$ 万人/年（柘荣县城及其他乡镇）；福安站（溪北洋）点范围客流发送量 $K_{á2} = 19.96 \tilde{A} 3.75 + 21.94 \tilde{A} 2 = 118.73$ 万人/年（福安老城外乡

镇）。北线两站所吸引的客流发送量小计为 135.61 万人。

中线客流吸引：霞浦站点范围客流发送量 $K_{a1} = 23.5 \tilde{A} 3.75 + 16.77 \tilde{A} 1.5 = 113.28$ 万人/年（霞浦县城与周边区域）；福安站（赛岐）范围客流发送量 $K_{a2} = 26.27 \tilde{A} 2 = 52.54$ 万人/年（赛甘与溪南片区）。中线两站所吸引的客流发送量小计为 165.82 万人。中线两站所吸引的客流发送量比北线两站多 30.21 万人。基于常住人口的数据，预测中线客流吸引范围和体量要高于北线方案，从对社会经济发展和社会流动性贡献的角度看，中线方案优势更为突出。

（3）旅游客流量分析：根据 2020 年和 2021 年福建省国民经济和社会发展统计公报，2020 年福建省完成铁路运输 7539.34 万人，接待国内旅游人数 36981.07 万人次；2021 年完成铁路运输 8350.42 万人次，同比增长 10.8%，接待国内旅游人数 40680.51 万人次，同比增长 15.6%。参考往年数据，可取系数 $\alpha = $ 全年铁路客运量/接待国内旅游人数 $\in [0.204, 0.206] \approx 0.2$。

已知霞浦县、福安市、柘荣县 2019 年的游客人数分别为 615.90 万人、390.54 万人、180.95 万人，2030 年的游客人数预计分别为 1001.60 万人、635.10 万人、294.30 万人。预计到 2030 年，霞浦片区高铁车站接待旅客客流可达 200.32 万人次，福安片区接待旅游客流约 127.02 万人，柘荣片区接待旅游客流约 58.86 万人。基于此，中线方案铁路旅游客流为霞浦+福安共计 327.34 万人次，北线方案旅游客流为柘荣+福安共计 185.88 万人次。从旅游产业拉动来看，中线方案优势明显。

三、高铁站选址设计方案技术要求

高铁车站是城市重大交通基础设施，车站选址是高铁引入城市最为关键的环节，应在充分研判相关影响因素和要求的基础上，进行选址方案的研究和比选。由于涉及城市和铁路两方面，高铁站选址受到多方面因素的综合影响，应进行系统分析。

（一）高铁站选址的主要影响因素

温福高铁宁德段客运站选址涉及城市规划协调、发展方向调整、综合交通配套、旅客出行便利、征地拆迁规模、生态环境影响等事关城市发展和民生福祉的重大问题。这些问题往往较为复杂和敏感，需要综合权衡，最终提出使人民出行便捷、路地双方满意的高铁客站选址方案。

高铁车站选址的影响因素主要包括高铁建设、城市交通衔接、高铁运输组织、高铁经济效益、建设协调五个方面（见图5.5）。其中，城市交通衔接是重要因素，是高铁车站选址的总方向和出发点。应当贯彻执行国家发展改革委、自然资源部、住房城乡建设部、中国铁路总公司发布的《关于推进高铁站周边区域合理开发建设的指导意见》（发改基础〔2018〕514号）的有关规定要求，充分考虑宁德温福高铁车站与沿海城市的一体化发展，将高速铁路引入城市，为旅客提供便捷服务，加强交通衔接。高铁建设和运输组织因素是中国国铁集团、中国铁路南昌局、福建东南铁路公司等铁路系统内部因素，高铁站是铁路枢纽客运系统的核心设施，在保证枢纽正常运转方面发挥着重要作用，其选址应确保工程建设可行且利于运输组织。高铁经济效益因素是同等条件下衡量选址方案的主要因素，在保证客运服务和运输组织质量的前提下，应选择经济效益优良的方案，严控相关投资。建设协调因素是确保高铁站选址与城市环境、城市发展、城市规划等协调配合的重要因素，是确保方案落地的关键之一。

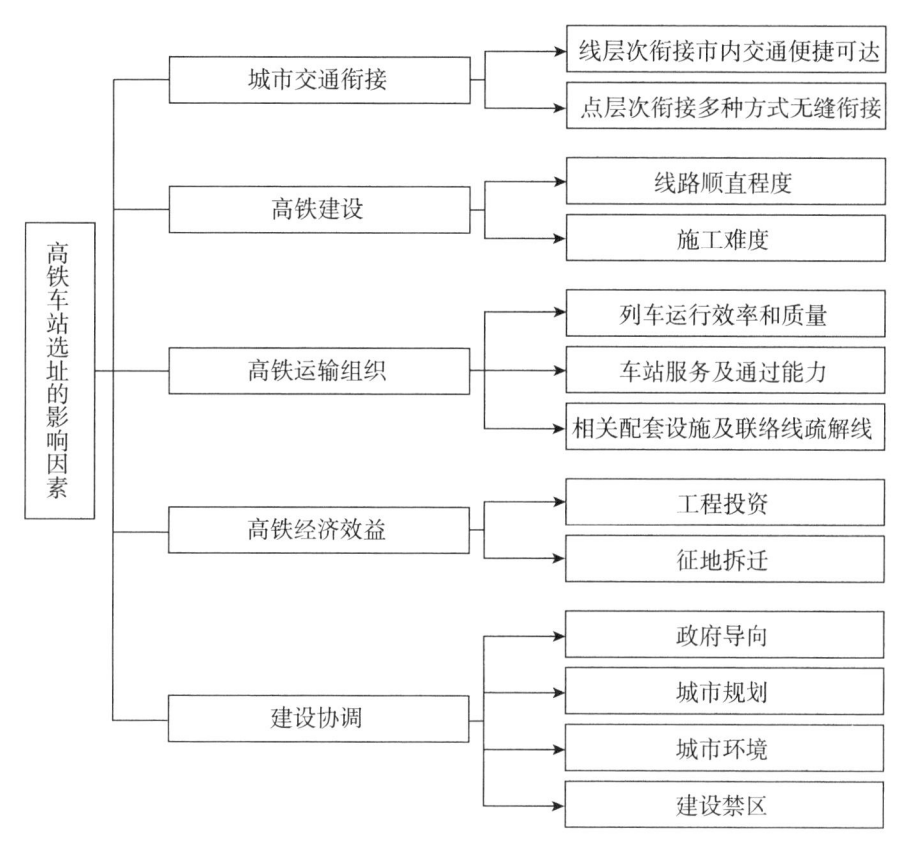

```
                              ┌─ 线层次衔接市内交通便捷可达
              城市交通衔接 ────┤
                              └─ 点层次衔接多种方式无缝衔接

                              ┌─ 线路顺直程度
              高铁建设    ────┤
                              └─ 施工难度

高铁车站                      ┌─ 列车运行效率和质量
选址的      ─ 高铁运输组织 ────┤─ 车站服务及通过能力
影响因素                      └─ 相关配套设施及联络线疏解线

                              ┌─ 工程投资
              高铁经济效益 ────┤
                              └─ 征地拆迁

                              ┌─ 政府导向
                              │─ 城市规划
              建设协调    ────┤
                              │─ 城市环境
                              └─ 建设禁区
```

图 5.5　高铁车站选址的主要影响因素

（二）高铁站选址的基本要求

高铁站作为城市交通的关键构成部分，其选址需确保与城市交通在规划和设计上实现一体化，达成无缝衔接。这主要涵盖城市交通线层次衔接和点层次衔接两个维度。

1. 城市交通线层次衔接

城市交通衔接的线层次因素，聚焦于旅客抵离高速铁路车站时，在城市市内交通中所涉及的距离、时间等便捷程度。近年来，高铁车站站址选择与城市交通融合发展暴露出诸多问题，典型表现为部分高铁车站远离城市中心，周边市政配套匮乏，致使旅客乘车不便。故而，在高铁车站选址时，需秉持以人民为中心的发展思想，竭力降低旅客在高铁站与城市间市内交通的出行成本，提升便捷性，进而提高高速铁路"门到门"的全程旅行时效。具体要求如下：

优先利用既有客站并控制数量：当高铁新线引入城市时，若相关线路通道和车站能力满足要求，或具备改扩建条件，应优先将高铁新线引入城市既有客站，而非新建高铁站。城市既有客运站通常地处城市建成区，距离城市中心较近，周边综合开发程度高，交通配套完备，区位优势显著。旅客出行便利，且已形成稳定出行习惯，此举更有利于吸引客流、发挥高铁优势、节省投资，推动集约高效发展。同时，需综合考量并严格把控城市高铁站数量。通常，城市规模越大、人口越多且分布越分散，枢纽衔接线路方向越多、枢纽布置越不灵活，所需客运站数量就越多。客站过多会导致旅客出行的便捷性降低、资源浪费；客站过少则会出现服务能力不足、新线引入困难的问题。一般而言，超大、特大城市主客站数量可达5个左右，并可配备若干辅助客站；大城市主客站数量一般不超过3个，可有辅助客站若干；中小型城市客站数量一般不超过2个。

新建站选址靠近城区：若必须新建高铁站，应尽可能选址于中心城区或靠近城市建成区。高铁站与城中心的距离，直接影响旅客前往高铁站的市内交通距离和时间，也关乎旅客出行的心理压力，在一定程度上决定了旅客对高铁出行便捷性的主观评价。依据《关于推进高铁站周边区域合理开发建设的指导意见》，高铁车站应尽量靠近城市布置。例如，山区方案中柘荣县富溪镇新建温福高铁站位于柘荣县与福安市交界处，难以实现与城市市内交通，尤其是公共交通的无缝衔接。

与城市对外交通实现无缝衔接：对于需转乘其他交通方式前往更远目的地的旅客而言，高铁站与城市对外交通（如机场、长途汽车站）的衔接至关重要。高铁可承担 800 公里以下的中短途运输，促使航班时刻和终端空域资源向长距离航线倾斜，契合航空比较优势，有助于优化整体运输结构，形成有别于欧美"枢纽机场＋支线机场"模式的"高铁＋机场"组织模式，拓展机场腹地、延伸高铁服务，还能推动机场间备降合作，提高机场群冗余能力、降低延误时间，实现互补共赢。此外，鼓励高铁站与长途汽车站直接衔接，进一步拓展高铁腹地。

2. 城市交通点层次衔接

城市交通衔接的点层次因素，指的是旅客在高铁车站内与各类市内交通方式换乘的便捷程度。温福高铁站在选址和设计过程中，应以打造城市综合交通枢纽为目标，秉持现代化综合客运枢纽站"零换乘"的设计理念，实现高铁与其他市内交通方式的无缝衔接。具体措施包括：

优化换乘设计：运用先进的设计理念和方法，通过多层次立体衔接、层间大能力扶梯直梯连通、平面优化布置、通道优化设计等手段，重点优化公共交通衔接，最大程度提高旅客换乘的便捷性，实现高铁车站"零换乘"。

匹配集疏运能力：鉴于高速铁路车站客流较大且具有集中到发的特征，在设计各类交通方式衔接时，需确保其集疏运能力与车站客运规模相匹配，着重研究线路数量、发车频率、开行方案、落客区域、停车场规划、出租车调度等，保障客流能够及时集散。

适度进行站区综合开发：站区综合开发、满足旅客旅行需求、提升土地价值三者相互促进、密不可分。以温福铁路霞浦动车站为例，2019年12月对原有站房往南方向进行扩建，新建站房建筑面积2075平方米、出站厅面积280.71平方米、新建风雨廊面积1423.44平方米，1站台增设2部电梯等工程，总投资8500万元。截至2021年10月，温福霞浦动车站站房总建筑面积达5175平方米，高峰时段可同时容纳1600人候车。合理的站区开发提升了旅客服务质量，吸引更多旅客会聚，进一步激发综合开发积极性，提升站区周边土地价值和商业繁荣度，使城市经济受益，形成人、站、城融合发展的良性循环。布局在市中心附近的车站应充分发挥优势，加强综合开发，提高土地利用效率；布局较远的车站，则需大力推动大能力交通方式衔接，完善周边配套，发挥高铁站对城市发展的引导作用，避免出现高铁空城现象。

（三）高铁站选址的技术要求

1. 线路走向方案方面

铁路选线设计是铁路工程建设的先导与基础，是一项综合性极强的工作，牵涉面广泛、政策性突出，兼具科学性、技术性与艺术性。

第五章
温福高铁宁德段线站位设计方案分析

与普通铁路不同，高速铁路不仅要求列车运行速度快、旅客舒适度高，还具备高速度、高密度、高舒适性、高安全性和高环保性等特性，对线路平面设计参数、纵断面设计参数以及技术和质量标准有着严苛要求。因此，宁德温福高速铁路在选线设计时，需综合考量沿海地区的经济状况、人口分布、客流量大小、地形地质条件等因素，尽可能满足载客量大、输送能力强、速度较快、安全性佳、舒适便捷等要求。

影响和限制温福高铁宁德段线站位选址的因素众多，可归纳为主观与客观两类：

主观因素：涵盖领导的决策意向、专家的职业素养，以及经审查批准的设计文件中所明确的设计线在路网中的地位与作用、铁路等级、主要技术标准及基本走行方向等，这些构成了选线的基本依据。

客观因素：设计线所经地区的自然条件、交通布局、经济状况以及工农业发展现状等，是铁路选线过程中必须予以考虑的要素。

铁路线路布局应契合国家方针政策，依据设计线的使用任务和性质，综合权衡区域内国民经济发展态势与远景规划，妥善处理近期与远期的关系在总体规划的指引下，合理选定方案，力求线路短捷并确保行车安全。铁路选线时，在保障行车安全、舒适、快速的前提下，应贯彻工程经济与运营经济相结合的原则，做到工程数量少、造价低、运营费用少、效益良好，且便于施工和养护。在不显著增加工程数量的情况下，应尽量采用较高的技术标准，避免轻易采用较低或极限标准。

由于高速铁路技术标准高，在施工建设方面存在严格的技术经济条件限制，这对车站选址产生影响。为保证高速铁路列车的运行速度，高铁线路对曲线半径和顺直程度要求颇高，然而沿线城市分布与线路走向难以完全一致，致使线路引入城市时，车站选址的调整空间有限，往往需要服从线路走向。此外，枢纽及车站的功能定位、客运量和客车开行方案，决定了对线路顺直程度的要求。大型、特大型枢纽中，大多数进站列车需停车完成旅客乘降作业，列车进出站运行速度不快，对曲线半径要求相对宽松，这更有利于将车站设置在深入城市的位置。同时，因其旅客发送量较大，重要性高，选址有时会对整体线路走向产生影响。

2. 施工难度方面

施工难度是影响车站选址的关键因素之一。车站选址在一定程度上决定了高铁线路的走向，以及车站设置方式和线站工程的难度。施工难度较低的方案，具有工程量小、投资低的优势，有利于减少对既有公铁运输秩序和安全的影响，便于提高施工速度和质量；而施工难度过高的选址方案，可能会被直接排除。因此，选址时应使车站和线路尽量避开地形地貌复杂的区域，如山川河流等；避开不良地质区域，如滑坡地段、地质断裂带、易沉降区域等；减少跨越既有公路、铁路桥梁隧道以及大型建筑物；尽可能避免线路下穿城市，减少复杂线路疏解区的出现，进而减少山岭隧道、水底隧道、城市隧道，以及跨线、跨江桥梁等建设难度较高的工程，以降低车站建设方案的难度。

（四）高铁站选址的运输组织

高铁站选址在运输组织方面有着关键作用，直接关联列车运行效率与质量、车站服务及通过能力，以及配套设施等多方面。

1. 列车运行效率和质量

温福高铁车站的选址需确保运输组织顺畅，以提升铁路枢纽运行效率、降低运行成本。高铁车站的位置与布置方式，会直接对线路引入走向以及高铁配套设施布局产生影响，从而决定枢纽车流径路等运输组织规划。不合理的选址易致使径路绕行、折角，降低枢纽运行质量。具体而言：

保障主要车流顺畅：高铁客站的选址和布置方向，应首先保障枢纽主要车流的顺畅通行，避免出现折角或迂回运输情况，减少道岔限速问题，以此提高枢纽的运行效率。

优化配套设施布局：车站选址会影响动车段等配套设施的布局。应避免列车出入动车所或存车场时占用主要干线的运输能力，并且将动车段尽量靠近高铁站布置，从而降低运营成本。

优化联络线与疏解线：相关联络线、疏解线应尽量短且具备良好的平面条件，以减少限速情况，保障列车运行的高效性。

2. 车站服务及通过能力

高铁车站为有效保障客运服务和列车接发作业，必须具备相应规模。客站选址要满足近远期相关用地需求，确保车站拥有充足的旅客服务及列车通过能力。

客运服务设施配备：在客运服务方面，高铁站需配备购票大厅、候车大厅、换乘大厅、站前广场、停车场、落客区、城市公共交通站点、商铺等设施，以此提供完备的客运能力和服务功能。

合理规划站场布局：在通过能力方面，应统筹规划车站分工，明确车站衔接的主要运输方向以及承担的主要列车任务。同时，结合近远期高铁站客运量和客车对数预测，以及车站与线路的衔接关系，合理确定车站站场的布置形态和近远期到发线规模。选址方案要保障高铁站车场的基本用地需求，并且充分预留扩能条件以及新线引入条件，以便应对客流增长和规划线路的接入，降低未来扩能改造和新建线路时的工程难度和征拆成本。

3. 配套设施、联络线和疏解线

部分枢纽在新建客站的同时，需要布局新的高铁客运配套设施，其中主要是动车段所，用于满足动车的检修、整备和存车作业需求。因此，高铁车站附近应有充足的用地用于客运设施配套建设，同时还要充分考虑设置联络线、疏解线的条件，确保枢纽内各部分之间的高效连接与运转。

（五）高铁站选址的工程投入

高铁站选址中的工程投入包含工程投资与征地拆迁费两个方面，它们对选址决策起着至关重要的作用。

1. 工程投资

工程投资是高铁车站选址时极为重要的考量因素，也是各选址方案进行横向对比的主要指标之一。铁路企业和地方政府依据这一指标权衡利弊，判断方案的可行性。通常情况下，工程投资较高的方案，往往能够实现较高的运输组织效率和优质的旅客服务质量；反之，投资较低的方案，在运输组织效率和旅客服务质量方面可能相对较弱。

2. 征地拆迁费

新建高铁线路与车站,不可避免地要穿越城市既有基础设施区域、占用城市相关用地,所以征地拆迁常常成为制约车站选址的决定性因素之一。我国城镇化进程快速推进,城区规模迅速扩张,高楼大厦遍布,这使得新建车站若要深入城市,需承担巨额的征地拆迁成本。鉴于此,在选址过程中,必须详细核算拆迁量以及拆迁所需的代价,并与地方政府展开充分沟通,以此确认选址方案在征地拆迁方面的可行性。

(六)高铁站选址的建设协调

高铁站选址的建设协调涉及政府导向与城市规划等多方面因素,对确定科学合理的选址方案意义重大。

1. 政府导向

高铁站布局牵涉铁路和城市两个主体。铁路作为城市的重大交通基础设施,影响广泛,各地政府极为重视高铁车站选址。研究与实践显示,高速铁路开通后,通过一定程度的综合开发,车站周边土地必然增值。城市常期望借助高铁车站带动土地价值提升,推动新区发展,故而常提议将车站布局在城市未来发展主方向的远郊新城区等位置,这既能带动区域发展,又可降低拆迁成本,对车站布局方案影响显著。此外,城市还会提出新的高铁规划项目、用地限制、城市综合配套困难、反对高铁切割城市等意见,导致车站选址方案的不确定性增加。选址方案只有获得铁路部门和地方政府双方认可,才能顺利实施,因此双方需充分沟通,达成一致,保证方案落地。

2. 城市规划

一是城市形态。城市形态指城市实体呈现的具体空间物质形态，如环辐状、棋盘状、星楔状、条带状、组团状等。高铁客运站选址总体受城市形态影响。城市形态集中，所需客运站数量相对较少；城市形态分散，如大型带状或星状城市，所需客运站数量较多，布局也更为复杂。

二是城市环境。保护城市生态环境和居民居住环境是高铁规划建设的基本原则。高铁站选址应尽力避免或降低对城市环境的负面影响。首先，减少对城市重要区域的分割，在规划阶段便考虑降低对城市景观的破坏。其次，选址要与城市环境相适配，避开生态环境脆弱区域，同时运用先进建造手段和有效环保方法，减少建筑垃圾、空气污染、水土流失等对生态环境的破坏。最后，降低高铁运行对沿线居民的干扰。选址时充分考虑沿线居民密度，在规划阶段提前设置声屏障等有效降噪措施。

三是城市总体规划。城市总体规划明确了城市发展方向、用地性质、综合交通体系发展等内容，高铁车站选址需在其框架内进行。规划车站布局应合理靠近城市建成区和规划人口聚集区，方便旅客出行；车站用地性质要符合城市用地规划要求，布局位置尽可能契合城市未来的发展方向。

（七）小结

在高铁车站选址规划时，铁路部门和地方政府应统筹考虑上述选址布局影响因素。首先，框定若干可能的选址方案；接着，进行同精度多指标方案比选，研判各方案的优劣；最终达成一致意见，确定高铁车站选址，形成联合批复文件，并将规划方案纳入城市总体规划，严格管控铁路通道和场站相关用地。高铁车站选址方案多因素综合比选步骤如图 5.6 所示。

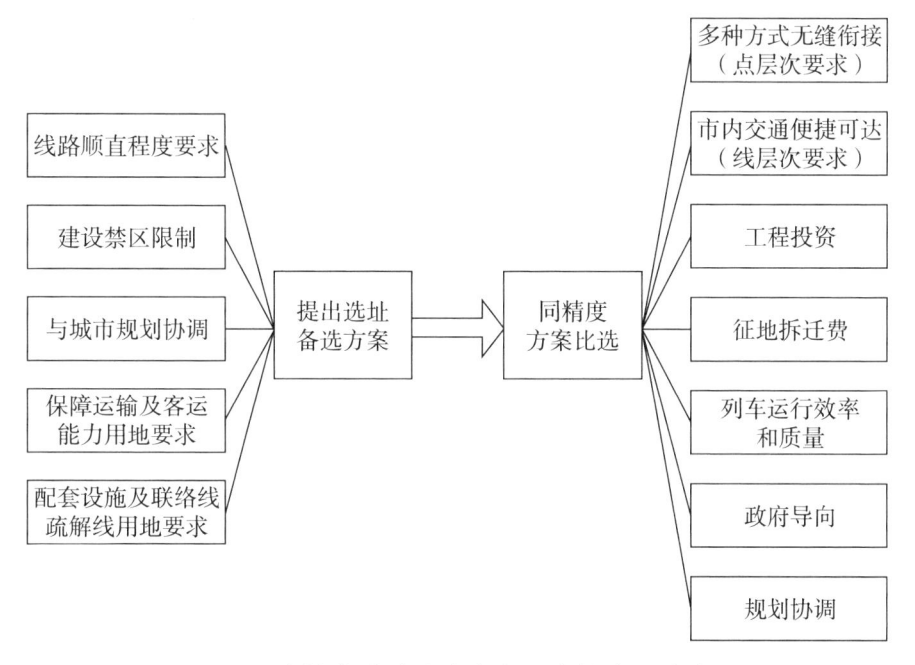

图 5.6　高铁车站选址方案多因素综合比选步骤

在确定高铁车站选址备选方案时，先依据线路整体引入方向和顺直程度要求，提出市内引入线路的初步布局；随后，结合线路走向，依据建设禁区分布、城市总体规划情况，确定高铁站可选用的若干位置；再根据车站及相关设施的用地需求，确定车站选址的初步备选方案。对方案进行同精度多指标比选时，需准确测算各方案的城市交通便捷可达程度、衔接程度、工程投资、征地拆迁代价、施工难度、运输组织效率和质量、市政配套投资、土地价值提升等指标，并综合考虑政府意愿、环境协调程度、未来发展空间进行调整优化，最终选出既方便人民出行，又能让路地双方满意的规划方案。

综上所述，"人民铁路为人民"是铁路发展的宗旨与初心。秉持这一理念，就必须高度重视旅客体验，使高铁站选址尽量靠近中心城区，与城市各类交通方式，尤其是大能力公共交通方式实现无缝衔接，同时完善各类基础设施配套，降低市内交通时间成本，提高客流集散效率，提升旅行舒适度，实现人民便捷出行。城市在高铁站布局中扮演重要角色，应大力支持车站深入市区，审慎权衡带动新区发展、减少拆迁和临近城区布局三者之间的关系，主动改善交通条件，打通城市交通瓶颈，切实实现人畅其行。高速铁路作为国家基础设施，车站选址、引入线路和配套设施的规划建设受多方面因素制约，具有全局性、系统性和复杂性，部分因素具有强制性和不可控性，这导致在工程实践中有时难以面面俱到，也是部分城市高铁站不够便捷的原因所在。

第六章　建设方案评析

在规划温福高铁宁德段车站选址建设方案时，需全面贯彻落实国家经济社会发展重大决策，以及服务国防安全与军队建设的强军战略。严格遵循国务院《"十四五"现代综合交通运输体系发展规划》（国发〔2021〕27号），国家发展改革委、自然资源部、住房城乡建设部、国铁集团于2018年4月24日发布的《关于推进高铁站周边区域合理开发建设的指导意见》（发改基础〔2018〕514号），还有我国《高速铁路设计规范》（TB10621-2014）和《铁路线路设计规范》（TB10098-2017）中关于客运站选址设计的规定。同时，依据国家《"十四五"铁路发展规划》，积极加强战略骨干通道建设，升级沿海通道，推动沿海城市群的发展壮大，带动沿海城镇带繁荣，实现沿海通道从"通"到"优"的高质量全方位转变。

在制定沿海高速铁路车站选址建设方案时，应当优先考虑将线路引入城市既有铁路客运站，并严格控制城市高铁站的数量。当高铁新线接入城市时，如果既有相关线路通道和车站能力能够满足需求，或者具备改扩建的条件，就应将高铁新线引入城市既有客站，而非另行选址新建高铁站。城市既有铁路客运站通常坐落于城市建成区，距离城市中心较近，周边综合开发成熟，交通配套完善，具有显著的区位优势。旅客出行便捷，且已形成稳定的出行习惯，这不仅有利于吸引客流，充分发挥高铁的优势，还能节省投资，达成集约高效的发展目标。

铁路作为国家重要的基础设施、国民经济的大动脉以及大众化的交通工具，对我国社会经济的高质量发展和国防安全起着不可替代的支撑作用。温福沿海高速铁路是我国"八纵八横"高速铁路网第一纵——沿海大通道的重要组成部分，既是经济社会发展的重要通道，也是国防战略安全的关键通道。

合理确定温福高铁建设方案，是明确温福高铁各项主要技术标准、线路走向、车站选址、施工运营安全措施，以及技术经济指标等重大问题的基本前提。这对于提升温福沿海高速铁路可行性研究等前期工作的质量与效率，推动温福沿海高铁建设，使其契合新时代对社会效益、经济效益和国防安全的高质量需求，具有决定性作用。

第一节　沿海高铁站建设方案评析

东南沿海地区城市分布密集，经济发展水平高，旅客运输需求极为旺盛。目前，杭深线福州至漳州、漳州至汕头、汕头至深圳段，以及杭义温高速铁路，速度目标值均达到350公里/小时。然而在整个东南沿海通道中，仅有温州至福州段为200公里/小时的客货共线快速铁路。因此，通过科学规划和建设温福高铁，可助力东南沿海打造一条速度标准统一为350公里/小时的高速铁路通道，进一步释放通道运输能力，提升区域交通一体化水平。

第六章
建设方案评析

一、福鼎并站设高速场建设方案评析

（一）既有福鼎站采用并站分场建设方案

温福高铁规划引入既有福鼎站西侧，在此新建温福高铁车场。同时，在新建车场预留宁德至福安溪北洋经柘荣县城际铁路 F7 线贯通引入的条件。新建车场按照 2 台 6 线规模设计。福鼎站主要办理通过客车作业，并辅助办理宁德地区旅客列车的始发和终到作业。分场建设方案在施工期间不会对既有线的运营造成干扰，便于运输组织工作的开展，工程实施的可行性更高。与之对比，合场建设方案在施工过程中会严重干扰既有线运营，实施难度较大。因此，建议设计单位考虑采用温福高铁引入福鼎站并站分场的建设方案进行改扩建。

（二）福鼎并站设高速场的优势

1. 资源共享

从运营管理和地方配套的角度来看，温福高铁与温福铁路总体共通。沿既有线方案能够充分利用既有车站的客运设施以及市政交通配套设施。尽量与既有线并站设置，可实现节约资源、降低投资、方便乘客出行、集中客运管理、降低运营管理成本等目标。

2. 便捷换乘

太姥山景区为 5A 级旅游景区，同时也是世界地质公园、国家级风景名胜区和国家自然遗产。紧邻太姥山景区的温福铁路太姥山站，距离福鼎站仅 19 公里，这为游客实现便捷换乘提供了有利条件。

3. 有利于区域发展

2024 年 6 月 5 日，福建省人民政府印发《关于宁德市所辖 8 个县（市）国土空间总体规划（2021—2035 年）的批复》（闽政文〔2024〕203 号），明确推动福鼎市打造生态临港产业城市、宁德市域次中心城市。依据《国家铁路网建设及规划》《福建省中长期铁路网规划修编》《宁德市"十四五"综合交通运输发展规划》以及《宁德市国土空间规划》，宁德计划新增福鼎至沙埕港铁路专用线、福州机场至福鼎城际铁路 F8 线。既有福鼎站西侧地势平坦，土地资源丰富，征拆量少，适宜进行改扩建，为未来时速 800～1000 公里的磁悬浮高速列车并站接入创造了条件。

既有福鼎温福动车站东南面海环湾区域，是福鼎市经济社会发展的"黄金地带"。福鼎市积极落实《关于宁德市所辖 8 个县（市）国土空间总体规划（2021—2035 年）的批复》（闽政文〔2024〕203 号），全力打造生态临港产业城市、宁德市域次中心城市。主动融入宁德大湾区开发和"一核两廊五轴"发展格局，以及福鼎市"东扩南移、面海环湾"发展战略，推进"工业立市、旅游兴市、海洋强市"建设，开启逐梦千亿工业时代，建设宁德大湾区沙埕湾生态临港产业城市，构建"3+X"先进制造业体系，打造三个千亿级产业片区。目前，福鼎市锂电新能源产业产值已突破 600 亿元，全市工业总产值突破千亿大关。福鼎市持续推进福鼎时代、邦普产业园、国泰华荣、鼎盛钢铁、宁德核电等项目增产扩能，推动格远电子、新能源电动船舶等项目落地，开工建设福鼎时代 5 号超级工厂，宁德核电 5、6 号机组，元蜀 PACK

箱体，凯欣二期，奥丰环保等项目。

在文旅经济方面，福鼎市"十四五"规划坚持繁荣文旅经济，秉持"一山一岛一湾一湖"的发展思路，以著名的太姥山、嵛山岛为重点打造龙头景区，牛郎岗成功晋升国家AAAA级景区。持续加强"海上仙都、白茶祖地"的旅游宣传，启动太姥山风景名胜区规划修编工作，对太姥山景区的室外自动扶梯、柳杉林等节点进行改造提升，推动露营基地、森林树屋投入运营；嵛山岛加快天湖茶苑、观海民宿等项目建设，打造省级旅游度假区；以8号滨海风景道为纽带，打造一批金牌旅游村。

4. 降低工程投资

据了解，在工程可行性研究阶段，设计单位推荐"3+1"建设方案，即在福鼎市城关西侧三门里新设福鼎西站、柘荣县富溪镇新设柘荣站、福安市溪北洋新设福安站，终点站并入既有温福宁德站。该方案需新建3座高铁站，加上福鼎西站至既有温福站10多公里的铁路连接线，工程投资将增加近25亿元。而笔者参与提出的"1+3"建设方案，即新建福安市赛岐镇泥湾村（或赛岐镇象怀村）高铁站1座，在福鼎、霞浦、宁德3座既有温福铁路站并站设置高铁场。相比之下，"1+3"建设方案能大幅降低工程投资，减轻沿线地方财政负担，更有力地推动福鼎、霞浦、福安、宁德等地经济社会的高质量发展。

二、霞浦并站设高速场建设方案评析

（一）霞浦的综合概况

霞浦县地处福建省东北部、台湾海峡西北岸。在明清时期，这里曾设福宁府(州),作为闽东的政治、经济、文化中心,素有"闽浙要冲""海滨邹鲁"的美誉。目前,霞浦县人口56万,加上外来产业工人和驻地部队,实际服务人口规模远超此数。

霞浦作为沿海大县,山海自然资源极为丰富。拥有"两洋三湾四港",即东吾洋、官井洋,三沙湾、福宁湾、牙城湾,三沙港、东冲港、吕峡港、盐田港。其海域面积达29592.6平方公里,占全省的21.76%;海岸线长达505公里,占全省的八分之一,是中国海岸线最长的县级行政区;海洋渔场面积28897平方公里,占全省的30.17%;浅海滩涂696平方公里,占全省的23.76%;大小岛屿400多个,深水岸线60.6公里,可建造1万~50万吨码头泊位183个。

近年来,霞浦县发展成果显著。2021年,霞浦县被纳入福州都市圈,并入选全国11个国家城乡融合发展试验区名单;2022年,名列福建省经济发展十佳县首位,还入选中央电视总台一套《走进县城看发展》栏目。此外,霞浦还荣获"中国最美滩涂""中国十大风光摄影胜地""国家蓝色旅游示范地""中国海带之乡"等诸多荣誉称号。

(二)霞浦并站设高速场的优势

1. 国防战略地位突出

霞浦县是我国东南沿海军事斗争的前沿阵地,境内驻有海、陆、空和火箭军等多军兵种部队,拥有水门军用机场、中核集团承建的核电站,以及可建设核航母基地和航母补给点的深水港区。东冲半岛是海军陆战队抢滩登陆军演训练基地,每年有数十万部队在此轮训。

2022年，海军总部致函福建省和宁德市，明确要求温福高速铁路线路应途经霞浦并设站，推动经济建设与国防建设协调发展。温福高铁作为我国"八纵八横"高速铁路网中沿海大通道的重要组成部分，对提升部队远程快速投送能力、战时军事运输保障能力等具有重大战略意义。此外，霞浦人民有着拥军优属的光荣传统，为满足驻地官兵、军属子女出行以及部队军演集结的需求，温福高铁在霞浦设站十分必要。当下，我国面临复杂严峻的安全形势，沿海温福高铁在霞浦设站，是推动高铁与军民融合深度发展的关键举措，这里也将成为福建省唯一对接"陆海空"三港，实现军事与民用平战结合的高铁站。

2. 助力区域开发建设

霞浦县是宁德市"开发三都澳，建设新宁德"战略的核心区域。宁德市三都澳湾区包含蕉城区、福安市、霞浦县，其中霞浦县拥有500平方公里海域面积、73个岛屿，环三都澳三分之二的海岸线和海陆域面积都在霞浦县境内。三沙港区已并入宁德港口岸扩大对外开放，是福州港的重要组成部分。溪南半岛、东冲半岛、福宁湾等地拥有优质的天然深水岸线。因此，温福高铁在霞浦设站，能够有力推动环三都澳区域的开发建设，助力实现闽东人民的发展愿景。

3. 推广特色工作制度

霞浦县是干部"信访下基层"工作制度的发源地，该制度经中央组织部推广至全国。2023年，为纪念"四下基层"执政理念实践35周年，省、市、县正在筹建干部实训基地。霞浦县规划建设占地236亩、投资3亿多元的"四下基层"实训基地。届时，全国各地党员干部可乘坐时速 350 公里的高铁直达霞浦学习，感悟"四下基层"的思想精髓。

4. 深化军民融合发展

霞浦县与台湾隔海相望，按照国家军民融合发展重大战略及军民融合创新示范区建设的要求，统筹考虑经济社会发展和军事斗争准备两大需求，对接经济建设和国防建设两大布局，以构建军港民港兼容的三都澳国际化大港——三沙港。按照平战结合的思路，完善保障部队重型装备、军事集结、港口大型设备和货物运输畅行所需的物流中转、后勤服务等设施，提升综合保障能力，建设成为具有福建特色的军民融合创新示范区。应进一步加快对多层次立体交通通道的建设，主要以构建铁路主干线、普通铁路、城际铁路、港口支线通往后方补给通道和部队入闽机动集结以及完善保障作战部队、大宗战备物资快速集散、战时物资装备投送、物流中转与后勤服务运输畅行等实现无缝衔接，为赢得未来战场和战争的主动权创造条件。

5. 推动两岸融合发展

2024 年 9 月，国家赋予福建建设两岸融合发展示范区的重大使命，出台《支持福建探索海峡两岸融合发展新路，建设两岸融合发展示范区的意见》。2023 年 11 月，福建省发布 15 条落实措施。霞浦作为对台工作前沿和两岸融合发展试验田，已谋划实施 13 个霞台项目。由台湾民间资本投资的福建海峡职业技术学院和霞浦妈祖文化艺术园项目已启动。前者规划用地约 1106 亩，设置 8 大类、40 个专业，90% 的教师将来自台湾；后者选址于妈祖出生地松山村，总投资 19.9 亿元。项目建成后，将吸引大量台湾及东南亚信众前来参拜、旅游。温福高铁在霞浦设站，能够加快海峡两岸融合发展，打造台胞台企"登陆"的第一家园。

6. 契合新型城镇化建设

根据国务院批复的《"十四五"新型城镇化实施方案》和福建省出台的《福建省新型城镇化规划（2021—2035 年）》，宁德被定位为福建省高质量发展的重要增长极和新型城镇化示范区。霞浦县成功入选全国 11 个国家城乡融合发展试验区名单，被纳入福州都市圈发展规划。霞浦作为闽东北最古老的县邑，拥有 1700 多年历史，地理区位优越，是宁德市沿海经济大县。近年来，霞浦人口聚集度不断提高，城乡规模持续扩大，产业和文旅经济发展迅速，交通需求大幅增加。因此，温福高铁在霞浦设站，契合国家新型城镇化建设的要求。

7. 赋能文旅经济腾飞

霞浦县已成为福建省文旅经济发展的核心区域。2023 年春节 7 天，旅游人数达 50.9 万人次；"五一""十一"期间，旅游人数共 87.15 万人次；2023 年底，年总接待游客人数达 1022 万人次，国内旅游人数同比增幅位列全省第一。根据《霞浦县全域旅游总体规划（2019—2035 年）》预测，到 2030 年，霞浦年游客接待量将超过 1800 万人次。自 2009 年 9 月 28 日温福霞浦动车站开通运营以来，停靠动车数量从最初的每日 4 趟增加到 2021 年的每日 43 趟，客流量从每天 1000 多人增长到 5000 多人，单日上车人数最高突破 1 万人，单趟最高上车旅客达 1108 人，已达到中型车站标准。截至 2023 年 12 月，霞浦动车站日均客流量达

7000多人次,高峰期日均客流量达1.3万多人次。

8. 创造显著经济价值

(1) 独特的地理区位优势。

霞浦县位于我国海岸线中心点,东临东海,与台湾隔海相望。北连长江三角洲,南接珠江三角洲,是连接两大经济发达地区的必经之路,也是海峡西岸经济区对接两大经济圈的前沿区域和对台区域合作的重要节点。霞浦县陆地面积约1716平方公里,海域面积29592.6平方公里,浅海滩涂面积104万亩,大小岛屿411个,海岸线长505公里,其海域、海岸线、浅海滩涂、岛屿等资源规模均居福建省沿海县(市)首位,被誉为"中国十大风光摄影胜地""中国最美滩涂"。在环三都澳湾区的126个岛屿中,霞浦拥有73个,溪南地区有5万多亩可开发利用土地,具备承接重大产业项目的资源优势。

(2) 快速增长的动车站客流量。

自2010年至2019年,温福霞浦动车站客流量从63.08万人增加到175.87万人,9年间增加了112.80万人。2023年,霞浦县接待国内旅游人数57003.58万人次,增长45.6%,接待入境游客172.24万人次,同比增长256.9%。根据《霞浦县全域旅游总体规划(2019—2035年)》预测,到2030年,霞浦年游客接待量将达1800万人次,届时霞浦高铁站日均上下车旅客预计将有3.5万多人,年国内及本区域客流量将达1200万人,有望达到国家铁路一等站以上标准。

(3) 强劲的四大经济支柱产业。

文旅产业:霞浦凭借"滩涂摄影天堂""休闲度假胜地"的品牌

闻名遐迩，依托滨海资源打造海洋文化特色旅游。文旅部门统计显示，霞浦75%的外地游客来自江苏、浙江、上海等地，国内游客数量每年以21%~23%的速度增长。2016年至2020年，霞浦共接待游客2280.66万人次，实现旅游总收入221.87亿元，2019年接待游客650万人次。2021年上半年，游客人数达到379.88万人次，2023年游客人数突破1000万人次。根据规划，到2030年，游客接待量将达1800万人次，旅游综合收入将达450亿元，旅游业对霞浦县GDP和就业的贡献率均将超过10%。

海洋产业：霞浦县海洋渔场面积28897平方公里，浅海、滩涂696平方公里，均居福建省沿海县市首位。这里海洋资源丰富，海洋鱼类700多种，滩涂生物200余种，盛产大黄鱼、海带、紫菜等，年水产品总量超过40万吨，被誉为"中国海带之乡""中国紫菜之乡"。《2020年霞浦县海洋经济运行分析报告》显示，2020年全县海洋产业生产总值达125.78亿元，占全县GDP的47.6%。其中，第一产业实现58.42亿元，第二产业实现22.7亿元，第三产业实现44.62亿元，三大产业结构为46.4∶18.1∶35.5。"十三五"期间，霞浦海洋经济增加值达93.67亿元，其中海洋渔业增加值70.03亿元、海洋旅游增加值14.46亿元，成为海洋经济的支柱产业。

新能源产业：位于宁德市三都澳湾区核心区的霞浦溪南半岛工业区，核电、时代一汽等一批新能源产业项目相继投产建设，未来将成为东南沿海重要的新能源产业示范基地。预计新能源产业对霞浦县GDP和就业的贡献率将超过35%。

港口产业：霞浦山海资源丰富，港湾众多，拥有"两洋三湾四港"，岸线长505公里，大小岛屿411多个，深水岸线60.6公里，可建造1万~50万吨码头泊位183个。三沙港距福州、温州均200公里，海路距上海373海里、马尾111海里、台湾基隆126海里，主航道水深15~44米，万吨级客货轮可随时靠泊。三沙港早在民国时期就被孙中山先生列为全国五大渔港之一。根据《福州港总体规划》(修订)，三沙港区是福州港的重要组成部分，2019年11月，三沙港区扩大开放并通过国家验收。未来，三沙港区、溪南深水港有望成为我国东南沿海最大的海运港口和经济贸易区，大幅提升对霞浦县GDP和就业的贡献率。

（4）完善的综合立体交通运输条件。

霞浦县已构建较为完善的综合立体交通网络，既有温福铁路，规划中的福州都市圈长乐机场至霞浦城际铁路及溪南港铁路专用线；沈海及待建沈海复线高速公路、在建宁上高速公路；国道G228线、353线；1~50万吨级深水泊位180多个天然良港；按军民两用设计的水门军用机场，未来可转为民用，其距台北机场仅236公里。

（5）融入福州都市圈带来的发展机遇。

2021年1月28日，福建省委常委会审议通过《福州都市圈发展规划》，7月9日，福建省政府正式发布该规划，霞浦县被纳入其中。2021年4月，宁德市发布《宁德市环三都澳湾区经济发展规划》，霞浦县作为三都澳湾区核心区，是福州都市圈的重要组成部分。目前，霞浦县人口56万，预计到2030年，海产养殖和新能源产业将吸引约45万常住人口和务工人员，到2035年，常住人口有望达到100万。

三、福安新建高铁站建设方案评析

20世纪80年代后期，宁德地区有三大热门议题：一是开发三都澳港口，二是修建福温铁路，三是建设中心城市。这三个议题均与福安紧密相关，赛岐港外通三都澳，福温铁路穿福安境内而过。在建设中心城市的讨论中，宁德地区和福安县委、县政府多次论证，重点考虑赛岐港。赛岐港地处闽东中心位置，是水陆交通要道与物资集散地，周边还有一些重点企业。

笔者经研究认为，福安市新建温福高铁有五处设站方案，分别为赛岐镇泥湾村、赛岐镇象怀村、赛岐镇狮子头村、溪北洋开发区、福安城关溪东村，重点推荐赛岐镇泥湾村或象怀村设高铁站的建设方案。

（一）赛岐镇泥湾村高铁站建设方案

该设站方案沿沿海路线走向，从福鼎既有动车站出发，途经霞浦既有动车站，至福安市赛岐镇泥湾村附近设站，终点为宁德既有动车站。泥湾村设高铁场具有以下显著优势。

1. 交通衔接便捷

距离泥湾村约2公里的长岐村，计划建设G228国道长岐互通及连接甘棠镇的乌山特大桥。长岐互通主线桥坐落于宁上高速公路，长岐互通至甘棠镇的公路按双向六车道一级公路标准建设，并兼具城市道路功能，是赛甘组团规划中西快速路的组成部分；规划中的东快速路为城市主干路，是赛岐镇南部地区连接象环村、苏阳村、长岐村、泥湾村的重要通道。该项目拟于2025年初开工，施工期18个月。长岐互通及乌山特大桥建成通车后，赛岐镇泥湾村高铁站距甘棠镇约4.5公里，距甬莞高速公路的甘棠西互通收费站约9.8公里，距宁上高速赛岐收费站约8.8公里，距赛岐镇象怀村方案Ⅰ高铁站约4.8公里，距溪北洋约17.6公里，距福安市老城区高速公路约19.8公里，距既有温福铁路动车站和沈海高速湾坞收费站约10.1公里。

2. 助力区域经济发展

长岐互通及乌山特大桥建成后，赛甘片区将真正实现一体化发展，推动赛江组团高质量发展。赛江组团以赛江为发展轴线，赛江风光带贯穿南北，在20公里的赛江两侧形成四个功能各异的发展片区。

（1）赛岐综合片区：集居住、办公、商业和工业于一体的综合功能区。

（2）象环片区：以高档住宅区和部分区级公共服务设施为主的生活居住区。

（3）福安经济开发区：专注于电机电器制造、金属加工、食品包装的工业开发区。其前身为闽东赛岐经济开发区，1988年5月由宁德地区行政公署批准成立，1998年经福建省人民政府确认为省级经济开发区，2006年3月更名为福建福安经济开发区。

（4）甘棠综合片区：以电机电器加工制造、船舶修造、茶叶加工和贸易为主，配套居住生活功能。

在赛甘组团的甘棠片区，规划建设一个市级文化活动中心，按照现代化标准配备文化宫、电影院、图书馆等文体设施；赛甘组团体育中心位于象环片区；赛甘组团还将成立福安市立第二医院，搬迁甘棠卫生院并改建为卫生保健院；同时，在赛甘组团划定三个景观控制区，即北段城区景观控制区、中段城区景观控制区、南段城区景观控制区。

3. 区位优势突出

赛岐镇泥湾村高铁站位于福安市规划的三大组团中心位置，契合《福安市国土空间总体规划（2021—2035年）》中建设"世界冶金新材料高端制造和贸易中心、国内知名的生态文化旅游中心、环三都澳滨江滨海现代化生态宜居城"的战略布局。

4. 节省建设成本

在泥湾村设站，可节约高铁站市政交通基础配套设施的工程投资，使福安市能够将财政资金集中用于其他公共事业建设。随着赛江两岸经济的快速发展，"十五五"期间可将湾坞至赛岐约21公里的宁上高速置换为市政道路，并新建双向六车道的宁上高速作为过境道路。

5. 方便居民出行

泥湾村高铁站距福安老城区不足20公里，相比既有温福铁路福安湾坞站缩短了12公里，福安市90%乡镇的居民乘坐高铁的距离均在20公里以内。

6. 符合设计规范

该选址满足我国《高速铁路设计规范》关于高速铁路客运站选址的多项原则：一是客运站选址充分考虑运输需求，与城市规划相协调，

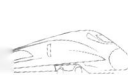

并综合考虑地形地质条件、既有建筑物拆迁、土地资源开发和城市发展等因素。二是高铁站与城市交通系统紧密衔接，满足旅客便捷换乘的需求。三是车站分布根据城市分布、客运量、运输组织、设计输送能力及养护维修、救援等技术作业要求，结合工程条件综合确定，站间距离符合30～60公里的标准。四是旅客车站设计与城市其他交通方式有机融合，形成综合客运交通枢纽，并对铁路站场及毗邻地区特定范围内的土地实施综合开发。

（二）赛岐镇象怀村高铁站建设方案

采用中线走向方案，从福鼎既有动车站出发，途经霞浦县柏洋乡，至福安市赛岐镇象怀村附近设福安温福高铁站。该站距宁上高速公路赛岐收费站约4公里、距福安老城区高速公路里程15公里、距溪北洋开发区13公里、距既有温福铁路动车站和沈海高速公路湾坞收费站约16公里。在赛岐镇象怀村设高铁站的主要优势与泥湾村基本相同。下面重点分析下选择在赛岐镇设高铁站的考虑因素。

1. 赛岐镇是福安经济发展中心

早在20世纪80年代末，福安县委、县政府就制定了"东西两个口、南北一条线、三点一线带全县"的区域发展规划。如今，福安市GDP位居宁德市第二位，赛江两岸经济繁荣。赛岐镇自古以来就是闽东水陆交通枢纽，是闽东、闽北和浙南邻近15个市县的物资集散地，也是对外通商的重要港口，更是闽东最大的建制镇。赛岐镇地处闽东经济发展中心，距离福建省行政中心福州185公里，距离宁德59公里，既受福建自贸区辐射，又连接浙赣地区，位于环三都澳湾区、海峡西岸经济圈的核心区域。赛岐镇具备"北承南联、西进东出"的区位优势，是海西东北翼的交通枢纽和闽浙赣内陆的重要疏港通道，拥有铁路、公路、港口三位一体的交通体系。1988年5月，赛岐镇被福建省列为首批经济开发区。

赛岐镇象怀村高铁站距寿宁、柘荣、周宁三个山区县的高速公路里程分别为66、62、79公里，距浙江省泰顺县高速公路里程76公里，均在60分钟交通圈以内；辐射赛岐镇周边的13个乡镇均在30分钟交通圈内；距溪北洋开发区快速公路13公里。该站址不仅能直接吸引福安市区客流，对寿宁、柘荣、周宁及浙江泰顺等区域的客流也具有较强的辐射吸引能力。

2. 赛岐镇是开发三都澳的核心载体

赛岐镇周边的人口、行政区域面积、经济体量、旅游客流约占福安市总量的三分之二。以甘棠、赛岐、溪柄等通勤组团为核心区，向北连接人口超20万的中心城区富春组团，向南沿赛江两岸的"黄金水道"对接白马港开发区、湾坞工业集中区，构建了大福安经济繁荣圈。赛江组团、白马港组团的不锈钢新材料产业集群是宁德市首个千亿产业集群，湾坞半岛青拓系列项目是中国乃至全球单体最大的不锈钢生产及深加工制造基地，致力于打造全球知名的先进制造业地标——"不锈钢之都"。到2025年，赛江、白马港两个组团的不锈钢产业产值预计达到2300亿元，将串联福安老城区、赛岐、甘棠、溪柄、湾坞、下白石等重镇，形成"一江两岸"的新兴经济圈。

赛岐镇长岐工业园位于福安市城区赛江组团东南部，赛岐镇南部区域长岐村附近，地处赛江东岸，与甘棠镇区隔江相望，规划工业物流总用地266.2公顷。根据《福安市国民经济和社会发展第十四个五年规划和二〇三五年远景目标纲要》，为实现"西拓南展、拥江向海"的城市发展战略，中部城镇集中区赛江组团将"推动赛岐长岐工业园区开发建设，提升甘棠工贸集中区项目承载能力，疏解福安老城区的产业功能，带动城市向南拓展"。长岐工业园区将成为赛江组团重要的产业支撑平台和铜产业链下游深加工集群的主要承载地，促进赛江组团产业分工与协作，成为新的经济增长点。

3. 有利于新型城镇化建设

赛岐、甘棠至湾坞、下白石沿赛江海岸线长达60公里，是福建省县级区域中沿江岸线最长、江面最宽阔、两岸风光最秀丽的江河。在赛岐镇设高铁站，有助于引导赛江两岸的区域开发，优化区域空间布局，改善区域开发条件和环境，促进区域资源的合理配置，提高区域开发效益，培育福安市新的经济增长极。沿江两岸可规划建设成为工业基地、生态农业基地、教育教学基地、文化旅游基地、人才引进基地和宜居宜住基地，打造福安市副中心城市。

4. 有利于促进福安市经济社会发展

在赛甘片区设高铁站，可直接推动赛江两岸的农业发展和城镇化建设，带动交通运输业的现代化发展，促进农业规模化经营和集约化生产，缩短赛江两岸与宁德市城区的时空距离，加快福安市副主城区赛江区域的城镇化进程，使其成为产业集中、功能配套、服务完善的新兴商品集散地、农产品加工基地和乡镇企业集中地，助力福安市成为福建省沿海重要城镇。

综上所述，依据我国《高速铁路设计规范》有关高铁客运站设计原则，结合福安市未来经济社会高质量发展规划和环三都澳湾区开发建设，建议将赛岐镇泥湾村设福安高铁站作为推荐方案，赛岐镇象怀村设福安高铁站作为备选方案。

第二节　山区高铁站建设方案综合评析

国家发布的法规和规章，是维护社会秩序和公共利益的重要手段，是促进社会稳定和发展的治理基础，更是构建中国特色社会主义和谐、稳定发展格局的基本保障。设计规范如同工程领域的法律，设计单位和设计人员应秉持科学、合理、公正的设计原则，实现工程资源的最大化利用，使其服务于经济社会发展，服务于国防军事建设，并确保工程具备实用性、经济性、耐久性、可靠性、安全性和战略性。

高铁设站需进行科学决策，坚决杜绝打造徒有其表的形象工程和劳民伤财的政绩工程。设计单位应严格依据国家相关法律法规、规章、规范、标准等，开展精心规划、深入研究和精准设计工作。笔者认为，若时速350公里的温福高铁计划在柘荣县乍洋乡石山村或富溪镇设高铁站，则会存在如下三大方面的不均衡性与不合理性问题。

一、从执行现行铁路设计规范方面评析

设计单位提出的柘荣高铁站建设方案为：温福高铁宁德市境内，起点在福鼎城关西门里村设高铁站，途经柘荣乍洋乡石山村或富溪镇，最终抵达福安溪北洋高铁站。但该方案不满足《高速铁路设计规范》（TB10621-2014）、《铁路线路设计规范》（TB10098-2017）等现行铁路设计规范的相关规定，具体分析如下。

1. 长大坡度不满足要求

高速铁路的最大坡长和坡率，对线路走向、长度、工程投资、运输质量、运输能力及运营安全等方面均有较大影响。此路段线路纵断面存在连续上、下长大坡道，最大坡率达20‰～25‰。依据我国现行铁路设计规范的相关规定（见表6.1），该方案存在长大坡度不满足要求的问题。例如，《高速铁路设计规范》（TB10621-2014）隧道工程第5.3.3条明确规定：当最大设计坡度为15‰时，坡段长度不宜超过10公里；最大设计坡度为20‰时，坡段长度不宜超过6公里；最大设计坡度为25‰时，坡段长度不宜超过4公里；最大设计坡度为30‰时，坡段长度不宜超过3公里。该设计规范的条文说明也进一步明确：在一般条件下，为保证动车组在大坡道上的运行速度不低于设计速度的80%～85%，15‰坡度的最大坡段长度不宜超过10公里；20‰坡度的最大坡段长度不宜超过6公里；25‰坡度的最大坡段长度不宜超过4公里；30‰坡度的最大坡段长度不宜超过3公里；35‰坡度的最大坡段长度不宜超过2公里。再如，《铁路线路设计规范》（TB10098-2017）第6.1.1条规定：高速铁路、城际铁路的区间正线最大坡度，应根据地形条件、设计速度、运输需求和工程投资等因素进行比选确定，最大坡度不宜大于 20‰，在困难条件下也不应大于 30‰。

表 6.1 现行铁路设计规范对高速铁路长大坡道的相关规定

规范名称	规定内容
高速铁路设计规范	5.3.1 区间正线的最大坡度不宜大于 20‰，困难条件下经技术比较后不应大于 20‰ 5.3.3 最大设计坡度采用 15‰ 时，坡度长度不宜大于 10 公里，最大设计坡度采用 20‰ 时，坡度长度不宜大于 6 公里；最大设计坡度采用 25‰ 时，坡度长度不宜大于 4 公里；最大设计坡度采用 30‰ 时，坡度长度不宜大于 3 公里
铁路线路设计规范	6.1.1 高速铁路、城际铁路的区间正线最大坡度应根据地形条件、设计速度、运输需求和工程投资比选确定。最大坡度不宜大于 20‰，困难条件下不应大于 30‰
铁路技术管理规程	第 34 条 区间正线的最大坡度不宜大于 20‰，困难条件下经技术比较后不应大于 30‰
铁路大型养路机械通用技术条件	4.2.2 线路最大坡度为 30‰

我国运营高速铁路最大坡度超过 20‰ 的路段，大部分位于中西部高速铁路。在 350 公里/小时速度等级的高铁线路中，沪昆、郑万高速铁路的最大坡度达到 30‰，其长大坡道长度均在 12.5～16.0 公里以内（见表 6.2）。而温福高铁福鼎站至柘荣站的最大坡度长度达 35.31 公里，柘荣站至福安站的最大坡度长度达 34.51 公里，远超国内现有标准。

表 6.2　我国营运高速铁路长大坡道设置汇总表

线路	设计速度/公里/小时	坡度/‰	实际坡长/公里	高速铁路设计规范建议坡长/公里
沪昆高速铁路	350	25	16	4
郑万高速铁路	350	30	14.5	3
西成高速铁路	250	25	45	4
宝兰高速铁路	250	25	14	4
大西高速铁路	250	28	16	3
成贵高速铁路	250	30	12.5	3

2. 站间距离不满足要求

《高速铁路设计规范》第 3.3.3 款规定：车站分布应根据城市分布、客运量、运输组织、设计输送能力及养护维修、救援等技术作业要求，综合工程条件等因素确定，站间距离宜为 30～60 公里。

在我国高速铁路客运专线中，当高铁速度达到 250 公里/小时，高铁运行期间加减速所需距离为 16 公里，合理的两站场间距离应大于 32 公里；当高铁速度达到 300 公里/小时，加减速所需距离为 26 公里，合理的站场间距离应为 50 至 60 公里；当高铁速度达到 350 公里/小时，加减速所需距离为 35 公里，合理的站场间距离应为 60 至 70 公里。而拟规划新建的福鼎西站至柘荣站间距仅 22 公里，不满足《高速铁路设计规范》中站间距离 30 公里至 60 公里的规定。

车站分布原则是高速铁路的重大技术原则，直接影响客流吸引力、工程投资、运输组织、设计输送能力，以及运营养护维修、应急救援等技术作业的开展。高速铁路车站分布应遵循"共享发展"理念，尽可能覆盖重要经济节点，满足客流出行需求。更关键的是，高铁车站分布还需满足运输组织及线路通过能力要求。

经过近20年的工程实践、科学研究、运输管理和运营验证，我国高铁列车最小行车间隔可达3分钟，列车密度可达20列/小时。对于300~350公里/小时的高速铁路，车站间距标准应为50至100公里，这样可最大限度保证高速列车的运行速度和安全性。温福高速铁路作为我国"八纵八横"沿海大通道的重要组成部分，350公里/小时的设计速度决定了其车站间距不宜过小，需满足远期线路通过能力的需求。

3. 线路走向不合理

《高速铁路设计规范》第3.1.2条款规定：高速铁路总体设计应在充分研究项目需求、铁路网规划和综合交通规划等相关因素的基础上，准确把握项目功能定位，合理选定主要技术标准、线路走向和建设方案。

高速铁路通常建设于经济发达、人口稠密、客运量大的地区，连接经济中心城市及重要军事区域，具有重要的政治、经济和军事意义。在选线设计时，应充分满足其载客量高、输送力强、速度较快、安全性好、舒适便捷等要求。在满足功能定位和能力需求的前提下，合理选站，降低投资，做到安全环保，以串联沿线重点经济区域作为线路的基本走向。

设计单位推荐了两个路线走向方案。

（1）经福鼎西、柘荣、福安溪北洋方案（方案Ⅱ）：线路自苍南站引出，沿杭深线北侧向西南延伸，绕避福鼎南溪水库一级水源保护地后，至福鼎市西侧三门里村新设福鼎西站。出站后折向西南，至柘荣县乍洋乡石山村设柘荣站,之后向西至福安市溪北洋设福安南站。出站后折向南,经甬莞高速东侧,上跨沈海高速,抵达比较终点。该方案比较范围正线线路长度 113.472 公里,其中桥梁长 12.787 公里,隧道长 94.831 公里,桥隧比 94.84%,最长隧道 13.66 公里,最大桥高 74 米。

(2) 经福鼎西、柘荣、福安溪柄方案(方案Ⅲ):线路自苍南站引出,沿杭深线北侧向西南延伸,绕避福鼎南溪水库一级水源保护地后,至福鼎市西侧三门里村新设福鼎西站。出站后折向西南,至柘荣县乍洋乡石山村设柘荣站,之后继续向西南方向,至福安溪柄设福安南站。后线路转向南,跨交溪,至宁德市云淡村北侧上跨沈海高速,抵达比较终点。该方案比较范围正线线路长度 106.61 公里,其中桥梁长 13.88 公里,隧道长 87.339 公里,桥隧比 94.94%,最长隧道 14.315 公里,最大桥高 62 米。

新建温福高铁的线路基本走向,应充分考虑沿海方向的福鼎市旅游胜地太姥山和嵛山岛、龙安开发区、宁德核电站,以及霞浦县、福安市赛岐镇、溪南—白马—赛甘组团环三都澳湾区等重点经济区域;还应充分考虑与城市综合交通的配套,经过城市,以便吸引客流、为既有线分流客源,提升交通运输竞争力和经济效益。

福鼎至福安段以中低山丘陵为主,存在越岭工程。多数地段采用 20‰ 坡度方案,个别困难地段采用 25‰ 坡度方案,线路平、纵断面技术指标偏低。尽管在预可行性研究阶段采取了降低桥梁高度、减少特长隧道、改善隧道排水、避免高填深挖等措施,但工程实施难度和建设风险依然较大。

4. 线路平、纵断面技术指标低，不满足质量安全要求

高速铁路的线路平面和纵断面是铁路设计的重要技术标准，是轨道、路基、桥涵、隧道、车站等专项设计的技术基础，在铁路工程项目审批、专家评审、竣工验收和线路维护等环节都发挥着重要作用。线路平纵断面技术指标，在特定自然条件下，与线路走向、设计线路的输送能力、牵引质量、工程数量和运营安全等密切相关。

柘荣县属于山高谷深的复杂艰险山区，曲线半径的大小对工程量影响显著。若为适应地形、减少工程量、降低工程造价而选定较小曲线半径，将不满足设计规范要求。若选定较大曲线半径，又会增加隧道长度和线路长度，既不经济也不合理。曲线半径的选定，还直接影响铁路线路的平顺性、安全性、舒适性，以及机车运行速度、铁路旅客运量等质量安全因素。

5. 可能存在的安全风险隐患

《高速铁路设计规范》第3.1.3条款规定：高速铁路应加强安全性设计，将安全设计、风险管理贯穿于设计全过程。

受柘荣县乍洋乡石山村、富溪镇海拔高的影响，该方案存在连续上坡最大坡率25‰，至福安市溪北洋则为连续下坡最大坡率-25‰的情况。福鼎三门里高铁站经柘荣县富溪镇、福安市溪北洋至宁德站，桥隧占比93.76%，工程艰巨，施工难度大，安全风险高。该方案共穿越4处水源保护区二级区段，其中穿越福鼎南溪水库县级水源保护区二级区段约11公里。隧道施工可能导致地下水漏失，进而造成南溪水库水量减少，对水环境产生较大影响。此外，特长隧道单向反坡施工时，

若遇到断层破碎带、富水风化深槽等地质条件，极易发生突水突泥地质灾害，威胁施工人员生命安全。

柘荣县属于闽东北内陆山区，地形为山高谷深的复杂艰险山岭重丘区，平均海拔约600米，县城海拔668米，县域面积543.9平方公里，山地面积占总面积的90%以上。在柘荣县乍洋乡石头山村设站，会形成上下长大坡度，尤其是长大坡段特长隧道的安全、通风、防灾与救援，是极为重大的安全风险课题。高速铁路运营隧道可能发生列车脱轨、火灾、列车或设备故障、恐怖袭击、乘客事故、危险品泄露等危险事件。其中，火灾发生概率高且危害性大，是隧道安全防护的重点。此外，柘荣乍洋乡石头山村远离G104国道线和G1523甬莞高速公路，高速铁路运营期间，山区路段的应急救援缺乏综合交通支撑，运营抢险救援难度较大，存在较大的安全风险。

由于柘荣县采用25‰坡度方案，铁路爬坡困难。不合理地限制纵坡和曲线半径，会使动车在高速通过弯道时，因离心力作用向弯道外侧产生横向力，挤压钢轨并使其外翻。尤其是在竖曲线起点处，轮轨垂向作用力和车体垂向加速度会达到最大值，增加列车倾覆的风险。

（1）"人"字形长大纵坡可能带来运营安全隐患。不合理地限制纵坡和曲线半径，会使动车在高速通过弯道时因离心力产生横向力，挤压钢轨。高速铁路动车车辆不仅承担支承、导向和隔振等重要功能，还负责传递牵引力和制动力，对车辆运行性能起着决定性作用。更重要的是，机车车辆与轨道结构在平纵断面关键点处的动力相互作用显著，影响乘客舒适性和列车运行安全性。在竖曲线起点处，轮轨垂向作用力和车体垂向加速度达到最大值，增大列车倾覆的可能性。

（2）动车组列车在长大坡道上坡运行时，对最高运行速度有影响。对于20‰及以下的坡道，列车最高运行速度与线路设计速度差距不大。但对于20‰以上的长大坡道，列车速度损失严重，实际最高运行速度与设计速度相差较大。在设计过程中，应谨慎采用大于20‰的坡道，若因地形等原因必须采用，应尽量缩短坡道长度。

（3）动车组列车在长大坡道下坡运行时，对区间追踪间隔时间有影响。当坡度大于25‰时，列车速度损失严重，实际最高运行速度与设计速度相差较大。300公里/小时的列车需限速至200公里/小时以下，才能满足3分钟追踪间隔的要求。限速后，区间运行时间大幅增加，削弱了高速铁路的竞争优势。未来需通过提高动车组制动性能、列控系统效率，缩短动车组在长大坡道下坡运行时的区间追踪间隔时间。我国高速铁路设计规范要求区间追踪间隔时间满足3分钟，当坡度大于15‰时，需对长大坡道下坡方向的最高运行速度进行限制。当坡度大于25‰时，需限速至200公里/小时以下才能满足要求，限速后区间运行时间大幅增加，未来只能通过科技创新，提高动车组制动性能和列控系统效率，来缩短追踪间隔时间。

宁德温福高铁山区路线方案中，约70公里路段形成"人"字形长大上、下纵坡，纵坡率达25‰。为保障安全运营，列车需限速至200公里/小时以下，才能满足3分钟追踪间隔时间的要求，这并不符合《高速铁路设计规范》的相关规定。

因此，经研究，笔者认为，时速350公里的温福高速铁路途经柘荣县的方案缺乏科学性与合理性，难以保障运营安全。建议采用时速250公里以下的城际铁路方案，以契合区域均衡发展的需求。

长大坡道地段高速铁路运输与运行安全问题剖析

一、紧急制动工况

紧急制动系统是列车在遭遇特殊不利状况时，确保列车在一定距离内停车，保障列车运行安全的重要措施。《京津城际铁路技术管理暂行办法》（铁科技〔2008〕99号）第49条和《铁路客运专线技术管理办法（试行）》（300～350公里/小时部分，铁科技〔2009〕212号）第116条规定，动车组由350公里/小时至停车的紧急制动距离限值为6500米，由300公里/小时至停车的紧急制动距离限值为3800米。《铁路技术管理规程》（铁总科技〔2017〕221号）只对120～160公里/小时动车组的紧急制动距离进行了规定，未给出350公里/小时动车组的紧急制动距离限值。

通过选取4动4拖的标准动车组进行仿真模拟，计算时紧急制动空走时间取1.5秒，分别以初始速度350～300公里/小时在坡度5‰及以上的长大下坡道上进行EB复合紧急制动。结果显示，动车组以初始速度350公里/小时紧急制动时，坡度10‰以上的坡段无法满足6500米的限值要求。在坡度15‰、20‰、25‰、30‰、35‰的长大下坡道运行时，动车组制动距离分别超过限值6.4%、14.1%、23.1%、33.8%、46.6%；动车组以初始速度300公里/小时紧急制动时，坡度5‰及以上的各坡段均无法满足3800米的限值要求。

因此，为确保动车组能够在规范要求的距离内制动停车，必须对运行速度进行合理限制。根据仿真计算结果，对于设计速度350公里/小时的动车组，在坡度5‰、10‰的下坡道运行时无需限速。

但需注意，动车组在遭遇极端不利情况时，电制动和空气制动均可能无法正常工作，进而处于制动完全失效的惰性状态。

二、电制动故障情况

动车组在长大下坡道运行时，由于多种原因，电制动系统可能发生故障，导致制动力损失。为保障行车安全，针对这种特殊情况下动车组的运行情况展开仿真研究。考虑动车组电制动力正常及损失25.0%、50.0%、62.5%的工况，让标准动车组分别以初始速度350、300公里/小时在下坡道进行常规制动，制动有效率取0.8，得到如下制动距离仿真计算结果：

对于初始速度350公里/小时的动车组，制动力损失25.0%时，制动距离随着下坡道坡度的增大而增加，且增加斜率越来越大。当坡度达到30‰时，制动距离骤增；坡度达到35‰时，已无法正常制动停车。

制动力损失50.0%时，在坡度20‰的长大下坡道，制动距离为51.7公里表述有误，推测单位应为公里内制动距离超出合理范围；坡度达到25‰时，制动距离骤增至121.4公里。

制动力损失62.5%时，在坡度15‰的长大下坡道，制动距离为52.1公里；坡度达到20‰时，制动距离骤增至112.9公里。

制动力损失25.0%时，动车组在坡度30‰及以上的长大下坡道制动性能降低，无法满足安全运行要求；制动力损失50.0%时，动车组在坡度20‰及以上长大下坡道运行，须及时采取紧急制动或降速运行等应急处理措施，以保障行车安全；制动力损失达到62.5%时，动车组在坡度15‰及以上长大下坡道的运行安全风险将急剧增大。在制动力正常工况下，动车组以初始速度350公里/小时在坡度35‰的长大下坡道的制动距离为21.3公里；限速后，制动距离减小至12.6公里。可见，限速运行可大幅缩短制动距离。

因此，在长大下坡道采取限速措施，能进一步降低制动系统发生故障时列车的运行安全风险。

三、列车区间追踪间隔

列车在设有连续长大坡道的高速铁路下坡道运行时，运行速度越高、坡度值越大、坡段越长，列车监控制动距离就越长，这可能导致列车追踪间隔无法满足设计要求。

列车区间追踪时，后行列车必须与前行列车保持一定追踪间隔，该间隔涵盖列车制动所需距离、信号系统应变时间内的运行距离、司机确认目标距离变化的时间内的运行距离，以及一定的安全距离。当追踪速度一定时，动车组制动能力越强，制动距离越短，所需区间追踪间隔距离和时间也越短，运输能力则越大。

我国高速铁路主要应用CTCS-2、CTCS-3级列控系统，采用一次连续控制模式曲线来控制动车组运行。在区间追踪时，系统根据前行列车所处闭塞区间的位置，确定后行列车的允许位置和速度，并利用站内或区间轨道电路及应答器读取前方区间线路等信息，生成制动模式曲线。这种制动控制模式曲线并非列车实际制动特性曲线，而是通过对最大常用制动曲线采用算法计算得到的。动车组实际制动曲线必须在该曲线之下，以确保动车组制动安全。

以4动4拖的标准动车组和CTCS3-300S车载设备进行仿真模拟，对平直道和坡度5‰~35‰下坡道条件下的列车区间追踪间隔时间进行检算，分析大坡度选择对列车通过能力的影响。结果表明，区间追踪间隔时间随着坡度的增大和列车运行速度的提高而逐渐增大。

动车组以350公里/小时运行时，在坡度10‰及以下的下坡道上可实现3分钟追踪间隔目标；在坡度20‰及以下的下坡道上，可将追踪间隔时间控制在4分钟以内；在坡度25‰及以下的下坡道上，能满足5分钟要求；坡度超过25‰，则不能满足5分钟要求。在坡度30‰的下坡道上，追踪间隔时间达到6分钟以上；而在坡度35‰的下坡道上，由于车载列控设备计算制动距离急剧增大，所需的闭塞区间大幅增长，区间追踪间隔也大大增加。

为满足列车追踪间隔时间要求，保障线路运输能力，若采用不限速方案，在纵断面设计中，大坡度坡段不能连续设置，且长度应适当缩短。对于长大坡道集中设置方案，要确保列车追踪间隔时间满足要求，应根据线路条件、动车组型号、列控系统性能等因素，确定列车在长大下坡道运行的限速。坡度10‰及以下的下坡道，能够同时满足350公里/小时运行速度和3分钟追踪间隔的要求；坡度20‰及以下的下坡道，能够同时满足350公里/小时运行速度和4分钟追踪间隔的要求；列车在坡度30‰的长大下坡道上运行时，若要满足3、4、5分钟追踪间隔时间要求，需分别进行限速；若以5分钟为追踪间隔时间要求，坡度26‰及以下的下坡道，能够同时满足350公里/小时运行速度和5分钟追踪间隔的要求。京沪、京广高铁实际采用的是5分钟追踪间隔时间要求。

我国致力于提升铁路、民航的安全水平，以实现交通"零死亡"

为愿景，不断提升本质安全水平，完善交通安全标准规范，构建先进的交通安全管理体系。回顾历史上的动车脱轨事故，能为当下的高铁安全管理提供深刻警示。

案例一：德国埃舍德高铁脱轨事故

1998年6月3日，德国发生了一起迄今为止世界高铁史上最为严重的动车脱轨事故。当日5时47分，一列编号为884的ICE列车从德国南部第三大城市慕尼黑出发，向北前往德国第二大城市汉堡。这趟列车全长850公里，共搭载400多名乘客，中途停靠7个站。10时56分，高速行驶的884号ICE列车突然脱轨冲出轨道，撞向高速铁路周围的埃舍德镇路桥，将约300吨重的双线路桥撞得彻底坍塌。列车第1节车厢被高高抛向地面，随后8节车厢依次相撞，横向挤压在一起。这起特别重大事故共造成101人遇难，88人重伤，106人轻伤。

事故原因是884号高铁列车车轮与铁轨直接摩擦的钢圈出现金属疲劳，导致运行过程中脱落。行驶到一个变轨交会点时，脱落的钢圈将一段护轨刮起，护轨直接插入飞速行驶的列车车厢。巨大的冲击力使第一节车厢与铁轨逐步分离，并与后面连接的车厢出现松动。松散的列车经过交会点后，车头与车身的行驶方向发生偏离，车身无法承受高速以及自身巨大质量的冲击力，几分钟后引发了车毁人亡的惨剧。

案例二：胶济铁路脱轨事故

2008年4月28日下午4时36分，由济南铁路局管辖的胶济铁路发生一起特别重大交通事故。由北京开往青岛的DTE195次列车，以每小时131公里的速度超速运行在胶济下行线王村站至周村东站间的双线电气化铁路施工段上。该施工段曲线半径为400米，限速每小时80公里。由于列车超速产生巨大离心力，机车后第9至17位车辆脱轨冲向上行线，与从烟台开来的5034次列车相撞，造成72人死亡、416人受伤，直接经济损失达4192.5万元人民币。

25年前的德铁重大事故，给全世界的高铁事业敲响了警钟，促使各国重视高铁安全评估问题。我国如今是高铁第一大国，高铁运营里程冠绝全球。我国国土面积广袤，地形复杂，修建高铁在技术层面的难度远超德国。在取得成就的同时，我们对高铁安全的追求始终精益求精，不敢有丝毫懈怠。

四、限速追踪时间与规范要求的矛盾

我国《高速铁路设计规范》TB10621-2014规定，最小行车间隔时间宜采用3分钟。在高速铁路选线设计，尤其是山区高速铁路平纵断面选线设计时，设计人员往往从工程经济节省的角度采用长大坡度，却忽视了长大坡度对线路追踪间隔和通过能力的影响。高速铁路最大坡度取值一般不宜大于20‰，困难条件下不应大于30‰，以保证动车组在大坡道上的运行速度不低于设计速度的80%～85%。《高速铁路设计规范》（TB10621-2014）仅从上坡速度损失角度，给出了大坡道上坡地段长度的取值建议：最大设计坡度采用15‰时，坡段长度不宜大于10公里；最大设计坡度采用20‰时，坡段长度不宜大于6公里；最大设计坡度采用25‰时，坡段长度不宜大于4公里；最大设计坡度采用30‰时，坡段长度不宜大于3公里。

随着我国高速铁路的快速发展与山区高速铁路的不断建设，在设计及建设过程中暴露出一些问题。高速铁路设计速度是高速铁路最主要的技术标准之一，是影响制动距离的关键因素。在同一车型及车载设备条件下，速度越高，所需制动距离越长，相应的区间追踪间隔时间也就越大。区间追踪间隔时间，是以先行列车所在闭塞分区入口附加一定的安全防护距离为追踪目标点，在满足目标制动距离条件下，后行列车正常运行而必须间隔的最短距离范围内的走行时间。

在工程设计阶段，决定高速铁路通过能力的主要因素是铁路线路和铁路信号设备条件。高速铁路列车间隔时间是在调度集中（CTC）行车指挥方式和一次速度模式曲线列控方式条件下进行的。根据《高速铁路设计规范》，高速铁路设计速度300公里/小时及以上时，应采用CTCS-3级列控系统；设计速度250公里/小时，宜采用CTCS-3级列控系统。因此，设计速度250公里/小时及以上的高速铁路通常采用CTCS-3级列控系统。高速铁路CTCS2和CTCS3模式均采用准移动闭塞方式。目前，常用的350公里/小时速度等级的动车组列车有CR400AF、CR400BF、CRH380AL、CRH380BL、CRH380CL等。

高速铁路限速追踪时间案例

安徽省池州至黄山高速铁路线路全长123.5公里，设4座车站，其中改建既有车站1座（池州站），新建车站3座（九华山站、黄山西站、黟县东站），设计速度目标值为350公里/小时。2024年4月26日，池黄高速铁路开通运营。该线路北临长江，南越黄山，穿行于皖南山区。沿线地貌从剥蚀丘陵河谷过渡到皖南中低山区，最终接入休宁凹陷盆地，总体地势呈北低南高的波浪状"驼峰形"。皖南山区跨越九华山山脉及黄山山脉，地势起伏较大。全线坡度大于15‰的地段达35.6公里，占线路总长的28.8%，其中上行方向有一段长10.95公里、坡度为 −19.5‰ 的长大下坡。

经过追踪间隔时间检算，池州至黄山铁路上行线仅在接近黟县东站附近的4个长大下坡区段无法满足3分钟追踪要求，仅能满足4分钟的区间追踪间隔。线路接入黟县东站前，采用一处半径3200米的曲线，并限速250公里/小时，这在一定程度上减小了长大下坡对区间追踪间隔时间的影响。

为提升池州至黄山铁路的通过能力，只能通过在长大下坡地段限速来缩短区间追踪间隔时间。限速原则是在长大下坡地段实施限速，限速值需确保在该坡度条件下能够满足3分钟追踪要求。通常需限速至250公里/小时以下才能保证3分钟追踪要求，并且还需要在进入长大下坡前进行逐段阶梯限速。

该案例表明，将设计速度350公里/小时限速至250公里/小时以下后，旅行时间增加约3.5分钟，时长增加约7%。即便如此，也仅能满足5分钟追踪间隔的运输需求，仍不符合设计规范要求。

长大坡道地段的高铁运输安全，关乎人民生命财产安全与国家发展。以上通过分析紧急制动、电制动故障、列车区间追踪间隔等方面，结合国内外重大事故案例，揭示了该地段存在的安全风险。在我国高铁持续发展的进程中，必须汲取经验教训，严格遵循设计规范，运用科学的管理与技术手段，全方位保障高铁运行安全，推动我国高铁事业稳健前行。

综上，柘荣县设站方案中，长大坡道在运营期间会对列车运行安全和线路运输能力产生一定影响。动车组制动力损失程度直接关系到运营列车的安全。例如，当制动力损失25.0%时，动车组在坡度30‰及以上的长大下坡道上，制动性能会降低，无法满足安全运行要求。同时，长大坡度对线路追踪间隔和列车通过能力影响显著。在坡度30‰的下坡道上，追踪间隔时间会达到6分钟以上，延长了列车通行时间；在坡度35‰的下坡道上，车载列控设备计算的制动距离会急剧增大，致使所需的闭塞区间大幅增长，区间追踪间隔也大幅增加，进而严重降低列车通过能力。

高铁站选址与科学决策问题

近年来，随着高速铁路的大规模建设，我国新建了大量高铁车站。然而，部分高铁站在建设过程中缺乏方案综合比选和科学选址，出现了车站偏远、站城融合不足、便捷性差、灵活性差，以及运输组织不畅等问题。这些问题直接影响了高速铁路的服务质量和效率效益，已引起全社会的广泛关注。

高铁车站选址应符合土地利用总体规划和城市总体规划，妥善处理好高铁通达性与高铁车站周边开发建设的关系。既要满足技术标准要求，又要服务地方发展。在前期可行性研究阶段，必须深入研究论证高铁车站与城市发展的衔接问题，合理确定建设标准、线路走向、车站分布和建设规模。新建铁路选线应尽量减少对城市的分割，新建车站选址应尽可能位于中心城区或靠近城市建成区，以确保人民群众乘坐高铁出行的便捷性。由于规划不合理、缺乏科学论证，全国部分高铁站建成后，出现了始终未能开通运营，或开通运营后客流量严重不足而关停，或客流量稀少勉强运营等情况，造成高铁站闲置荒废。

过去在高铁建设中，项目投资以中国国铁集团（原名铁道部，2013年3月10日更名）出资为主，铁路部门在线路走向、设站等问题上的话语权相对较大。近年来，铁路部门在征地拆迁等方面对地方政府的依赖程度增加。在线路方案制定过程中，随着高铁建设，地方投资比例不断提高，地方政府的话语权也日益提升。部分地方政府盲目争取高铁站，甚至将拥有高铁站与政绩、城市形象等挂钩，投资建设高铁站的积极性极高。这使得铁路部门在部分沿线地方政府提出自行出资设站或建设连接线的诉求时，不会强烈反对。但高铁建成开通后，铁路部门发现部分地方虽积极争取高铁设站并承诺投资，却因财政压力大导致资金筹措困难，出现车站交通配套不到位、客流量较小的情况。对此，铁路部门会酌情减少停靠车次，甚至停止办理客运业务，致使部分车站闲置关闭。

因此，必须提升新建高铁站的科学决策水平。高铁设站要兼顾经济性和安全性。从经济性角度看，高铁线路通常会根据大城市、枢纽城市的走向进行调整。在保证线路顺直的基础上，应尽量靠近经济据点，以及资源和人口聚集区；从安全性角度讲，要经过严格的勘探，充分考虑地质条件、环境条件等因素。

二、从高铁站客流与区位条件方面评析

高速铁路的建设与运营，对周边区域的发展影响深远，其自身生存发展也依赖特定条件。适宜高速铁路生存的环境，需遵循两大基本原则：其一，所在区域要人口稠密、城市密集，具备较高的社会经济与科技基础；其二，高速铁路建设面临技术标准严苛、造价成本高昂、对地形地质条件要求高、需客源量丰富、管理维护复杂等难题。在此大背景下，柘荣县设高铁站的可行性备受关注，尤其是其在客流辐射吸引能力方面，面临诸多困境。

（一）柘荣县自身客流基础薄弱

1. 常住人口少，本地出行需求有限

柘荣县常住人口数量较少，截至 2024 年末，仅为 9.2 万人，城镇常住人口仅为 6.1 万人。如此人口规模，使得本地外出客流难以形成规模效应，与人口密集的大城市相比，差距很大。例如，一些人口百万级别的城市，人口是柘荣县的十几倍甚至更多，出行需求总量远超柘荣县，难以依靠本地居民出行需求支撑高铁站的日常运营。

2. 旅游客流量低，全市排名靠后

以 2019 年统计数据为例，柘荣县接待游客量仅 180.95 万人次，在全市排名末位。近年来，虽旅游市场有所发展，但受旅游资源开发程度与宣传推广力度限制，柘荣县旅游客流量增长缓慢。与周边旅游热门地区如福鼎太姥山景区相比，太姥山每年接待游客量达数百万甚至

更多人次，柘荣县旅游客流对高铁站的支撑作用微乎其微。

（二）柘荣站址区位不佳，对外地客流吸引困难

1. 距周边地区远，交通不便

柘荣站址距寿宁、泰顺较远，交通连接不畅，严重限制了对寿宁、泰顺地区客流的吸引能力。两县居民若前往柘荣高铁站乘车，需花费较长时间且换乘不便。比如，从寿宁到柘荣高铁站，可能需多次换乘，耗费数小时，远不如选择距离更近、交通更便捷的其他站点，像古田高铁站等。

2. 现有公路交通网导致换乘概率低

柘荣区域现有公路交通网由甬莞高速公路、104国道、省道201线（联7线，霞浦经柘荣城关至浙江泰顺县）构成。这样的布局，使得福鼎、福安、霞浦、寿宁、泰顺等县人员在柘荣高铁站上下车及换乘的概率极低。周边地区居民出行时，更倾向于选择交通枢纽地位突出、换乘便利的站点，而非柘荣高铁站。

（三）未来客流预测不容乐观

1. 缺乏现状铁路客流数据，参考案例发送量低

柘荣县缺乏现状铁路客流数据，为预测未来铁路旅客发送量，选取与柘荣县经济体量、城镇化水平、人口规模相似的江西省九江市彭泽县进行对比研究。经测算，2030年柘荣高速铁路旅客发送量约为4.9

万人。与周边地区相比，差距很大。经计算，霞浦县在 2030 年高速铁路客流发送量预计可达 340.5 万人次，福安市 2030 年高速铁路客流发送量约为 107 万人次。

2. 温福高铁不同路线方案客流差异大，柘荣所在路线劣势明显

温福高铁山区路线方案经宁德市区、福安市区、柘荣县后抵达福鼎区间，涉及客流年发送量约为 112 万人；中线方案经宁德市区，串联福安、霞浦后抵达福鼎区间，涉及客流发送量约为 448 万人，中线较北线区间涉及客流发送量约多 336 万人。可见，柘荣所在的北线方案，相较于中线方案，客流吸引力明显不足，从整体线路规划看，柘荣县设站带来的客流集聚效应有限。

（四）周边地区客流分流显著

1. 闽东西部山区整体客流量有限

闽东西部山区寿宁、周宁、屏南、柘荣四县常住人口合计 46 万人，流动人口仅 17 万人，本地客流量整体有限。四县在人口规模与经济发展水平上，均难以与沿海发达地区相比，导致该区域整体出行需求难以支撑多个高铁站运营，柘荣县设站面临"僧多粥少"的困境。

2. 福安溪北洋站及周边铁路对客流的分流

福安溪北洋站址距周宁、寿宁及浙江省泰顺县的距离分别为 68、51、66 公里。该站址除能直接吸引少量福安市区客流外，对寿宁、周宁、泰顺等地区客流吸引能力有限，但仍会分流部分可能前往柘荣高铁站的客流。同时，周宁县客流通过已通车的衢宁客货共线铁路至宁德高铁站，不出站换乘更为便捷；寿宁、泰顺地区客流未来主要分流到丽水至南平快速铁路。这些周边铁路线路与站点的存在，使柘荣高铁站在吸引客流上面临激烈竞争与巨大压力。

3. 沿海地区对客流的集聚效应

沿海的福鼎、霞浦、福安、蕉城4县市是宁德市经济发展的中心区域，经济总量占宁德市的80%，人口规模为240.74万人，城镇人口116万人，流动人口现状57万人，再加上数家几十万员工的央企、大型企业人员，以及霞浦的其他人员，本地客流量较大。以货运为主的时速200公里的既有温福铁路霞浦动车站已无法满足客运需求，凸显沿海地区强大的客流集聚效应，而柘荣县因地理位置与经济发展水平限制，难以从中受益，进一步凸显其设站面临的客流困境。

我国的"四最"高铁站

最冷高铁站：沪宁线仙林高铁站，它是沪宁高速铁路的中间站，同时也是南京南站和南京站的联络线车站，该站只办理客运业务，不办理货运业务。除了周末，每天接送旅客仅有20人左右。

最失败高铁站：合肥北城站，其客流量从最初的数百人降至数十人，日均旅客最少时不足8人，服务员数量比旅客还多。

最搞笑高铁站：湖北孝感北站距孝感市区100公里，却距大悟县仅20公里，日客流量仅百人左右，备受当地人诟病。

最荒凉高铁站：紫金山东站位于江苏省南京市，站房外观与南京南站类似，为二层建筑。站房内设有楼梯和电扶梯，车站候车大厅位于站房二楼，站场规模为1台2线，途经线路为仙宁铁路。该站建成8年，却一直未能投入使用。

虽然以上资料来自网络，准确性有待考证，但笔者认为，高铁设站的合理性需综合考虑技术、经济、军事、社会、安全和可扩展性等多方面因素，应尽量靠近主要经济据点、丰富资源地和人口聚集区。通过科学规划、合理布局、科学决策，才能确保高速铁路网络的运营效率和经济效益，促进区域协调发展和社会进步。同时，笔者通过以上综合分析认为，若温福高铁宁德段建成通车，柘荣县石山村或富溪镇的高铁站大概率会因客流严重不足而关闭闲置。柘荣县不具备设高铁站的条件，若温福高铁在柘荣设站，极有可能成为中国新时代"最晒太阳"（闲置不用）的高铁站。

（五）福安市溪北洋设站情况分析

福安市溪北洋设高铁站吸引的客流量有限。溪北洋新区至赛岐镇快速通道为城市主干道兼一级公路，设计时速为60公里，部分路段为40公里/小时，全长8.83公里。福安溪北洋新区与福安老城区一山之隔，距福安市区约8公里、距宁上高速公路收费站约5公里、距既有温福快速铁路福安站（湾坞）和环三都澳岸线约29公里。

溪北洋设站方案站址与福安市规划发展方向契合，具备设站条件。站址距周宁、寿宁、泰顺三县距离分别为30公里、47公里、57公里，车站距宁上高速公路出入口较近，周宁县、寿宁县、泰顺县位于福安市城区一小时交通圈范围内。但该站址至寿宁、周宁、泰顺三县距离较远，除可直接吸引福安市区客流外，对寿宁、周宁、泰顺地区客流的吸引能力较差。

周宁县客流通过衢宁客货共线铁路至宁德高铁站可不出站换乘，更为便捷；寿宁县常住人口和流动人口数量较少，59岁以下农村青壮人员大部分外出经商务工，老龄化程度较高，客流量有限；占福安市"GDP半壁江山"的白马组团及沿海黄金带落地的一大批央企、国企、大型民企等交通出行，因距离因素，更倾向于去宁德（高速公路里程13公里）乘高铁，而非福安溪北洋高铁站（高速公路里程30公里）。例如，福州至北京南G198高速列车，2022年7月1日之前停靠霞浦动车站，2022年7月1日之后调整为福安停靠站，但因客流量少、福安市财政补贴经费支出过大无法支撑，2023年7月1日恢复霞浦停靠站，取消了福安停靠站，这一实例充分体现了福安设站在吸引客流方面面临的挑战。

（六）宁德市人口、产业分布与客流关系

1. 人口分布与流动情况

宁德市人口分布呈现沿海岸线多、西部内陆少的特点。截至2023年末，全市常住人口为315.7万人，其中蕉城区常住人口64.6万人，福鼎市常住人口56.2万人，福安市64.6万人，霞浦县47.9万人，古田县31.5万人，寿宁县17.4万人，周宁县14.6万人，屏南县13.7万人，柘荣县9.2万人。在常住人口中,47.9万以上人口主要集中于沿海县市，

合计229.2万人，约占总人口的73%；内陆各县市人口较少，屏南、周宁、寿宁、柘荣四县总人口54.9万人，仅约占总人口的17%，客流量极为有限。

温福沿海高铁沿线人口聚集度高。新建宁德温福沿海高铁自福鼎经霞浦城区、赛甘组团和白马组团及溪南组团，人口合计约54.16万人（未包括沿海县市核电等新能源产业人口）；北线方案主要包括柘荣城区、福安老城区、赛甘组团，人口合计约37.68万人。从初步统计数字看，沿海地区人口聚集度远高于柘荣等山区县，线路覆盖影响范围更广。以霞浦为例，霞浦核电、时代一汽、时代科士达、国网时代储能设备等重大产业常住人口将超10万人，霞浦海洋经济外地劳务大军已达3万人；福安市南部赛岐—甘棠组团约11.86万人，溪南—白马组团约8.91万人，人口合计近21万人，已超过福安老城区（19.96万人），且福安老城区存在年轻人外出谋生工作增多、新增人口缓慢、老龄化加剧等问题。

根据宁德市"十四五"规划及国土空间规划，规划人口市域空间分布为沿环三都澳湾区聚集。在主体功能区引导下，基于各县市发展现状、区位、资源条件及城镇人口发展潜力预测，沿海蕉城、福安、霞浦、福鼎等四县规划城镇人口均超过40万，而西部屏南、周宁、寿宁3县规划城镇人口共计仅32万，宁德人口将主要向沿海4区县流动，环三都澳湾区及沿海区域人口将进一步增长。

沿海地区流动人口总量大，远高于山区县。温福沿海高铁福鼎至宁德中线方案，周边城镇在沿海地区的蕉城区、福安市、福鼎市、霞浦县四县（市、区）的流动人口总和近57万人，远高于西部山区寿宁、周宁、屏南、柘荣四县17万流动人口的总数。未来宁德市沿海地区随着温福高铁建成通车和经济快速发展，流动人口有望大幅提升，甚至可能达到200万以上。同时，人口流动对宁德市山区县和经济欠发达地区影响较大。2020年宁德市人户分离人口110.88万人，其中市辖区内人户分离人口15.59万人，流动人口95.29万人。流动人口中，跨省流动人口15.43万人，省内流动人口79.85万人。与2010年相比，10年间流动人口增加量超过五成，平均每10个常住人口就有3.52个人户分离人口、3.03个流动人口，人户分离人口增加1.31人、流动人口增加0.91人。可见，经济社会发展及区域中心城市发展，推动农业转移人口市民化进程，更多乡村有能力、年轻人口加入流动人口大军，深刻影响宁德市山区县和经济欠发达地区人口结构。

此外，内陆山区四县老龄化程度高。从各区县人口年龄结构来看，除蕉城区劳动力人口18~59岁占比较高外，其余县市劳动力人口比例基本均衡。内陆山区四县老龄人口60岁以上均已超过20%，迈入中度老龄化社会，未来对跨区域交通出行的需求将会逐步减弱。宁德市各县（市、区）60岁及以上人口占比均超过了10%，达到老龄化社会标准。其中蕉城人口年龄结构最年轻，60岁及以上人口占比为13.3%；古田人口年龄结构最老化，60岁及以上人口占比达23.5%；屏南、寿宁、周宁也超过20%的深度老龄化社会标准。

2. 产业分布与发展

宁德温福沿海高铁产业人口发展潜力大。沿海福鼎、霞浦、福安、蕉城等区域是产业和常住人口的重点聚集居住地，现状为沿海黄金带落地一大批央企、国企、大型民企。福鼎时代产业园产业人口超5万人、龙湾工业园超4万人、中广核电超1万人，合计超10万人；霞浦产业及海洋养殖外来常住人口超3万人；福安大唐火电与青拓集团镍合金从业人口超3万人、下白石船舶工业从业人员超2万人。未来几年，福鼎、霞浦、福安等沿海一线的产业人口将超20万，形成沿海产业发展轴。

宁德市主导产业核心承载区主要分布于霞浦经济开发区、溪南半岛工业区、东侨经济开发区、漳湾工业园、三都澳经济开发区、白马工业集中区，西部山区只分布少量主导产业。霞浦片区以特色海洋产业、高新制造产业、特色旅游产业等外向型经济产业为主；福安片区注重生产生活性服务业的集聚和提升，以电机电器、大健康等传统产业为主；赛甘片区以铜产业、合金材料、新能源等产业为主，是福安市副中心；白马片区以船舶、冶金（不锈钢）、能源工业为主，打造装备制造基地，引导产业集中连片发展；溪南片区以军民融合、高端装备制造、海洋生物医药、临港物流业等战略性新兴产业为主。宁德市主导产业发展布局为：锂电新能源、不锈钢新材料、新能源汽车、铜铝材料为4个千亿级主导产业，新能源及新材料已实现千亿体量；锂电新能源、新能源汽车、铜铝材料产业目前主要集中在东侨开发区。

从经济数据来看，2022年宁德市完成地区生产总值3554.62亿元，增长10.7%。分产业看，第一产业增加值386.41亿元，第二产业增加值2048.6亿元，第三产业增加值1119.61亿元。其中蕉城区（含东侨区）GDP总量1261.51亿元，GDP增量162.92亿元，增速14.83%；福安市GDP总量761.11亿元，GDP增量79.7亿元，增速11.7%；福鼎市

GDP 总量 503.88 亿元，GDP 增量 49.64 亿元，增速 10.93%；霞浦县 GDP 总量 353.7 亿元，GDP 增量 43.48 亿元，增速 14.02%（各县市 GDP 数据详情见相关表格）。2020 年，蕉城、福安、福鼎、霞浦等 4 县（市、区）GDP 占全市近八成，经济整体呈现沿海区域发展为主态势。屏南、周宁、寿宁 3 县 GDP 占全市 10%，柘荣占全市 3%。霞浦作为沿海重要支点城市，经济总量与人均 GDP 在沿海梯队中靠后，未来发展空间广阔。

（七）沿海城镇化与客流关联及相关案例

据第七次全国人口普查数据，在宁德常住人口 315 万人中，常住人口约 50 万的县（市、区）主要集中于蕉城区、福安市、福鼎市、霞浦县四个沿海地区，约占总人口的 72%。内陆各县市人口较少，屏南、周宁、寿宁三个县总人口仅 46.3 万人，柘荣县人口仅 9.2 万人。新建温福高铁沿海福鼎、霞浦和溪南组团及福安赛甘组团、白马组团，人口合计约 54.16 万人（未包括沿海央企及大型企业的产业人口）；而山区路线方案柘荣城区、福安老城区、赛甘组团人口合计约 37.68 万人。根据宁德市"十四五"及国土空间规划，规划人口市域空间分布为沿环三都澳湾区聚集，沿海蕉城、福安、霞浦、福鼎等四县（市、区）规划城镇人口均超过 40 万。

温福高铁福鼎至宁德沿海方案，周边城镇在东部沿海地区的蕉城区、福安市、福鼎市、霞浦县四县（市、区）流动人口总和约 57 万人，而西部山区寿宁、周宁、屏南、柘荣四县流动人口仅 17 万人。未来宁德市沿海地区随着经济和新型城镇化的快速建设发展，流动人口有望大幅提升，2035年或可达到200万以上。这主要是因为经济社会发展及区域中心城市发展，推进农业转移人口市民化进程，更多乡村有能力、年轻人口加入流动人口大军，改变宁德市山区县和经济欠发达地区的人口结构。

以广东省为例，经济社会快速发展与人口及城镇化发展紧密相关。进入21世纪以来，广东作为第一经济大省，人口保持快速增长势头。自2007年超越河南位居第一后，广东已连续14年常住人口规模居全国首位，占全国人口总量从2010年的7.79%提高到8.93%，提高1.14个百分点。根据第七次人口普查主要数据，2020年11月1日零时，广东常住人口达1.260125亿人，与2010年第六次全国人口普查相比，全省常住人口增加2170.94万人，增长20.81%，广东增量占全国增量的30%。广东人口与经济持续较快增长，主要得益于珠三角产业转型升级加快，高端制造业、信息经济等新兴产业快速发展，吸引大量就业人口，同时珠三角地区放宽落户限制，吸引众多人才落户。数据显示，广东全省人户分离人口为6063.51万人，其中流动人口为5206.62万人。流动人口中，外省流入人口为2962.21万人，省内流动人口为2244.40万人。在大量人口流入下，广东人口红利突出，15~59岁人口数量占比达68.80%，位居全国第一，珠三角对内地及海外人才吸引力强劲，符合人口城镇化发展规律，即人口向经济发达地区集中。

被关停高铁站的案例剖析与思考

在我国铁路建设蓬勃发展的进程中，部分高铁站却遭遇关停命运，这些案例背后的缘由值得深入探究。

案例一：广西桂林五通站

广西桂林临桂区五通镇桐山村高铁站，地处我国西南地区首条时速250公里的客运专线——贵广高铁线上。五通镇为桂北四大古镇之一，然而该站距临桂区22.4公里，距五通镇也有3公里之遥，是贵广高铁全线唯一以镇命名的县级站。车站站房建筑面积2997平方米，设2站台4股道，工程投资近5000万元。但因其位于荒山野岭，离五通镇远且靠近桂林西站，客流量极为稀少。贵广高铁于2014年12月26日开通运营，五通站迟至2018年3月13日才启用。开站初期，五通站每日动车停靠不足10趟，到2022年正式关停，就此荒废。

案例二：海南环岛高铁相关车站

1. 海头站困境

位于海南环岛高铁西环线的儋州市海头镇设有一座四等高铁站。2015年12月30日西环线正式开通运营，可海头站却始终未能开通，一直荒废至今。这使当地陷入两难：不开通，前期高达4159万元的工程投资便付诸东流；若开通，每年预计亏损500万元，需儋州市财政补贴。儋州作为人口不足百万的普通地级市，很大程度依赖上级转移支付，从财政承受力来看，确实没必要建设3个高铁站。

2. 其他车站亏损现状

不止海头站，2012年建成的海南环岛高铁东环线万宁市和乐站，至今尚未开通。即便已开通的车站，不少也处于亏损状态。如澄迈县福山站、乐东黎族自治县尖峰站、儋州银滩站等，日均发送旅客不足百人。以这样的客运量，这三个站一年亏损上千万元。

案例三：南昆高铁阳宗站

南昆高铁线上的阳宗站，建成7年却无车通行，堪称冷冷清清、无人问津。阳宗站占地2500多平方米，总体设计规划遵循高铁通行标准。阳宗镇距昆明市仅约60公里。自2016年站台竣工至今，一直未启用。主要原因之一是，其上行车站和下行车站与它的行车时间间隔都在10分钟左右。对高铁而言，这样的间隔距离过短，除了在城市间不同火车站穿行外，实在不值得停靠。

案例四：辽宁丹东西站

丹大快速铁路丹东西站位于丹东市振兴区汤池镇复兴村西北，距201国道300米，距丹东市唯一的国际化飞机场浪头国际机场约10公里，距市中心13.7公里，与丹东大学城、高新区距离较近，交通便利。丹东西站为客运三等站，车站总建筑面积2500平方米，站房面积2500平方米，可同时容纳3000人候车，设有4部扶梯方便旅客进出站台。站场规模为2台4线（含正线），有侧式站台2个，站台墙总长900米。

丹大快速铁路是连接辽宁省丹东市与大连市的客运主骨架线路，也是中国东北地区首条客货混跑的快速铁路干线。该铁路于2010年3月17日正式开工建设，2015年11月全线试运行，同年12月17日正式开通运营。但自2018年10月31日起，丹大快速铁路调图，原经停丹东西站的列车取消停靠，丹东西站停止办理旅客乘降、客运售票等相关业务。

案例五：多地关停高铁站

胶济客专线上的周村东站，青荣城际铁路线上的芝罘站，南京的江浦站和紫金山东站，苏州昆山市内的花桥站，镇江句容市内的宝华山站等，均处于关停状态。部分车站建成10多年，却从未开通运营。不仅小站如此，一些大站也难逃停运命运，例如二等站沈阳西站、合肥西站等。这些造价高昂的高铁站，因盲目建设而关停，最终由各地承担后果，进一步加重了当地财政负担。

综合这些案例，被关停高铁站往往存在选址不合理、客流量不足、财政负担过重等问题。在高铁建设规划中，应充分汲取这些教训，进行科学论证与合理布局，避免资源浪费与财政压力加剧，确保高铁建设能真正服务于地区发展与满足民众出行需求。

三、从贯彻国家相关工程建设政策方面评析

柘荣县设高铁站的规划，与国家《关于推进高铁站周边区域合理开发建设的指导意见》（发改基础〔2018〕514号）的相关规定存在诸多不符之处。

（一）柘荣县基本情况与政策要求的差距

1. 经济实力薄弱，并非重要经济据点

柘荣县下辖2镇7乡117个建制村，常住人口仅9.2万人，城关常住人口5.6万人。在经济发展方面，2022年其GDP仅为85.59亿元，

在福建省 GDP 排名中处于末位。如此经济规模与人口体量，远不符合成为重要经济据点的标准，难以满足高铁建设所期望带动的经济辐射与发展需求。

2. 地形复杂，交通区位不佳

柘荣县地处闽东北内陆山区，地形以山高谷深的复杂艰险山岭重丘为主，平均海拔约 600 米，县城海拔 668 米，县域面积 543.9 平方公里，其中山地面积约占总面积的 90% 以上。这种地形条件不仅限制了当地的交通建设与发展，也使得人口分布较为分散。同时，柘荣站址距寿宁县、周宁县、浙江省泰顺县较远，交通不便，对周边地区的客流吸引能力极为有限。并且，柘荣城关高速公路出入口距寿宁县、周宁县及浙江省泰顺县高速公路里程分别为 103、97、120 公里，进一步削弱了其在区域交通中的枢纽地位与客流集聚能力。从整体区位条件来看，受地形、经济、交通等综合因素限制，柘荣县难以凭借自身条件支撑高铁站的建设与运营，也无法满足国家《中长期铁路网规划》（发改基础〔2016〕1536 号）中 50 万人口以上大中城市设站的规定要求。

（二）预可行性研究阶段站址规划问题

预可行性研究阶段提出的柘荣站设在乍洋乡石山村，该选址存在严重缺陷。石山村位于福鼎市与柘荣县交界处的高山偏僻、人烟稀少之地，距柘荣城关县道 15 公里、国道 104 线 10 公里，距柘荣城关甬莞高速收费站 28 公里，且远离从柘荣境内穿过的 G1523 甬莞高速公路。这一选址导致该站存在"四无"问题：无综合配套保障能力，周边缺乏必要的生活、商业等配套设施，难以满足车站运营及乘客的基本需求；无公共交通配套线路和换乘工程设施条件，乘客难以通过公共交通便捷地到达车站；无法实现与其他重要综合交通枢纽之间的快速连接、便捷直达，降低了车站在区域交通网络中的通达性；无法与周边城市发展衔接，不能确保人民群众乘坐高铁出行便利，严重违背了高铁建设服务民众出行的初衷。此外，该区域沿线缺少普通公路通道和电力系统，若在此建站，需投入大规模的临时工程，不仅增加了建设难度，还将大幅提高工程造价。

（三）可行性研究阶段站址规划的不合理性

可行性研究阶段将高铁站设在人烟稀少的柘荣县石山村、富溪镇高山区，同样存在诸多问题。这些地区受大城市经济辐射带动极小，无法发挥高铁车站应有的辐射带动作用。在规划过程中，未充分结合柘荣县的城市功能区划、区位优势、财力状况、人口资源环境条件等实际情况。从新型城镇化发展理念来看，无法实现以人为本的发展目标，难以促进产业、人口集聚效应，更无法达成站城一体、产城融合、宜居宜业、规划协调、布局合理的建设要求。具体到线路规划，福鼎经柘荣富溪镇至福安溪北洋段在高铁线路走向、车站选址、车站分布、建设规模等方面均存在不合理之处。柘荣县自身经济实力不足，不是重要经济据点，加上区位条件受限、人口数量少、辐射吸引客流能力差等因素，从根本上不具备设站条件。

综上所述，无论是从柘荣县的基本情况，还是预可行性研究、可行性研究阶段的站址规划来看，柘荣县设高铁站的规划与国家相关政策规定的要求严重不符，若强行推进，极有可能造成资源浪费，给国家和人民利益以及公共财产带来不必要的经济损失。

第三节　技术经济比较综合评析

在高速铁路的可行性研究中，技术经济比较是对不同技术方案从技术先进性与经济合理性两方面进行分析论证，进而筛选出经济效果最优方案的关键环节。这一过程需全面考量各种可能方案，确保不遗漏有价值的选项，并在同等精度基础上展开比较，尤其针对国民经济发展和交通网构成有重大影响的方案，力求做出最合理决策。技术经济比较并非单纯依据极大值和极小值来决定方案取舍，而是要综合考虑多种因素，实现费用与效益、宏观与微观、技术效益与经济效益、经济效益与社会效益、内部条件与外部条件以及静态效益与动态效益的统一。

技术经济评价指标涵盖技术特征指标、运营特征指标、工程条件指标及经济评价指标四个方面。技术特征指标包含线路长度、展线系数、限制坡度及拔起高度；工程条件指标有桥隧工程量、土石方工程量、场站工程量、机电工程量、辅助设施工程量，以及占用农田、劳动力、材料消耗和工期等；运营特征指标涉及输送能力、牵引吨数、旅行速度、机车与车辆小时、机车与列车乘务组小时、能量和燃料消耗等；经济评价指标则包含工程投资、运营费、运输收入、投资回收期、内部收益率等。

铁路工程前期工作通常分为15个阶段：线路方案规划论证研究（由

地方政府上报，中国国铁集团委托设计规划部门开展）；列入规划（纳入中国国铁集团、国家发展改革委的《中长期铁路网规划》或区域、省级铁路规划）；设计单位招标、设计方案竞选（由中国国铁集团负责）；预可行性研究报告编制（由设计单位承担）；预可行性研究报告审查（由中国国铁集团组织）；预可行性研究报告评估（由咨询公司执行）；项目建议书上报（中国国铁集团与地方政府联合向国家发展改革委上报，主要针对各省市新建城际铁路、地方铁路）；项目建议书批复（由国家或省级发展改革委立项）；勘察设计单位招标（由中国国铁集团或地方政府实施）；可行性研究报告编制（由设计单位负责）；可行性研究报告审查（中国国铁集团工程设计鉴定中心审查初步设计、生态环境部审查环评、自然资源部审查用地、水利部审查水土保持）；可行性研究报告评估（由咨询公司负责）；可行性研究报告批复（由国铁集团或发展改革委下达）；初步设计批复（由中国国铁集团、省级发展改革委负责）；工程施工招标（由中国国铁集团和地方各级政府组织）。本节将针对温福高铁宁德段的技术特征指标、工程数量、工程投资、工程安全、工程实施、客流量等方面进行同等深度的技术经济比较评析。

一、从执行设计规范方面评析

新建宁德沿海温福高速铁路应具备综合地质选线、环保选线、安全选线等特点，需途经政治经济据点，地形高程障碍应不突出，经济带城市间客流量规模要大，且能为既有温福铁路扩大和分流客运能力。在满足功能定位、能力需求、达速的前提下，线路应串联沿线较大经济据点，力求短顺直缓，实现最优选线，以满足政治、经济、国防、环境、安全、快速、便捷、客流、舒适等高质量技术要求。其采用的主要技术标准如下：铁路等级为高速铁路；设计速度350公里/小时；正线数目为双线（隧道单洞双线）；到发线有效长度650米；最大坡度一般地段20‰，困难地段25‰；最小曲线半径一般地段7000米，困难地段5500米；最小行车间隔按3分钟设计。基于此，评析意见与建议如下。

（1）山区路线方案困难最小曲线半径值应通过技术经济比选确定，建议采用最大值12000米，以保证运营列车安全，避免运营事故发生。

（2）山区路线方案存在长大纵坡，且最大坡度在25‰以上，若设计时速350公里运营，最小行车间隔需7分钟，无法满足设计规范要求；当设计时速350公里限制为200公里以下运营时，最小行车间隔3.5分钟，才可基本符合设计要求。

（3）《高速铁路设计规范》（TB10621-2014）5.3.3条明确规定：最大设计坡度采用15‰时，坡段长度不宜大于10公里；最大设计坡度采用20‰时，坡段长度不宜大于6公里；最大设计坡度采用25‰时，坡段长度不宜大于4公里；最大设计坡度采用30‰时，坡段长度不宜大于3公里。

综上，山区路线方案的行车速度和最小行车间隔时间这两项技术指标均不满足设计要求，最大设计坡度超过规范规定。因此，时速350公里的温福高铁在柘荣县设站不符合设计规范要求。

山区路线方案中，福鼎站至柘荣高铁站站距35.304公里，两站之间高差636.15米，其中福鼎至柘荣连续上坡最大坡度+20‰坡段长10.3公里、+25‰坡段长10.9公里；柘荣高铁站至福安高铁站站距

34.513 公里，两站之间高差 644.55 米，其中柘荣至福安站连续最大下坡坡度 –20‰ 坡段长 11.7 公里、–22‰ 坡段长 17.83 公里；福鼎经柘荣至福安段隧道内最大坡度为 30‰。

沿海路线方案中，既有温福铁路福鼎站至霞浦站站距 47.5005 公里，两站之间高差 3.52 米；既有温福铁路霞浦站至福安站站距 31.312 公里，两站之间高差 34.55 米；既有温福铁路福安站至宁德站站距 27.0756 公里，两站之间高差 42.47 米；全线最小纵坡 1.5‰，最大纵坡 13‰。

中线路线方案中，福鼎站至霞浦北站站距 42.8203 公里，两站之间高差 179.73 米；霞浦北站至福安南站站距 27.142 公里，两站之间高差 179.76 米；福安南站至宁德站站距 35.234 公里，两站之间高差 18.78 米；全线最小纵坡 3‰，最大纵坡 19‰。

进一步评析认为：①沿海路线方案基本沿既有温福铁路走廊，地形条件良好，最大设计坡度采用 13‰，坡段长度小于 10 公里，满足设计规范要求。②中线路线方案在沿海与山区路线方案之间展线，霞浦北站至福安南站站距 27.142 公里，两站之间高差 179.76 米，最大设计坡度 19‰，坡段长度小于 8 公里，不满足设计规范要求。③山区路线方案地形复杂，福鼎至柘荣、至福安连续上坡最大坡度 +20‰～+25‰，坡段长度 10.3 公里～10.9 公里，不满足设计规范要求；柘荣至福安站连续最大下坡坡度 –20‰～–22‰，坡段长度 11.7 公里～17.83 公里，不满足设计规范要求。

综上，山区路线方案、中线路线方案的最大坡度和坡段长度均不满足设计规范（TB10621-2014）的规定。特别是山区路线方案形成"人"字形长大坡段，且最大坡度设置在隧道内，不符合《铁路建设工程风险管理技术规范》(Q/CR9006-2014)《铁路隧道工程风险管理技术规范》(Q/CR9247-2016)等相关规定，施工和运营期间存在较大安全风险。

二、从施工运营安全风险方面评析

（一）施工安全风险

对三个方案进行风险比较，山区路线方案受柘荣县高海拔高程控制的影响，自福鼎站起点经柘荣至福安站，形成隧道上下坡"人"字形大纵坡。其中，福鼎至柘荣连续上坡坡率20‰～25‰，长度达29.35公里；柘荣至福安站连续下坡坡率分别为20‰、22‰，长度为29.53公里。福鼎经柘荣至福安段有三座长度超过10公里的特长隧道，且特长隧道采用纵坡为22‰的反坡施工，若遇构造破碎带、节理密集带及地下水富集等不良地质地段，存在施工难度大、安全风险高、环境保护风险高等突出问题。主要施工安全风险为隧道突水涌泥地质灾害。隧道突水涌泥是隧道施工过程中常见的一种地质灾害，指在地下工程开挖时，因构造富水带或渗流击穿隧道洞壁，导致水流、泥流突然涌出的现象。隧道突水涌泥严重危及隧道施工安全，影响施工进度。若在隧道施工过程中不能妥善处理突水涌泥灾害，常常会使隧道建成后的运营环境恶劣，地表环境恶化，给人民群众的生产、生活造成重大损失。国内特长铁路隧道施工中，因突水涌泥地质灾害事故时有发生，给国家和人民生命财产带来巨大损失。

（二）运营安全风险

柘荣县地处闽东北内陆山区，地形属山高谷深的复杂艰险山岭重丘区，形成上下长大坡度。尤其对于长大坡段的特长隧道，其安全、通风、防灾与救援是极其重大的安全风险课题。高速铁路运营隧道容易发生的危险事件包括列车脱轨、火灾、列车或设备故障、恐怖袭击、乘客事故、危险品泄露等。其中，火灾因其易发生且危害性大，是隧道安全防护的重点。如遇停电、动车机组故障、火灾事故等突发情况，存在老、弱、病、残、妇、幼等乘客疏散的安全管控问题。

由于采用25‰最大坡度，加上曲线半径取值不合理，动车在高速通过弯道时，会因离心力作用向弯道外侧产生横向力，对钢轨产生挤压、外翻，严重影响列车运行的安全性和旅客乘坐的舒适性。尤其是在竖曲线起点处，轮轨垂向作用力以及车体垂向加速度都会达到最大值，不仅影响乘客的舒适性，还会增大列车倾覆的可能性。

福鼎经柘荣县至福安段的特长隧道处于长大坡道，两区段线路纵断面坡度较大，铁路爬坡较为困难，运营期间对列车运行安全和线路运输能力有一定影响。动车组制动力损失的大小直接影响运营列车安全。例如，当制动力损失25.0%时，动车组在坡度30‰及以上的长大下坡道制动性能降低，无法满足安全运行的要求；长大坡度对线路追踪间隔和列车通过能力影响较大。如在坡度30‰的下坡道上，追踪间隔时间达到6分钟以上，增加了列车通行时间；而在坡度35‰的下坡道上，由于车载列控设备计算制动距离急剧增大，导致所需的闭塞区间大幅增长，区间追踪间隔也大大增加，大大降低了列车通过能力。

三、从建设工程规模方面评析

（一）工程规模概述

1. 沿海方案工程规模

沿海方案在宁德市境内全线总长 140.635 公里。新建福安站 1 座，与既有站并站 3 座。福鼎起点至宁德站长约 119.03 公里，桥梁长度 18.39 公里，隧道长度 85.91 公里，桥隧总长 104.30 公里，桥隧比达 87.62%；路基长度 14.73 公里；轨道长度 119.305 公里；征地 1379.64 亩。在隧道工程中，11#隧道长 6.07 公里，12#太姥山隧道长 12.02 公里，13#隧道长 8.27 公里，14#隧道长 6.87 公里，15#隧道长 13.345 公里。

2. 中线方案工程规模

中线方案在宁德市境内全线总长 137.956 公里。新建霞浦站、福安站 2 座。福鼎起点至宁德站长约 115.305 公里，桥梁长度 22.06 公里，隧道长度 76.95 公里，桥隧总长 97.01 公里，桥隧比为 84.13%；路基长度 18.31 公里；轨道长度 115.305 公里；征地 1592.94 亩。在隧道工程中，磻溪隧道长 8.975 公里，杯溪隧道长 9.21 公里，17#隧道长 9.26 公里，甘棠隧道长 10.875 公里。

3. 山区方案工程规模

山区方案在宁德市境内全线总长 137.531 公里。新建福鼎站、柘荣站、福安溪北洋站 3 座。福鼎起点至宁德站长约 112 公里，桥梁长度 13.88 公里，隧道长度 79.88 公里，桥隧总长 93.76 公里，桥隧比 83.71%（原文桥隧比 93.76% 计算有误，应为桥隧总长 93.76 公里除以福鼎起点至宁德站长度 112 公里）；路基长度 17.34 公里；轨道长度 112 公里；征地 1468.43 亩。在隧道工程中，2#隧道长 9.565 公里，4#隧道长 8.79 公里，5#隧道长 6.75 公里，7#隧道长 16.95 公里，12#隧道长 11.67 公里。

通过对三个路线方案工程规模的比较分析可知：桥隧工程占比方面，山区方案分别小于沿海方案和中线方案 6.34%、1.29%，桥隧比相差不大；隧道长度上，山区方案较中线方案长 2.93 公里，较沿海方案短 2.03 公里；山区方案福鼎站设在贯岭镇，站中心桩号 k108+547，其路线长度长于沿海方案和中线方案，分别长 1.97 公里、5.305 公里，沿海方案路线长度也相对偏长。由于沿海方案桥隧总长 104.30 公里，故而征地亩数小于中线方案和山区方案，分别少 213.30 亩、88.79 亩。

（二）设计预可行性研究审查阶段的工程规模

2023 年 12 月 15 日，由中铁工程设计咨询集团有限公司研究编制的《新建铁路温州至福州高速铁路预可行性研究报告》（以下简称《预可研报告》）审查会在福州召开。设计单位对温福高铁宁德段路线走向方案共研究了五个方案，其工程规模简述如下。

1. 经柘荣、福安方案（方案Ⅰ）

线路自苍南站引出，经南溪水库水源保护区西侧至柘荣县城东源乡设柘荣站，至福安市溪北洋设福安南站，终至既有温福宁德站。新建线路长度 137.948 公里，新建柘荣、福安南高铁站；桥梁长度 21.75

公里，隧道长度98.96公里，桥隧总长120.71公里，桥隧比87.5%。

2. 经柘荣东、福安南方案（方案Ⅱ）

线路自苍南站引出并沿杭深铁路走行，穿越点头镇大峨水库水源保护区二级区，至柘荣县乍洋乡石山村设柘荣站，出站后向西南至福安市溪柄镇设福安南站，后转向南跨赛江向南走行，终至既有温福宁德站。新建线路长度131.346公里，新建柘荣、福安南站；桥梁长度20.951公里，隧道长度94.315公里，桥隧总长115.266公里，桥隧比87.8%。

3. 经霞浦北、福安南方案（方案Ⅲ）

线路自苍南站引出并沿杭深铁路走行，至既有福鼎站并站后向西南至霞浦县溪西村附近设霞浦北站，出站后继续向西南至福安市苏洋村附近设福安南站，后跨赛江向南走行并沿杭深铁路终至既有温福宁德站。新建线路长度138.115公里，新建霞浦北站、福安南站；桥梁长度26.613公里，隧道长度93.149公里，桥隧总长119.762公里，桥隧比86.7%。

4. 沿既有温福（杭深）铁路方案（方案Ⅳ）

线路自苍南站引出并沿杭深铁路走行，与既有福鼎站、霞浦站并站，至湾坞镇新设福安南站后跨赛江，并沿杭深线走行终至既有温福宁德站。新建线路长度147.743公里，采用既有站并站方案；桥梁长度28.54公里，隧道长度102.52公里，桥隧总长131.06公里，桥隧比88.71%。

5. 经福鼎西、柘荣东、福安（溪北洋）方案（方案Ⅴ）

线路自苍南站引出，并沿杭深铁路走行，至福鼎市西侧三门里村新设福鼎西站，出站后至柘荣县乍洋乡石山村设柘荣站，后向西南至福安市溪北洋设福安南站，之后向南走行跨杭深铁路后终至既有温福宁德站。新建线路长度139.376公里，新建福鼎西站、柘荣站、福安南站三个车站；桥梁长度25.44公里，隧道长度98.66公里，桥隧总长124.10公里，桥隧比89.04%。

（三）工程规模比较分析

1. 笔者研究的方案

中线方案全长约117.305公里，桥梁与隧道合计长97.01公里，桥隧比82.70%，路基长18.29公里，轨道长117.305公里，征地1592.94亩，静态投资160.16亿元；北线方案（即山区方案）全长约112公里，桥梁与隧道合计长93.76公里，桥隧比83.71%，路基长17.34公里，轨道长112公里，征地1468.43亩，静态投资157.65亿元；南线（沿海）方案全长约119.03公里，桥梁与隧道合计长104.30公里，桥隧比87.62%，路基长9.00公里，轨道长119.03公里，征地1379.64亩，静态投资159.96亿元。

对三个路线方案综合比较分析可得：路线长度方面，中线方案较北线方案长5.305公里,南线方案较北线方案长7.03公里；桥隧长度方面，中线方案较北线方案长3.25公里，南线方案较北线方案长10.54公里。但北线方案地形复杂、隧道工程规模偏大、隧道辅助工程投资大，施工风险和施工难度高于中、南线。

2. 设计单位研究的方案

设计单位编制的《预可研报告》中经福鼎西、柘荣东、福安（溪北洋）山区路线方案（方案 V）和沿既有温福（杭深）铁路沿海方案（方案 IV）的工程规模如下。

沿海方案：设计单位编制的《预可研报告》新建沿海线路长度 147.743 公里，在既有温福铁路福鼎站、霞浦站、宁德站并站设高速场，在湾坞镇新设福安南站，桥梁长度 28.54 公里，隧道长度 102.52 公里，桥隧总长 131.06 公里，桥隧比 88.71%。

山区路线方案：设计单位编制的《预可研报告》新建山区线路长度 139.376 公里，新建福鼎西站、柘荣站、福安南站三个车站；桥梁长度 25.44 公里，隧道长度 98.66 公里，桥隧总长 124.10 公里，桥隧比 89.04%。

3. 比选分析

沿海路线方案：设计单位研究的线路长度 147.743 公里，若采用从福鼎点头取直至霞浦站的展线方法，里程可缩短 7 公里，优化后实际里程为 140.743 公里，与笔者研究的 140.635 公里基本一致；设计单位研究的隧道长度 102.52 公里，与笔者研究的隧道长度 104.30 公里仅差 1.78 公里，大体相近；设计单位与笔者研究的高铁车站均为"1+3"设计方案，即新建 1 座、并站 3 座，笔者研究的新建福安高铁站设在赛岐镇泥湾村，距既有温福福安站（湾坞）约 11 公里、距福安老城区 20 公里。建议采用沿海路线方案的"1+3"车站选址设计方案。

（四）静态投资估算评析

自闽浙交界起点至宁德站，沿海路线方案全长约119.30公里，投资估算约159.96亿元，每公里造价约为1.341亿元；中线路线方案全长约117.305公里，静态投资160.16亿元，每公里造价约为1.365亿元；山区路线方案全长约112公里，静态投资157.65亿元，每公里造价约为1.408亿元。

综上比较评析：三个方案静态投资估算相差不大，且每公里造价均在1.34亿~1.41亿元，较为接近，基本无可比性；中线、沿海方案线路长度比较接近，中线、山区路线方案工程数量、工程投资等主要经济指标相差不大；沿海路线方案平、纵技术指标合理，优于山区路线方案；山区路线方案特长隧道增设辅助工程措施加大施工投资、运营养护维修成本高、抢险救灾难度大、不利于未来高铁升级提速增效；中线、山区路线方案均需新建霞浦站、柘荣站和福安站，增加3座高铁站建设投资，且地方需配套建设一定规模的交通基础设施，工程投资高于沿海方案；沿海方案可利用既有车站客运设施、较好实现客运集中、降低运营管理成本的目的，交通基础配套设施基本完善。

四、从站址条件、吸引客流方面评析

（一）中线方案

霞浦高铁站离霞浦市中心5.6公里，福安赛岐高铁站距福安市中心15公里，地貌地形地质条件相对较好，符合站址设站条件。福安高铁站方案Ⅰ设在赛岐镇泥湾村、方案Ⅱ设在赛岐镇象怀村，均有4条高速公路、4条国道主干线经福安城区、城阳、赛岐、甘棠、溪柄、下白石、溪尾、湾坞、松罗、溪潭、穆云、穆阳、坂中、康厝等13个乡镇，且这些乡镇均紧邻赛岐。湾坞、下白石、康厝、坂中、福安市区（城阳）高速里程出口距赛岐分别为19、22、19、27、11公里，均在30分钟交通圈内，其他乡镇均在40分钟交通圈内。赛岐出口距寿宁、柘荣、周宁三个山区县高速公路里程分别为66、62、79公里，距浙江省泰顺县76公里，均在60分钟交通圈以内。以上均满足相邻大中城市间1~4小时交通圈、城市群内0.5~2小时交通圈的国家铁路交通运输指标值要求。

（二）沿海方案

霞浦站距市中心4公里，方便出行；新建福安高铁站方案Ⅰ设在赛岐镇泥湾村，距福安老城区15公里，方案Ⅱ设在赛岐镇象怀村，距福安老城区20公里，方便福安老城区百姓出行，具有较强的吸引客流能力。

（三）山区方案

柘荣站距柘荣县中心1.5公里，具备设站条件；福安溪北洋新区适合设站条件，距市中心6公里，适合站址设站条件。但吸引周宁县（人口12.3万，已有衢宁客货共线铁路）、寿宁县（人口17万）、浙江省泰顺县（人口25.59万）等地客流的条件有限。

五、从带动经济增长点方面评析

确定温福高铁最有价值的线站位，对于保障温福高铁建成通车后最大程度推动沿海区域经济社会的快速发展至关重要。这有助于推动沿海超级中央企业工程建设发展，助力打造霞浦县、福鼎市、福安市成为宁德市域次中心城市，推动实现开发建设三都澳的伟大战略梦想。下面从宁德市落实新型城镇化战略、乡村振兴战略等角度进行分析。

（一）人口分布特点

宁德市人口分布呈现沿东部海岸线多、西部内陆少的特点。50万以上人口县（市、区）主要集中于蕉城区、福安市、福鼎市、霞浦县四个沿海地区，约占总人口的72%；宁德市315多万人口中，内陆屏南、周宁、寿宁三个县总人口仅46.3万人，柘荣县人口仅9.2万人。

（二）人口聚集度

新建温福高铁沿海福鼎、霞浦和溪南组团及福安赛甘组团、白马组团，人口合计约54.16万人（未包括沿海央企及大型企业的产业人口），而山区路线方案柘荣城区、福安老城区、赛甘组团人口合计约37.68万人，新建沿海温福高铁人口聚集度远高于山区方案。

（三）流动人口情况

宁德市东部沿海流动人口量远高于西部山区。温福高铁福鼎至宁德沿海方案，周边城镇在东部沿海地区的蕉城区、福安市、福鼎市、霞浦县四县市区流动人口总和约 57 万人，而西部山区寿宁、周宁、屏南、柘荣四县流动人口仅 17 万人。未来宁德市沿海地区随着经济社会的高速发展及区域中心城市发展，农业转移人口市民化进程深入推进，更多乡村有能力、年轻人口将加入流动人口大军，预计 2035 年沿海流动人口可能达到 200 万人以上。

（四）文旅经济发展

沿海文旅经济发展迅速，2023 年霞浦县旅游人数达 1100 万人。近五年在接待游客数量方面，霞浦县同比增长 25%，蕉城区增长 17.4%，福鼎市增长 16.2%，福安市增长 10.4%，柘荣县增长 10%，霞浦县旅游业发展增速位列宁德市第一。

（五）产业聚集情况

位于宁德市沿海黄金带上的福鼎、霞浦、福安、蕉城等区域是一大批央企、国企、大型民企主导产业的重点聚集地，如福鼎的时代产业园、龙湾工业园、中广核电；霞浦的核电、时代一汽、国网时代储能、海洋养殖产业，福安大唐火电、青拓集团、船舶工业等。沿海温福高速铁路海岸线已成为福州市都市圈、宁德市经济发展核心。宁德市蕉城、福安、福鼎、霞浦 4 县（市、区）GDP 占比 80%，经济整体呈现以沿海区域发展为主态势，屏南、周宁、寿宁、柘荣 4 县 GDP 仅占宁德市的 13%。

综上，福鼎、霞浦、福安从城市发展速度、经济体量和人口规模上属于较大的经济据点；柘荣县地处内陆，人口规模和经济体量相对较小；已有国道 104 和甬莞高速 2 条便捷交通通道，到既有温福铁路福鼎站只需 30 分钟车程；温福高速铁路作为高速铁路通道，经济据点的人口规模和客流为其重要支撑；且霞浦、福安均列入福州都市圈和环三都澳湾区沿海经济快速发展圈。因此，走沿海方案具有较强的经济与客流支撑。

六、从城市规划方面评析

2024 年 6 月 5 日，福建省人民政府发布《关于宁德市所辖 8 个县（市）国土空间总体规划（2021—2035 年）的批复》（闽政文〔2024〕203 号，以下简称《规划》）。《规划》明确提出，推动霞浦县打造宁德市域次中心城市与滨海旅游城市；推动福鼎市建设生态临港产业城市及宁德市域次中心城市；推动福安市成为国家新型工业化产业示范基地和宁德市域次中心城市。同时，要求紧扣高质量发展与构建新发展格局的战略任务，积极落实高质量建设国家生态文明试验区、21 世纪海上丝绸之路核心区、海峡两岸融合发展示范区等重要使命，助力实现海洋强国战略。该《规划》是宁德市各县（市）国土空间保护、开发、利用、修复的总政策纲领，具有权威性，任何部门和个人不得随意修改或违规变更。按照规定，需定期对规划实施情况进行体检，并每五年开展一次评估，建立健全国土空间规划实施监测评估预警机制，将评估结果作为规划实施监督考核的重要依据，同时构建规划监督、执法、问责联动机制，对规划实施全生命周期管理。2021 年 4 月发布的《宁德市环三都澳湾区经济发展规划》指出，三都澳湾区涵盖三都澳、福宁湾和沙埕湾三个湾区，核心区包括蕉城区、福安市、霞浦县、福鼎市以及东侨经济技术开发区，实施"蕉城—福安—霞浦—福鼎"同城化发展战略，中心城区将从环湾组团城市逐步转变为枕江面海的"T"字形带状城市。其中，福安白马片区（湾坞、下白石）、霞浦溪南半岛片区被纳入宁德市环三都澳"一城四片区"新型城市规划。该区域聚焦锂电新能源、新能源汽车、不锈钢新材料、铜材料四个千亿产业集群，并布局海洋高新技术、高端装备制造、节能环保等战略性新兴产业，致力于打造全球领先的锂电新能源科技走廊。

宁德市全力构筑三都澳临港产业发展高地，推动"县域经济"向"都市区经济"转型，打造驱动沿海高质量发展的"黄金产业带"。通过做大锂电新能源、新能源汽车、不锈钢新材料、铜材料四大主导产业链群，吸引一批成长性高、引领性强的先进制造业、新兴产业和现代服务业大项目，形成一二三产业多链条协同发展格局，构建湾区制造业体系，助力宁德迈入"万亿工业时代"。

以福安市为例，在"十四五"期间，赛江组团、白马港组团作为三都澳开发的核心载体，不锈钢新材料产业已成为宁德市首个千亿产业集群，湾坞半岛青拓系列项目成为中国乃至全球单体最大的不锈钢生产及深加工的重要制造基地，全力打造全球知名的"不锈钢之都"。预计到2025年，赛江、白马港两个组团的不锈钢产业产值将达到2300亿元，实现再造一个千亿产值的目标。

《2023年宁德市国民经济和社会发展统计公报》数据显示，2023年宁德市锂电新能源、新能源汽车、不锈钢新材料、铜材料四大主导产业增加值增长21.8%，占全市规模以上工业增加值比重达84.7%，较上年提高 1.8 个百分点。其中，锂电新能源产业增加值增长 18.2%，新能源汽车产业增长 53.6%，不锈钢新材料产业增长 23.1%，铜材料产业增长 41.0%。不锈钢新材料产业继锂电新能源产业后，成为宁德市第二个产值超 2000 亿元的产业集群。

从城市规划层面来看，温福高铁宁德段的建设应与宁德市整体城市规划紧密结合。沿海方案途经的福鼎市、霞浦县、福安市等，均是城市规划中的重点发展区域，高铁建设能够更好地促进这些区域的产业升级与协同发展，助力城市规划目标的实现。例如，加强沿海区域与产业园区的交通联系，提升产业运输效率，推动临港产业发展高地的建设。而山区方案在与城市规划重点发展区域的衔接上，相对沿海方案而言，优势不够明显。

七、从环水保方面评析

北线方案（山区方案）在建设过程中面临严峻的环水保挑战。该方案共穿越福鼎城关南溪上游 3 处水源保护区二级区、3 处文物保护区、1 处森林公园，尤其穿越一级保护区上游福鼎南溪水库县级水源保护区二级区，长约 12 公里。如此复杂的穿越情况，使得环水保评估审批极难通过。为解决施工排水问题，需采取将施工排水引出水源保护区的工程措施，这不仅工程投入巨大，大幅增加工程投资，而且从工程实施角度看，可行性极低。此外，隧道施工还可能引发地下水流失，进而导致工程事故，同时对福鼎市居民的生产生活用水产生不利影响。

相较而言，沿海方案的环水保影响较小。通过采取针对性的工程措施，如合理规划施工场地、优化施工工艺减少扬尘和污水排放等，可将对环境的影响降至最低，且影响处于可控范围，有利于工程的顺利建设。从环水保角度考量，沿海方案明显优于山区方案，在工程建设中更具可行性。

第四节　铁路覆盖重叠评析

2017年，福建省规划温福高速铁路，线路全长约311公里，其中浙江省境内约104公里，福建省境内约207公里，速度目标值为350公里/小时。2017年6月，宁德市铁路建设办公室委托中国铁路经济研究院完成的《宁德暨环三都澳区域铁路网发展规划研究报告》初步规划，国家沿海大通道温州至福州新建高速铁路在福建省宁德市境内的规划路线走向为经柘荣县方案。2023年4月，宁德市人民政府向福建省发展和改革委员会呈报，提出温福高铁在柘荣县、福安市溪北洋设高铁站的推荐意见。2023年5月23日，《福建省发展和改革委员会 浙江省发展和改革委员会关于恳请支持加快温福高铁前期工作的函》（闽发改交通函〔2023〕159号）报送国家发展改革委基础司、国铁集团发改部，提出温福高铁线路走向推荐方案为："线路自苍南站引出，上跨既有杭深线后，至福鼎市西侧三门里新设福鼎西站，出站后至柘荣县乍洋乡石头山村新设柘荣站，出站后向西南至福安市溪北洋新区设福安南站，之后向南走行跨杭深铁路后至既有宁德站，在宁德站设置联络线与既有杭深铁路互联互通。"该方案优点如下：一是在线形、

第六章
建设方案评析

里程及投资方面，线形较为顺直，线路长度较短，投资较省；二是在路网布局、车站位置及引流上，福鼎西站、柘荣、福安南站条件均较好，线路覆盖路网空白区域，符合路网规划；三是在工程地质和环保方面，工程地质条件较好，环保影响较小。福建省发展改革委、宁德市推荐温福高铁避开沿海线走山区线的主要理由：一是北线方案经过福鼎、柘荣、福安，覆盖柘荣铁路空白区域，覆盖范围最广，布局最合理，符合路网规划；二是经福鼎、霞浦、福安市的方案，与杭深铁路覆盖范围重叠，未经过柘荣县，不能兼顾西部各县市，路网布局不合理。笔者将对宁德市高速铁路覆盖范围和与杭深铁路覆盖范围重叠这两个技术性课题进行评析。

一、铁路覆盖范围评析

（一）国家对铁路覆盖范围的规划要求

2016年7月，国家发展改革委、交通运输部、中国铁路总公司印发新一轮《中长期铁路网规划》（发改基础〔2016〕1536号），规划期为2016年至2025年，远期展望到2030年。其发展目标为：到2020年，一批重大标志性项目建成投产，铁路网规模达到15万公里，其中高速铁路3万公里，覆盖80%以上的大城市，为完成"十三五"规划任务、实现全面建成小康社会目标提供有力支撑。到2025年，铁路网规模达到17.5万公里左右，其中高速铁路3.8万公里左右，网络覆盖进一步扩大，路网结构更加优化，骨干作用更加显著，更好发挥铁路对经济社会发展的保障作用。展望到 2030 年，基本实现内外互联互通、区际多路畅通、省会高铁连通、地市快速通达、县域基本覆盖。

该规划旨在完善广覆盖的全国铁路网，连接 20 万人口以上城市、资源富集区、货物主要集散地、主要港口及口岸，基本覆盖县级以上行政区，形成便捷高效的现代铁路物流网络，构建全方位的开发开放通道，提供覆盖广泛的铁路运输公共服务。同时，建成现代的高速铁路网，连接主要城市群，基本连接省会城市和其他 50 万人口以上大中城市，形成以特大城市为中心，覆盖全国、以省会城市为支点覆盖周边的高速铁路网，实现相邻大中城市间 1~4 小时交通圈，城市群内 0.5~2 小时交通圈，提供安全可靠、优质高效、舒适便捷的旅客运输服务。此外，还强调打造一体化的综合交通枢纽，与其他交通方式高效衔接，形成系统配套、一体便捷、站城融合的铁路枢纽，实现客运换乘"零距离"、物流衔接"无缝化"，运输服务一体化。

根据我国铁路网规划，未来全国铁路覆盖范围将进一步扩大，铁路将覆盖全国 99% 的 20 万人口以上城市，高铁覆盖 96% 的 50 万人口以上城市。到 2035 年，铁路网规模将达到 20 万公里，其中高铁 7 万公里，铁路基础设施规模质量和技术水平将领先世界。国家《中长期铁路网规划》（发改基础（2016）1536 号）的规划强制性条件要求，50 万人口以上大中城市需形成高速铁路覆盖，20 万人口以上城市需形成普通铁路覆盖。而宁德市柘荣县是人口极少的袖珍县，2023 年末常住人口 9.2 万人，其中，城镇常住人口 6.0 万人，占总人口比重（常住人口城镇化率）为 65.25%，比上年末提高 0.75 个百分点。全年出生率为 7.40‰，死亡率为 9.67‰，自然增长率为 –2.27‰；2023 年柘荣县 GDP 总量在福建省排名倒数第一，实现地区生产总值 86.99 亿元，同比增长 2.8%。其中，第一产业增加值 10.38 亿元，同比增长 4.1%；第二产业增加值 33.81 亿元，同比下降 0.9%；第三产业增加值 42.80 亿元，同比增长 5.6%。

综上评析认为，柘荣县设站不满足国家中长期铁路网规划的规定要求。时速 350 公里高速铁路是我国铁路交通的稀有资源，依据《国务院关于改革铁路投融资体制加快推进铁路建设的意见》（国发〔2013〕33 号）、《国务院办公厅关于支持铁路建设实施土地综合开发的意见》（国办发〔2014〕37 号）、《国家新型城镇化规划》（2014—2020 年）、《住房城乡建设部关于加强铁路站场地区综合开发有关规划工作的通知》（建规〔2015〕227 号）、《关于推进高铁站周边区域合理开发建设的指导意见》（发改基础〔2018〕514 号）《"十四五"现代综合交通运输体系发展规划》（国发〔2021〕27 号）、《国家新型城镇化和城乡融合发展重点任务》（发改规划〔2022〕371 号）、《"十四五"新型城镇化实施方案》（发改规划〔2022〕960 号）、《"十四五"铁路发展规划》，以及《高速铁路设计规范》（TB10621-2014）《铁路线路设计规范》（TB10098-2017）等国家有关法规、规章、规范的规定，柘荣县不具备设站条件。

（二）从车站位置及吸引客流方面分析

北线方案中柘荣站设在人烟稀少的柘荣县乍洋乡石头山村，该站距柘荣城关约 25 公里，其中县道 15 公里，104 国道 10 公里。而自

2009年温福铁路建成通车后，柘荣县城关到温福铁路福鼎站车程仅约28公里，耗时35分钟，已基本解决了当地9.2万人口的便捷出行需求。可以预见，若时速350公里的温福高铁在柘荣县设站，建成通车后可能面临客流量极少的困境。根据公开信息显示，目前全国已有26座高铁站因乘客极少而被迫关闭。福建省也有两条铁路处于类似尴尬状况：第一条是衢宁铁路，2020年9月建成通车，连接浙江省衢州市和福建省宁德市，设计时速160公里，全长368.443公里，其中浙江省境内206.519公里，福建省境内161.894公里。全线共设13座办理客运业务车站，在福建省境内设松溪站、政和站、建瓯东站、屏南站、周宁站、支提山站至宁德温福铁路动车站。衢宁铁路利用率偏低，客流量稀少。数据显示，2021年屏南站乘客6.29万人、周宁站乘客6.26万人、支提山站乘客0.83万人；到2022年，屏南站减少至4.67万人，减少乘客1.62万人；周宁站减少至4.71万人，减少乘客1.55万人；支提山站减少至0.45万人，减少乘客0.38万人。也就是说，2022年屏南站日均乘客不足130人（常住人口13.7万人），周宁站日均乘客129人（常住人口14.6万人），而支提山站日均乘客仅12人，车站工作人员数量甚至超过乘客数量。第一条是横南铁路，1998年建成通车投入使用，连接江西省横峰县和福建省南平市，在宁德市古田县境内长50公里。该铁路开通后曾发挥重要作用，但如今利用率很低，每天仅开行一列福州至河南洛阳的K30次普通列车，运营状况比衢宁铁路福建段更差，整条铁路基本处于半闲置状态。

综上评析认为，在人口稀少、经济欠发达的柘荣县设高铁站需慎之又慎。宁德市的山区县人口本身不多，且到城市就业和定居的人数日益增加，留在山区县市的人口有限。铁路作为大容量交通方式，需满足存量和增量需求，而山区县人口有限，存量需求不足，衢宁铁路福建段就是典型案例，其并未带来预期的外来旅游增量和促进经济社会发展。在人口稀少、经济不活跃的山区县投入巨资修建高速铁路，可能造成资源浪费。衢宁铁路自2020年9月建成通车以来，福建段乘客逐年大幅减少，至2022年通车仅两年多，宁德市屏南站和周宁站日均乘客不足130人、蕉城区支提山站日均乘客仅12人。尽管地方领导对温福高铁设站可能抱有良好愿望，但建成后的运营状况不容乐观，可能给国家和人民带来巨大经济损失。

进入2024年后，低空经济成为热门话题。低空经济在交通领域具有"点对点、快速、安全、不受干扰"等特点，是一种具有独特优势的交通方式。各级政府应推动低空经济与铁路运输融合发展，将空铁接驳、短途运输与文旅经济相结合，充分发挥低空经济"小、快、灵"的优势，弥补铁路交通运输的不足与短板。广西高铁无轨站的做法值得借鉴。

高铁无轨站是铁路部门与地方政府合作，在不通高铁的地区设置的具有"购取车票、候车换乘、联程运输、高铁快运"等功能的铁路客运综合服务站点。通过开通与就近高铁火车站的专线直达班车，使不通高铁的地区连通高铁路网，实现人流、物流快捷出行。2016年12月19日，广西壮族自治区百色市凌云县开通了全国首个高铁无轨站，凌云县百姓在高铁无轨站买票后，可乘坐大客车直达百色高铁站，实现公铁联运无缝对接。至2017年，广西11个高铁无轨站实现联网运营，成网后，旅客可同时购买甲乙两地无轨站的大巴车票，在甲地高铁无轨站乘坐大巴直达甲地高铁站，乘坐高铁到达乙地后，再从乙地高铁站换乘大巴直达目的地，实现全程无缝对接。高铁无轨站还可办理异地旅游住宿，引进线上包租车、网约车，满足旅客更多个性化出行需求。2018年，我国开始启动"公转铁""公转水"，即通过铁路和水路运输替代部分公路运输，实现物流成本降低和运输方式绿色转型。2024年2月召开的中央财经委员会第四次会议再次强调，优化运输结构，强化"公转铁""公转水"，深化综合交通运输体系改革，形成统一高效、竞争有序的物流市场。

二、铁路覆盖重叠情况评析

福建省有关部门认为，经福鼎、霞浦、福安，与杭深铁路覆盖范围重叠，即既有温福铁路福鼎、霞浦、福安站采用并站设高速场的建设方案存在重叠情况。笔者认为，这种观点缺乏依据。国家规划的"八纵八横"第一纵是沿海大通道，沿海高速铁路大通道是"八纵八横"高速铁路网中极为重要的组成部分。其重要性和必要性在于沿着中国海岸线南下，具有重要的经济和国防战略意义。

确定沿海高铁站选址建设方案的核心问题至关重要，若未明晰，可能导致决策失误，造成巨大损失。沿海高铁工程浩大，影响高铁车站选址建设方案的因素众多，但经济发展、军事战略、重要走廊、区域平衡、客流量等是核心问题与主要矛盾。国家对沿海温福时速350公里的高铁定位为客运专线，"客源"无疑是最主要、需首要考虑的因素。

在沿海高铁线路走向存在可比选建设方案时，应主要考虑"客源"

和国防安全因素，而非其他次要因素。例如，建成通车的时速350公里杭深线福厦漳高速铁路走向，国家和福建省未选择从永泰县、仙游县、永春县、德化县、安溪县再到厦门的路线，而是选择更靠近沿海的既有福厦快速铁路走廊设置高铁站进行"重叠"建设。福厦漳高铁的运营实践证明，沿既有铁路走廊设站的路线走向方案科学合理，有利于经济社会高质量发展，能够满足客流量需求，产生巨大经济效益和社会效益，也更有利于吸引客流量。

福建省沿杭深线沿海高速铁路拥有两个动车站（高铁站）的县市众多，如拟规划的温福铁路福建省境内的福鼎西站、福安南站、宁德站、罗源站、连江站；建成通车的福厦漳高速铁路的福州南站、福清西站、莆田站、泉港站、泉州南站、泉州东站、厦门北站、漳州站；正在建设中的漳汕高速铁路的漳浦站、诏安站等。这些沿海经济据点设有两个动车站（高铁站）以上的县市，充分证明了在特定区域设置多个高铁站并非不合理的"覆盖重叠"，而是适应经济发展需求的合理布局。正在建设的漳州市至汕头市时速350公里杭深线漳汕高速铁路依旧采用沿海走向，且在军事要地和旅游热门地东山岛设高铁站，正在建设的时速350公里的杭深线汕头市至深圳市高速铁路同样采用沿海走向建设方案。

笔者评析认为，拥有两个动车站（高铁站）的县市客流量呈成倍增加态势。以福清市为例，2019年福清动车站年度旅客发送量为240万人次，日均客流量6500人次。2023年随着福厦漳高铁开通，福清市拥有两个高铁站，吸引了新客源，目前福清市两个动车站（高铁站）的日发送量达1.3万人次，是过去的两倍，且今后客流量还将持续快速增长。将福清市与霞浦县对比，具有较大可比性。霞浦县是福建省人民政府命名的滨海旅游城市，2023年来霞浦考察、旅游的人数高达1021万人次，2021年霞浦动车站日发送量就达到1.3万人次，这两个数字大致反映了霞浦县的客流现状。福清市是海外华侨华人超过百万的特殊城市，现有人口规模达110万人，2023年地区GDP达到1682亿元。在福清市设两个动车站（高铁站）是具有前瞻性的正确决策。

跋　沿海高铁：国防战略的钢铁脊梁

沿海高铁，不仅是连接城市群、推动经济社会发展的关键纽带，更是国家防御体系中军事调动的重要支撑。从国家长远和平与安全考量，尤其着眼于我国东南沿海的战略布局以及解决台湾问题的历史使命，沿海高铁的建设与完善刻不容缓。期待上海以南至深圳的"八纵八横"第一纵沿海大通道高铁网络早日全面覆盖，为国家安全基石筑牢根基，为人民幸福生活保驾护航。

高铁与国防：构建战略运输脊梁

在全球化背景下，国家安全与军事实力是维护和平稳定的坚实保障。面对复杂多变的国际形势，国家亟须构建高效、快速且灵活的军事调动系统，而铁路运输，特别是高速铁路，无疑是这一系统的核心。高铁不仅能提升陆权大国的地缘整合能力，战时可迅速运兵，平时服务民用，实现军民融合，涵养战争潜力；还能增强陆上强国与大陆国家的贸易往来，削弱海洋国家竞争优势。同时，高铁运输兼具军民两用特性，极大提升了战略欺骗能力，扩大了军力威慑半径，在同等条件下，可大幅削减常备军数量，释放资源用于其他关键领域。

高铁与驻军：强化战略要地保障

宁德市霞浦县作为国家战略要地，军事地位举足轻重。此地驻有海陆空及火箭军部队，配备大型军民两用机场，每年更有数十万海军陆战队在此开展军训军演。对于驻守部队的物资供应与兵力调配，高速铁路的存在意义非凡。通过高铁运输，可高效完成快速补给、部队轮换、紧急增援等后勤保障任务，切实提升军事行动的费效比，确保部队时刻保持强大战斗力，做到来之能战、战之必胜。

高铁与战时：提升应急投送效能

战争或危机爆发时，迅速将军队投送至前线或关键地区至关重要。铁路运输，特别是高铁运输，能为此提供强大支撑。过往案例显示，我国曾借助铁路在短时间内将重装师运抵高原和海防地区，彰显了铁路运输在军事调动中的关键作用。对于宁德市霞浦县这类东南沿海战略要地而言，高铁可实现大规模、快速、灵活且隐蔽的兵力投送与部署，极大增强军队机动性与反应能力，为战局走向提供有力保障。

高铁与平时：优化军事布局机制

和平时期，国家需在合理控制军队规模与装备水平的同时，维持一定战备状态与威慑力量。铁路运输，尤其是高铁运输，为此提供了有力保障。高铁网络的构建，既能节省日常军事开支，又能在战时迅速保障后勤补给与兵力调动，确保军队关键时刻快速响应、及时部署。中国高铁网建成后，战略机动部队凭借高铁实现灵活调动，真正做到朝发夕至，显著提升了我国军事调动的灵活度，对军事布局与战略战术产生了深远且积极的影响。

高铁与未来：拓展战略投送通道

目前，我国虽已建成世界最大高铁网络，覆盖多数军事要地，但部分沿海战略要地高铁建设仍有待完善，这也是国家战略布局的重要方向。鉴于高铁运输在军事领域的关键作用，海防战略要地的高铁建设必将成为国家战略布局的重要组成部分。我国高铁的快速发展，为部队投送开辟了全新战略通道。其高速度、高密度、高安全性及舒适便捷等特性，使其在战略投送中的地位愈发凸显。相比高速公路运输，高铁在大规模远程投送方面优势显著，研究高铁贯彻国防要求，对提升我军投送能力、推动军事现代化建设意义重大。

温福高铁作为我国"八纵八横"高速铁路战略网络第一纵沿海大通道的关键构成，不仅是经济社会发展的动脉，更是国防战略安全的生命线。国家一系列规划均对东南沿海铁路通道提出更高质量的发展要求，壮大粤闽浙沿海城市群成为强化沿海城镇带的重要举措。未来，沿海大通道高铁全线贯通运营，将极大释放既有铁路运输能力，提升全国铁路网整体效能，促进经济社会发展，实现经济效益、社会效益与国防效益的有机统一。在此背景下，每小时350公里的温福高铁在霞浦设站方案，契合国防战略需求，科学合理且务实可行。

值得注意的是，高铁作为高新技术集成体，沿线设施维护复杂。在现代战争精准打击威胁下，一旦关键设施受损，极易导致运行中断。

故而，温福高铁 350 公里 / 小时在霞浦设站，与每小时 200 公里的温福铁路协同配合，共同构筑"打不断、炸不烂的钢铁运输线"，为霞浦驻军及远程部队、军用物资与装备的快速投送提供坚实保障。

回首往昔，我国铁路建设者在艰难岁月中展现出无畏勇气与奉献精神。在抗美援朝战争中，志愿军铁道兵在战火纷飞中筑起"钢铁运输线"，保障物资输送，为战争胜利立下不朽功勋。如今，身处和平年代，我们虽远离硝烟，但仍需居安思危。国际形势风云变幻，我国面临诸多挑战，需积极应对，加快沿海高速铁路建设，强化国防实力。

我国高铁建设成就斐然，其在工业运输、缓解春运难题等方面成效显著，更在军事领域展现出巨大潜力。高铁运载速度快、停站换乘便捷，与传统铁路相比优势明显，对提升我军战略投送能力意义重大。例如武广高铁军演，充分证明了高铁远程投送兵力的快捷高效，为我国军事布局优化与战略保障能力提升注入强大动力。

作为一名老共产党人、老退役军人、老铁路人、老交通人、老知识分子、老工程师，虽已退休，但初心不改。在交通强国建设、中华民族伟大复兴的新征程上，我将继续贡献力量，见证中国铁路在新时代续写辉煌，为国家繁荣昌盛、国防稳固坚实贡献绵薄之力。